나쁜 삶의 기술

Federal Ministry
Republic of Austria
Arts, Culture,
Civil Service and Sport

This book was published with the support of the Austrian Federal Ministry of Arts, Culture, Civil Service and Sport.
이 책은 오스트리아 '예술, 문화, 공공서비스 및 스포츠부'의 지원을 받아 출간하였습니다.

나쁜 삶의 기술

즐거움을 잃어버린 시대의 행복 되찾기

로베르트 팔러 | 나유신 옮김

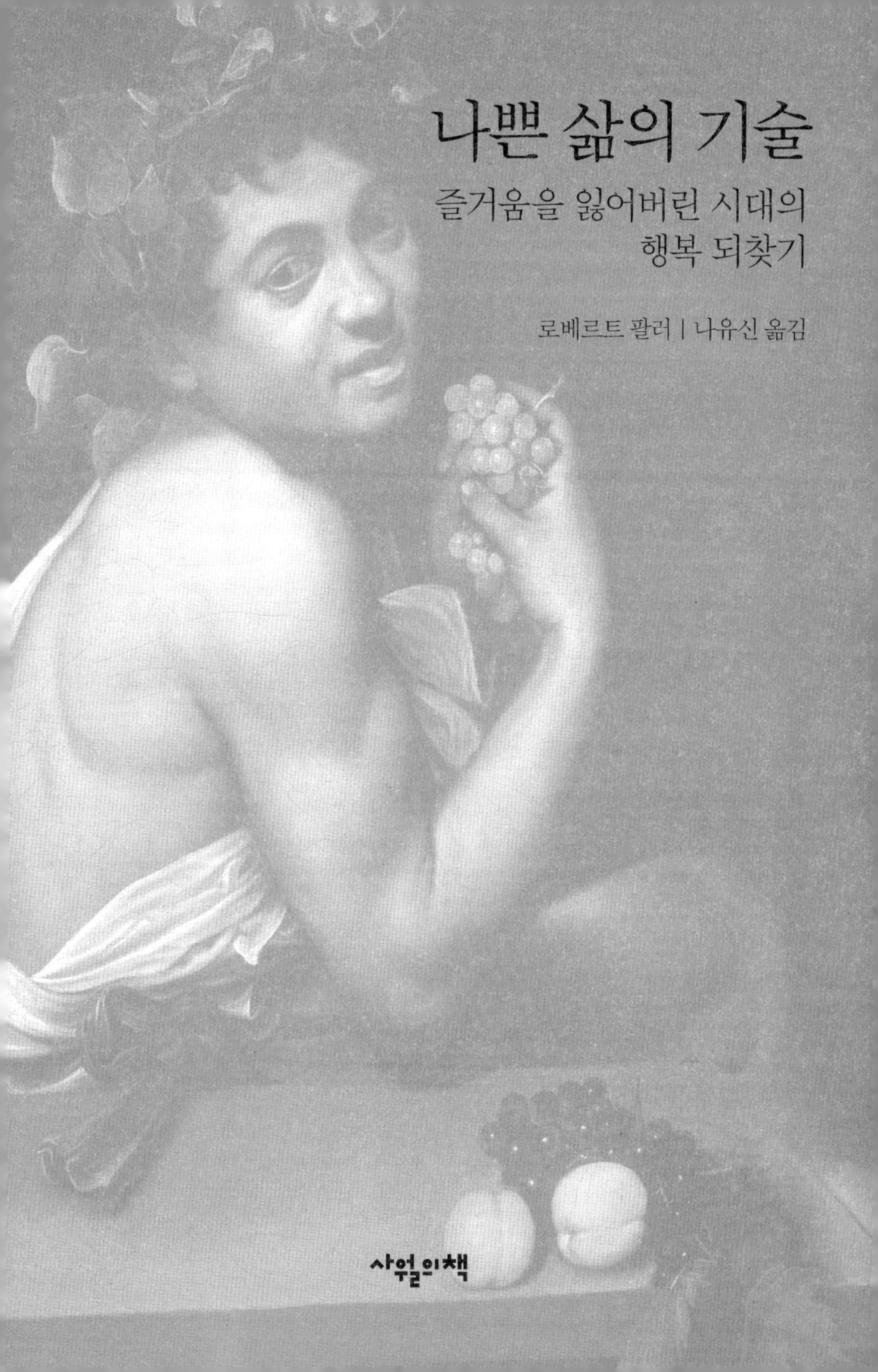

사월의책

나쁜 삶의 기술

즐거움을 잃어버린 시대의 행복 되찾기

1판 1쇄 발행 2024년 9월 10일

지은이 로베르트 팔러
옮긴이 나유신
펴낸이 안희곤
펴낸곳 사월의책

편집 박동수
디자인 김현진

등록번호 2009년 8월 20일 제2012-118호
주소 경기도 고양시 일산서구 중앙로 1388 동관 B113호
전화 031)912-9491 | 팩스 031)913-9491
이메일 aprilbooks@aprilbooks.net
홈페이지 www.aprilbooks.net
블로그 blog.naver.com/aprilbooks

ISBN 979-11-92092-31-7 03100

* 책값은 뒤표지에 있습니다.

차례

Ⅳ부 편집증적 상상의 승리

Ⅴ부 소진으로서의 삶

Ⅵ부 삶의 이유

"우리는 얼마나 엄청난 바보들인가! 우리는 누군가에 대해 '평생을 빈둥대며 보냈다'고 말한다. 또는 '오늘 나는 아무것도 한 게 없어'라고 말한다. 하지만 이것이 가능할까? 빈둥대는 것은 사는 게 아니란 말인가? 그것은 오히려 가장 기본적인 활동일 뿐만 아니라 우리의 가장 고귀한 활동이다." 몽테뉴 (1996: 113)

"부끄러워하기보다 살아남는 것을 더 중요하게 여기는 것이야말로 가장 큰 죄악이다. 사는 데 급급하여 살아갈 이유를 잃어버리는 것 또한 마찬가지다." 유베날리스 (2009: 164)

머리말

현대 문화에서는 안전, 건강, 비용효율성, 나아가 소위 '유럽고등교육권역'* 같은 것들이 우선순위를 가지며 가장 중요한 재화로 취급되고 있다. 그 결과 시민의 권리, 사회보장, 즐거움, 존엄성, 우아함, 지성 등과 같은 삶의 질이 주저 없이, 아무 논의도 없이 희생되는 일이 드물지 않다.

그렇게 해서 공항 보안검색대에서는 무고한 사람들이 범죄자 취급을 받으며 신발을 벗고 벨트를 풀게 되었다. 정부는 마치 우리가 미성년자인 양 흡연을 금지하고, 심지어 길거리에서도 흡연을 하지 못하게 한다. 담뱃갑에는 보기 좋은 디자인이 있어야 할 자리에 경고문과 폐질환을 적나라하게 보여주는 그림을 넣어야 한다. 그런가 하면 유럽의 대학은 오직 강압과 통제의 원칙에 기초한 억압적인 고등학교 4학년으로

* europäische Hochschulraum: 영어로는 'European Higher Education Area'이며, 유럽 시장에 적합한 노동력의 육성과 각국 교육시스템 간의 연계를 위해 유럽 대학들이 상호 학점인정, 상호 수강제 등을 실시하는 제도이다. —이하의 각주는 모두 옮긴이 주이며, 저자의 원주는 미주로 실었다.

변해 가고 있다. 그 결과 자발적인 동기와 호기심이라는 자원은 버려지고 연구, 자유로운 사고의 교류, 사회에 대한 비판적 성찰의 장으로서의 대학은 파괴되고 있다. 그럼에도 우리는 놀랍게도 이 모든 것을 그냥 무덤덤하게 받아들이고 있을 뿐이다. 우리를 어린애 취급하는데도 그냥 두고 보고만 있는 것이다. 만약 우리 아이들이 그런 권위주의적 취급을 받는다면 우리는 격렬히 항의했을 것이다.

부끄러운 일이지만 이런 변화에는 우리의 책임도 없지 않다. 우리는 스스로가 멋을 아는 사람이라고 여기지만, 점점 더 바른생활화 되어가는 우리의 감성에 뭔가 거슬리는 게 느껴지면 바로 그것에 대한 금지를 요구하며 경찰을 부른다. 이처럼 우리 삶에 이미 주어져 있는 즐거움을 정치적으로 포기하는 것은 결국 우리가 가진 심미적 취약성 때문이다. 예를 들어 파티, 담배, 술, 섹스, 블랙 유머, 한가로운 상념과 같은 행위들을 즐김의 대상으로 경험할 수 있는 조건을 만들지 못하고 그것을 소중히 여기지도 못하는 우리의 무능력 때문인 것이다.

이는 세계에서 가장 부유한 인구가, 사는 것이 가치 있는 이유가 무엇인지 자문하는 것을 잊어버렸음을 뜻한다. 나아가 이런 질문 불능 상태는 우리 시대의 특징을 보여 주는 바, 이는 병들었음의 전형적인 증상이다. 이 책에서 나는 이 질문에 대한 답을 제시하는 데만 그치지는 않을 것이다. 나는 이 질문의 특별한 점이 무엇인지, 다시 말해 이 질문을 하지 않으면 어떤 결과가 초래되는지, 그리고 오늘날 어떤 이유에서 이 질문이 제기되지 않는지에 대해서도 보여주고자 한다.

철학의 유파 중에는 삶에서 얻을 수 있는 것을 향해 과감히 손을 뻗어 붙잡는 것을 기본 태도로 하는 철학이 있는데 유물론이 바로 그것이다.* 만일 세상을 향해 손을 뻗는 것이 불가능하다면, 그것은 유물론 철학자들이 만장일치로 가르친 것처럼 우리 자신이 망상에 사로잡혀 있기 때문이다. 이렇게 볼 때 유물론은 망상에 대한 이론이며, 레슬링이나 유도 훈련장에서 하듯이 강박적 상상에서 벗어날 수 있는 유용한 기술을 익히는 훈련이라 할 수 있다. 이 책은 유물론과 유물론의 몇 가지 기술을 이용해 현재 가장 자주 보이는 망상들을 없애는 것을 목표로 하고 있다.

이러한 유물론적 훈련으로 우리가 얻을 수 있는 것은 차분하면서도 무력하지 않은 신중함이다. 근래에는 끝없이 새로운 공포를 조장하면서 여러 제한 조치들이 불가피하다고 공표되곤 하는데, 이러한 신중한 태도는 우리가 그런 조치들에 마냥 휩쓸리지만은 않게 도와줄 것이다.

이 책은 한편으로는 나의 대학 연구 및 강의 활동의 일환으로, 다른 한편으로는 빈 학문·연구·기술기금(WWTF)의 지원을 받은 정신분석 연구그룹 '스투치카덴티'(stuzzicadenti)의 연구 프로젝트인 '전이: 정신분석 - 예술 - 사회'의 일부로 집필되었다. 이와 관련하여 가치 있는 도전, 자극, 토론의 기회를 제공해준 빈 응용예술대학교, 린츠 예술대학교, 빈 공과대학교, 오슬로 예술학교(KHIO), 암스테르담 릿펠트 아카데미, 툴루즈 고등미술학교, 린츠 확장예술연구소의 학생들과 교원들

* 이 책에서 말하는 '유물론'은 마르크스의 유물론보다는 에피쿠로스학파 및 스토아학파의 유물론에 가깝다. 즉 원자의 활동이 일으키는 정념에 휩쓸리지 않고 '아파테이아'(Apatheia)라는 관조적 삶과 평정심이 주는 쾌락을 추구하는 유물론이다. 고대 그리스로마의 정신적 기풍이 된 이 유물론은 그런 점에서 존재론보다 윤리적 측면이 강했다.

에게 감사의 말씀을 드린다. 또한 수년간 열성적으로 학제 간 토론을 이어온 '스투치카덴티' 그룹 멤버인 게오르크 그륄러, 모나 한, 유디트 퀴르마이어, 울리케 카디, 수지 키르쉬, 에바 라크비에제-바니크, 카를 슈토크라이터에게도 감사드린다. 또한 귀중한 조언과 비판, 격려를 해 준 디터 반트하우어, 믈라덴 돌라르, 코니 하벨, 마를레네 하더러, 카를 헤게만, 토마스 휘벨, 우르술라 휘브너, 에바 카들렉, 제이소 매더, 페터 뫼슐, 우르스 리클리, 아우구스트 루스, 요제프 샤케드, 에른스트 스트로홀, 말루 틸게스, 크리스티아네 포스, 게르하르트 체나티, 슬라보이 지제크, 알렌카 주판치치에게도 감사의 말을 전한다.

한국어판 머리말

이 책은 서구 세계에서 현재 점점 더 확산되고 있는 어떤 흐름에 대한 철학적 개입이다. 2001년 9월 11일 뉴욕 테러 사건 이후 우리는 꼬리를 물고 등장하는 우선적 가치에 시달리고 있다. 이러한 우선적 가치는 이 가치를 위해서라면 다른 모든 것은 희생시켜도 좋다고 하는 듯하다. 가장 먼저 우선적 가치로 부상한 것은 안전이었다. 다음으로 우선적 가치가 된 것은 2008년 은행 및 금융 위기 때 이루어진 극도의 긴축 정책이었다. 그 후 얼마 지나지 않아 이번에는 건강이 최우선 가치가 되었는데 이때는 2020년 코로나 팬데믹이 아직 일어나기도 훨씬 전이었다. 그리하여 유럽연합의 쓸데없이 의욕적인 관료들은 2012년 담뱃갑에 호흡기 질환의 적나라한 이미지를 넣음으로써 흡연 욕구나 사물을 보기 좋게 꾸미고자 하는 욕구에 찬물을 끼얹었다. 현재는 알코올 음료에 대해서도 비슷한 조치가 준비되고 있다. 그 다음으로 우리를 괴롭히고 있는 것은 기후 변화에 대한 우려다. 이는 주로 직업적 전망의 부재, 주택 문제, 전쟁 도발, 교육위기 등으로부터 젊은이들의 주의를 분산시키기 위해 애용되는 주제다. 성적으로 또는 인종적으로 차별받는 집단에 대한 '감수성'이란 것도 우리를 괴롭히고 있는데, 이런 감수성을 위해서는 고전 아동도서의 내용과 그림도 반드시 수정하고 변경해야 마땅하다고 한다.

물론 이러한 우선적 가치는 일정 부분 합리성을 갖는다. 삶을 위해서는 당연히 안전, 건강 등이 필요하다. 그러나 이러한 우선적 가치들은 부분적으로만 합리적인 원칙들이다. 왜냐하면 이 원칙들이 절대화되면 그 의도와는 상반되는 역전 현상이 일어나기 때문이다. 예를 들어 안전을 이유로 모든 것을 희생하게 되면, 우리는 삶의 질, 시민의 권리, 존엄성을 잃게 될 뿐만 아니라, 안전 자체도 잃게 된다. 그렇게 해서 안보기관이 위험한 존재가 되어 무고한 사람들을 죽이는 상황이 발생하는가 하면(2005년 런던 지하철 테러 이후의 상황이 그 예다), 보안시설의 강력한 존재감은 사람들 사이에 위협적인 불안감을 야기하기도 한다. 건강도 마찬가지이다. 건강을 위해 모든 것을 희생하게 되면, 우리는 삶의 기쁨, 다른 사람과의 교류, 만족을 주는 쾌감을 잃게 될 뿐만 아니라 건강 자체도 잃게 된다. 그렇게 해서 건강한 식습관만 고집하는 사람들에게 나타나는 결핍증인 오소렉시아(orthorexia, 건강식품 집착증)와 같은 새로운 질병이 생기기도 한다.

부분적인 합리성이 절대화되어 비합리적으로 변하지 않도록 하기 위해서는 그것을 합리적인 범위 내에 머물러 있게끔 해야 한다. 이를 가능하게 하는 척도가 되는 것이 바로 사는 것이 왜 가치 있는가에 대한 물음이다. 삶을 유지하기 위한 모든 수단은 좋은 삶이 무엇인가에 대한 질문을 기준으로 평가되고 그 질문 아래 종속되어야 한다. 그래야만 우리는 자신의 생존을 위한 노예가 되지 않고, 이를 지상명령으로 삶는 힘 있는 자들의 하인이 되지 않을 수 있다. 삶이 우리를 위해 존재하는 것이지 우리가 삶(그리고 안전, 건강 등)을 위해 존재하는 것이 아니라는 것을 기억해야만 우리는 삶과 동등한 위치에서 삶의 주인이 될 수 있고, 또한 무한정 복종에 떨어지지 않는 정치적 시민이 될 수 있다.

나는 현재의 한국 문화가 이와 같은 흐름에 얼마나 영향을 받고 있는지, 이러한 철학적 교정이 얼마나 필요한지 판단할 수 없다. 서구 세계에서 이런 흐름이 나타난 것은 로널드 레이건과 마거릿 대처의 신자유주의가 정치적 승리를 거둠으로써 2차 세계대전 이후 약 40년 동안 대부분의 대중이 가지고 있던 희망찬 미래 전망을 파괴시키면서다. 현재 아시아의 여러 사회가 최소한 서구와 동일한 방식으로 낙관주의의 상실을 겪고 있지는 않다는 것은 알고 있다. 나와 여러분을 위해 바라건대, 한국은 아직 이러한 철학적 해결책이 불필요하고 기껏해야 단지 한가로운 가운데 호기심에서 이런 해결책에 관심을 갖는 상황이기를 소망한다. 그렇지만 자신은 없다. 글로벌한 세력은 너무나 강력해서 전 세계에 퍼지고 있는 분위기에 동조하게 만들고, 그러한 분위기에 하등 영향을 받을 이유가 없는 사람들에게까지도 영향을 미치기 때문이다. 따라서 한국 독자들이 이 책이 필요한 상황에 처해 있다면 이 책이 여러분에게 도움이 되기를 바라고, 이러한 도움이 필요하지 않는 상황이라면 여러분들이 현재 서구 세계에 앞서서 갖고 있는 그 합리성을 더욱 강화시키는 데 이 책이 기여할 수 있기를 바란다.

2024년 3월, 린츠에서

로베르트 팔러

I

사는 것이 가치 있는 이유,
그리고 그것을 잊게 만드는 것들

1
사는 것이 가치 있는 이유

1.

1990년대 중반쯤 서구 문화에서는 카를 마르크스의 용어로 '조명의 전환'이라 부를 만한 일이 있어났다.[1] 연극에서 무대에 있는 사물들이 완전히 다른 무대 조명 아래서는 갑자기 낯설거나 위협적인 것으로 느껴지듯이 문화에서도 그런 반전의 순간이 있었던 것이다. 음주, 흡연, 육식, 블랙 유머, 성적 행위 같은, 그때까지만 해도 화려하고 우아하며 즐김의 훌륭한 대상이었던 것들과 행위들이 갑자기 불쾌하고 위험하고 정치적으로 문제가 있는 것으로 인식되기 시작했다. 이런 갑작스런 방향 전환은 연애에서 겪었을 법한 경험을 떠올리게 한다. 연애를 할 때도 어느 순간 대상에 대한 인식이 갑자기 바뀔 때가 있지 않은가. 이런 변화가 일어나면 조금 전까지만 해도 사랑했던 연인이 갑자기 증오의 대상으로 느껴진다. 그 감정들은 또 얼마나 확신에 차 있던가. 그 사람을 사랑할 수밖에 없었던 것이 너무나 당연했던 만큼이나 어떻게 저런 인간을 좋아할 수 있었는지 도대체 이해가 되지 않는 것이다.

주목할 점은 연애의 조명 전환에서 일어나는 일이 문화에서도 똑같이 일어날 수 있다는 것이다. 즉 한때 사랑의 이유였던 바로 그것이 증오의 이유가 된다. 처음에 연인은 놀랍도록 이해심 깊은 사람이었는데 나중에는 견딜 수 없을 만큼 소유욕이 강한 사람이 된다. 또는 처음에는 독립성이 돋보였던 사람이 참을 수 없이 경솔한 사람이 되거나, 처음에 깨물고 싶도록 사랑스러웠던 사람이 나중에는 유치해 견딜 수 없게 된다. 혹시 이렇게 열정이 변하는 것이 지금까지는 몰랐던 연인의 새로운 모습을 발견했기 때문이라고 생각하는 사람이 있을지도 모르지만, 그것 때문은 아니다. 먼저 그 사람의 총명함에 반했다가 시간이 지나면서 그 사람이 시간 약속을 지키지 못하는 사람이라는 것을 뒤늦게 알게 되는 그런 경우가 아니라는 것이다. 감정의 변화가 일어났다면 그것은 처음에 긍정적으로 인식되었던 바로 그 특성이 갑자기 견딜 수 없는 것이 되었기 때문이다. 처음에 총명함이라고 칭송했던 것이 잘나신 그분은 항상 옳고 모르는 게 하나도 없다는 생각으로 바뀐다. 갑자기 불쾌한 특성이 되어버리는 것이다.[2]

문화적 대상과 행위 중에도 처음에는 높은 평가를 받다가 나중에는 혐오스러운 것으로 배척을 당하는 것들이 있는데, 이 경우에도 동일한 특성이 한때는 사랑을 받다가 증오의 대상이 되어버리는 것을 볼 수 있다. 예컨대 흡연이 갑자기 혐오의 대상이 된 것은 그것이 생각했던 것처럼 무해한 기호 활동이 아니라 건강을 위협하는 행위임을 새롭게 알게 되었기 때문이 아니다. 리처드 클라인이 그의 멋진 책 『담배는 숭고하다』에서 예리하게 지적했듯이, 우리는 흡연이 유해하다는 것을 처음부터 알고 있었다. 알고 있었을 뿐 아니라 그 점을 몰랐다면 우리는 결코 담배를 피우지 않았을 것이다. 왜냐하면 "담배의 유해함, 바로 그것이 담배를 숭고하게 만드는 것"(Klein 1995: 279)이기 때문이다.

2.

이 발언에서 중요한 것은 '숭고하다'(erhaben, 英 sublime)라는 단어다. 클라인은 이 단어를 통해 많은 문화적 대상들을 사랑의 대상에서 증오의 대상으로 만드는 특성이 무엇인지 설명한다. '숭고'라는 말에는 항상 뭔가 부정적인 요소가 들어 있다. 예를 들어 담배의 경우에는 그것의 유해함이 그러하다. 그런데 이 부정적인 측면은 동시에 (다른 조명 아래서는) 매혹적인 것으로 느껴질 수 있다. 여기서 조명의 전환이 일어난 것은 사랑의 경우와 마찬가지로 어떤 결정적 결함이 새로 나타났기 때문이 아니라 그것에 대한 가치평가나 감정적 느낌이 달라졌기 때문이다.

에드먼드 버크와 임마누엘 칸트 같은 철학자들이 설파했던 숭고의 특성도 이와 다르지 않다. 여기에서도 사람을 매혹시키는 숭고함은 다른 조명 아래서는 부정적 특성으로 인식된다. 하지만 이 부정적 특성은 특정한 조건 또는 조명 아래서는 대단히 큰 즐거움의 대상이 된다. 칸트가 썼듯이 이 특성은 만족의 감정을 불러일으키며, 이 만족감은 "모든 감각적 관심에 반하는" 감정이다.(Kant [1970]: 193 참조)

3.

이제 우리는 불쾌한 것이 커다란 쾌감의 원천으로 작용하는 이런 종류의 즐거움이 전혀 새로운 것이 아니라는 점에 무리 없이 동의할 수 있다. 뿐만 아니라 이 즐거움이야말로 사는 게 왜 가치 있는 일인지 그 총체적 이유를 제공한다는 것 또한 인정할 수밖에 없다. 우리로 하여금 연인의 상대하기 힘든 그 특성을 숭배하게 만드는 사랑의 광기가 없다면, 성적 행위에 비위 상하는 부분과 안면몰수의 측면이 없다면, 또 자유분방한 쾌활함, 큰 배포, 낭비, 선물과 축하, 명랑함, 도취상태 등이 가진 비이성적 특성이 없다면, 우리 삶은 무미건조한 욕구의 연속일 것이며 기껏해야 그런 욕구의 무딘 만족에 불과할 것이다. 그 만족감이란 어떤 절정감도 없는 진부하고 뻔한 감정이며, 그런 한에서 삶이라는 이름에 걸맞은 무엇이라기보다는 죽음에 더 가까울 것이다.

불쾌한 요소에 기초한 쾌감은 문화적 쾌감이라고 부를 수 있다. 이에 반해 빛, 온기, 평온함, 무풍의 상태에서 느끼는 쾌감처럼 그 어떤 부정적 요소도 들어 있지 않은 단순한 쾌는 우리의 동물적 본성에서 비롯되는 쾌다.

4.

최고로 만족스러운 즐거움의 대상이 짜증의 대상으로 바뀌는 조명 전환이 일어났다는 것은 우리가 어느새 사는 것의 가치를 소중히 하는 법을 잊었다는 것을 뜻한다. 설상가상으로 우리는 더 이상 사는 것이 가치 있는 이유에 대해 질문조차 하지 않는다. 그 대신 건강, 안전, 지속가능성, 그리고 무엇보다 비용효율성과 같이 묻지도 따지지도 않고 절대화된 원칙들에 맞추어 어떻게 하면 가능한 한 오래 살 수 있는지 또는 살아남을 수 있는지 묻는다. 이런 현실은 고대의 철학자 에피쿠로스에 따르면 그저 조금 어리석고 마는 정도가 아니다. 에피쿠로스는 말하기를, 현자는 결코 가장 큰 빵을 고르지 않는다. 그는 가장 달콤한 빵을 고른다고 했다.(Epikur 1995: 52f. 참조) 우리는 오늘날 로마의 풍자가이자 스토아사상가였던 유베날리스가 가장 나쁜 윤리적 과오라고 했던 바로 그것을 저지르고 있는지 모른다. 그는 다음과 같이 일갈했다. "부끄러워하기보다 살아남는 것을 더 중요하게 여기는 것이야말로 가장 큰 죄악이다. 사는 데 급급하여 살아갈 이유를 잃어버리는 것 또한 마찬가지다."[3]

5.

유베날리스가 종교에서 비롯된 단어 '죄악'(*nefas*, 英 evil)이라는 개념을 선택한 것은 일견 의아해 보일 수 있다. 하지만 이 단어의 선택은 이론적으로 볼 때 뛰어난 정확성과 혜안에 의한 것이다. 이 단어를 통해 불쾌한 것이 평소에는 단지 불쾌한 것으로만 생각되다가 특정한 문화적 국면에는 어떻게 숭고한 것으로 경험될 수 있는지가 설명되기 때문이다.

많은 문화에서 양면성을 갖는 것, 즉 때로는 위대하고 찬란하다가 때로는 혐오스럽고 불순한 것으로 인식되는 것은 대체로 신성한 것들이다. 언어학자 에밀 뱅베니스트가 보여주었듯이 대부분의 인도게르만어에는 신성함의 두 가지 면을 가리키는 단어가 심지어 각기 존재한다. (가령 라틴어에서는 *sanctus*와 *sacer*, 고대 그리스어 *hosios*와 *hagios*, 프랑스어 saint와 sacré, 영어 saint와 sacred 등이 그러하다.)[4] 여기서 눈에 띄는 것은 이 두 가지 단어들 모두가 다른 두 범주의 대상물을 지칭하는 것이 아니라 동일한 대상물을 다른 두 가지 '조명'에 비췄을 때를 가리킨다는 점이다. 종교사회학자 에밀 뒤르켐은 이에 관해 다음과 같이 언급했다.

> "신성함에는 두 종류가 있다. 하나는 인간에게 호의적인 신성함이고 다른 하나는 그렇지 않은 신성함이다. 이 대조되는 두 형태 사이에는 아무런 분절도 없다. 동일한 대상이 자신의 본성을 바꾸지 않고도 다른 쪽으로 변화될 수 있다. 순수한 것에서 불순한 것이 만들어질 수 있고 그 역도 마찬가지다. 신성함의 양면성은 이러한 변화의 가능성에서 나온다."(Durkheim 1994: 551)

이런 양면성은 오늘날 일상의 문화에서 일견 평범한 듯 보이는 대상물에서도 잘 드러난다. 저녁에 친구들과 함께 마시는 맥주는 내게 매우 커다란 즐거움이다. 그것은 살아갈 가치가 있음을 보여주는 증거다. 하지만 다음날 아침식사에도 맥주를 권한다면 속이 울렁거릴 것이다. '맥주'라는 소리조차 듣고 싶지 않을지도 모른다.

바로 이런 이유에서 미셸 레리스와 조르주 바타유 같은 이론가들은 친구들과 맥주 마시기나 연인 사이의 에로틱한 의례 같은 관습적 행위를 '일상생활에서의 신성함'(sacré quotidien)이라는 형식으로 파악했다.(Leiris 1938 및 Bataille 1986: 248ff. 참조) 이런 행위들을 일상생활에서의 신성함이라 부르는 것은 제도화된 종교적 대상 및 행위들과 마찬가지로 양면성을 띠기 때문이다. 또한 이 행위들은 종교 의식과 마찬가지로 범속한 일상을 일시 중지시키기 위해 하는 행위들이기도 하다. 가령 회사 동료들이 회의 중 쉬는 시간에 함께 밖으로 나가 담배 피우는 일이나 업무 중인 오후에 틈을 내서 지인과 커피를 마시는 행위는 노동의 일상이 동반하는 단조로움과 분주함에 균열을 내고, 이런 일을 행하는 행위자들에게 생기를 불어넣는다. 그것은 생업과 관련된 세속적 활동들과는 다른 차원의 품격을 지닌다.[5] 커피, 담배, 또 그와 비슷한 것들은 그것을 기화로 함께 모여 어울리는 사람들에게 여유의 순간을 열어주고, 이러한 여유 속에서 이들은 오롯이 살아있음을 느낀다. 이런 행위를 통해 그들은 자신이 살아있음을 아는 사람, 왜 기꺼이 사는지 그 이유를 아는 사람임을 증명한다. 나아가 그들은 자신이 유머 감각이 있는 사람이라는 것 또한 증명한다. 왜냐하면 오직 자기 자신에 대해 웃을 수 있는 사람만이 삶의 이유들, 즉 자신이 살아있음을 느끼게 해주는 그런 이유들은 잘 눈에 띄지 않으며 심지어 사소해 보인다는 것을 깨달을 수 있기 때문이다.

6.

앞서 말한 맥주의 예는 조명의 전환이 어떻게 일어나는지 잘 보여준다. 신성함은 그것을 기념하고 축하할 때에만 그것이 가진 숭고하고 빛나는, 불순하고 불건전한 면을 드러낸다. 신성한 것으로서 신성시할 때 비로소 신성하게 되는 것이다. 이 모순적 필연성은 신성한 대상과 행위가 가지는 양면적 특성 때문이다.

'의례주의' 인류학자들에 따르면, 믿음이 아닌 기념과 축하의 의식이야말로 모든 종교의 핵심적 행위(Smith 1899: 13 참조)이자 종교가 일상의 신성함을 실현하는 형식이라고 한다. 이 종교적 형식은 특정한 명령 곧 축하 의식에 관한 계율로 이루어 있다. 그리고 바로 이 계율이 불건전한 문화 요소를 훌륭한 것으로 바꾼다. 축하 의식에 관한 계율은 엄숙함의 바깥인 범속한 일상에서는 불건전하게 여겨지고 따라서 금지되어 있는 바로 그것을 하라고 명한다. 예를 들어 토템 문화에서는 토템식(食)이라는 것을 하는데, 이때 부족의 구성원들은 보통 터부로 금지되어 있고 그래서 죽여서는 안 되는 동물을 일정한 격식에 따라 죽여서 먹는다. 환희에 가득 찬 신나는 축제가 벌어지는 것이다.[6]

7.

축하 의식의 이 명령, 보통 때는 금지되어 있는 바로 그것을 특별히 행하라고 하는 이 명령은 약화된 형태일지라도 우리의 일상생활에서도 감지된다. 가령 회사 동료가 생일을 맞았을 때 보통은 금지되어 있는 바로 그것을 행해야 한다. 즉 하던 일을 멈추고 축하한다는 말과 함께 한 잔의 샴페인을 마셔야 한다. 이런 축하 의식의 상황은 조르주 바타유가 정확히 포착했던 바로 그 의미에서 "선을 넘을 것"을 명령한다.(Bataille 1993: 74 참조)

이로부터 무엇인가를 기념 또는 축하하기 위해서는 어째서 항상 불쾌하거나 불순한 요소, 즉 늘 용인되지는 않는 다소 위험하고 불편하고 고통을 동반하거나 비용이 많이 드는 일이 필수적으로 요구되는지가 설명된다. 그래야만 축제라는 예외적 상황의 특징이 드러나고 선을 넘으라는 명령이 이행될 수 있기 때문이다. 종합 비타민 주스로 어른의 생일을 축하할 수는 없는 노릇이다. 일정한 의례를 통해서 축하 참여자들은 불건전한 문화 요소를 숭고하고 고상한 것으로 '변형시킨다'. (이 집단은 이로써 두 가지를 동시에 축하하는 것처럼 보인다. 하나는 대상의 고상한 특성이고 다른 하나는 그들 자신의 변형 능력이다.)

이 과정은 '승화'(Sublimierung)라는 정신분석학적 명칭에 꼭 들어맞는다.[7] 승화가 일어날 때는 보통 때 금지되어 있던 것이 이행해야 할 명령으로 받들어지면서 순간 눈부신 빛으로 변화한다. 이런 점에서 볼 때 승화는 성(性)이 예술적인 것으로 바뀌는 그런 과정이 아니다. 그것은 예술 안에서 관찰될 수 있는 변화일 뿐만 아니라 성 그 자체 안에서도 이루어질 수 있는 변화다. 이 과정은 보통 때라면 징그럽고 불편하고 점잖지 못한 것이 엄숙하게 명해진 것으로, 그리고 그럼으로써 승리감에 고양된 만족감을 느낄 수 있는 것으로 경험될 때에만 일어날 수 있다.

8.

이런 만족감을 경험하는 데 결정적 역할을 하는 명령이 존재하기 위해서는 사회적 관계가 반드시 필요하다. 우리는 혼자서도 파티를 즐길 수 있기는 하다. 하지만 그런 경우는 아마도 다른 사람과 함께했던 파티에 대한 생생한 기억을 가지고 있고, 그래서 혼자서도 그런 멋있고 특별한 순간을 만들어낼 수 있기 때문일 것이다. 그러나 대부분의 경우 이런 기억은 빨리 퇴색해 버리기에 외로운 사람들은 얼마 안 있어 이런 쪽으로는 무능력자가 되곤 한다. 이들은 위에서 언급한 즐거운 만족감과 사회적 교류의 관계를 역으로 보여주는 사례다. 『알랭 행복론』을 쓴 철학자 알랭 또한 불손한 자는 혼자 있을 때도 불손하다는 말로 이러한 상관관계를 표현한 바 있다.[8] 이런 경우 도움을 줄 수 있는 것은 친분 있는 사람들의 호의적인 틈입뿐이다. 일단의 친구들이 집에 찾아와 나를 외로운 밤에서 구해내서 같이 한잔하러 나간다면 나는 혼자일 때의 추레함을 벗어버리고 다시금 멋진 모습을 되찾을 수 있다.

집단은 집단 구성원에게 기념하고 축하하라는 명령을 존중하도록 격려하고 채근한다. 하지만 이것을 '집단적 강박'과 혼동해서는 안 된다. 후자는 내밀한 관계로 맺어진 이단적 종교 공동체에서 특징적으로 나타난다. 축하를 하는 집단은 그 반대다. 이들은 내밀함이 없는 사회적 연결의 순간을 만든다. 또한 **공동체**(Gemeinschaft)는 개개 구성원의 일치된 신념을 통해 결속을 유지하는 데 반해, **친교집단**(Gesellschaft)에서는 집단의 지배적 상상을 담지한 주체가 구성원 가운데 그 누구와도 일치하지 않는다.* 그 상상의 보유자는 그들 외부에 존재한다. 이런 집단의 구성원들이 특정 상황에서 특정한 방식으로 행동하는 것은 각 개인이 그렇게 해야 한다고 확신해서가 아니라 그들의 행동거지를 결정하는 다른 심급 즉 외부의 시선을 의식하기 때문이다. 여기에서 특징적인 것은 (앞서 유베날리스의 인용에서 보았던 것처럼) **부끄러움의 감정**이다. 같이 가지 않는다면, 초대를 거절한다면, 한턱 내지 않는다면, 다른 사람에게 담배 한 대를 권하지 않는다면 체면이 서지 않는다는 감정.

바로 이 부끄러움의 감정이 한 집단을 자기들만의 규칙과 강제성을 가진 내밀한 사적 공동체보다 더 큰 어떤 것, 즉 친교집단이 되게 만드는 것이다. 그 감정으로 인해 집단은 세련된 고상함을 띨 수 있게 된다. 이들은 세상이 환한 스포트라이트로 자기들을 비추고 바라본다고 느끼며, 그런 세상의 눈에 대해 체면을 세워야 한다고 생각한다. 물론 이 지켜보는 눈은 허구다. 그 집단에 속한 사람 누구도 믿지 않는 상상의 산물이다. 하지만 바로 그렇기 때문에 지켜보는 눈은 수호되어야 하고 이를 위해 집단 구성원들은 서로 협력한다. 그들은 프랑스의 정신분

* F. 퇴니에스가 정의한 '공동사회', '이익사회'와 달리 'Gemeinschaft'와 'Gesellschaft'의 본뜻 그대로 썼다. 전자는 친밀성과 공통 규범으로 결속된 공동체, 후자는 개인의 자유의사에 따른 임의 집단을 뜻한다.

석학자 옥타브 마노니의 말을 빌리자면, "모두 함께 한 이불을 뒤집어 쓰고"[9] 눈에 보이지는 않지만 우리를 지켜보는 가상의 심급, 이 연극을 곧이곧대로 진짜라고 믿는 순진한 관찰자를 속인다.

9.

임마누엘 칸트도 예의범절은 그것을 함께하고 있는 사람 중 누구도 믿지 않는 상상의 산물임을 분명히 인식한 바 있다.[10] 공동의 공간을 세련되고 우아한 공간으로 정의하고 사적이며 은밀한 공간과 구분하는 태도 전반의 근저에는 실제로 속은 사람은 없는 속임수라는 구조가 자리하고 있다. 사회학자 리처드 세넷이 강조했듯이, 공적 공간에서 사람들의 태도가 항상 어딘가 연극적인 요소를 띠는 것도 이 때문이다.(Sennett 1974: 27ff., 60 참조) 이들의 태도에는 '마치 ~인 것처럼'(als ob)의 요소가 근저에 깔려 있다. 이 '마치 ~인 것처럼'의 요소는 세넷이 말한 '공공 영역에서의 주체'와 '사생활에서의 개인'*을 구분하는 데만 유효한 것이 아니다. 그것은 프랑스 혁명기에 사회 전체의 문제에 대해 참여적이면서 세련된 태도를 지녔던 '시투아앵'(citoyen) 또는 '시투아엔'(citoyenne)과 자신의 경제적 이익에 대한 사적 관심만을 좇았던 '부르주아'(bourgeois) 또는 '부르주아즈'(bourgeoise)를 구분하는 데도 유효하다.**

* 원 단어는 'public man'과 'private person'으로 독자의 이해를 위해 풀어썼다. 이하에서는 '공적 인간'과 '사적 인간'으로 옮겼다.

** 원래는 장 자크 루소의 개념으로, 루소는 국가 공동체의 구성원인 공적 인간을 '시투아앵'(英 citizen)으로, 자신의 사적 욕망에 충실한 개인적 시민을 '부르주아'로 구분했다. 'citoyenne'과 'bourgeoise'는 여성형.

축하 의식에서의 관대함도 진짜라고는 믿지 않는 '마치 ~인 것처럼' 유형의 행위에 속한다. 바타유가 언급했듯이 파티 주인은 아무리 마셔도 샴페인이 계속해서 흘러넘칠 수 있다는 듯이 (그리고 그래야만 한다는 듯이—Bataille 1986: 201 참조) 행동한다. 뿐만 아니라 담뱃갑에는 본인은 피우지도 않을 담배가 몇 개비씩 항상 들어 있다. (가령 내게 불을 붙여준 보답으로) 상대에게 권하는 접대용 담배 몇 개비 정도는 늘 준비하고 있어야 하는 것이다. 요컨대 그는 술이나 담배가 마치 모두의 것인 양 행동한다.[11]

'마치 ~인 것처럼'의 태도는 특정한 태도를 만들어서 끝까지 고수해야만 유지될 수 있다. 하지만 이 태도가 항상 우아한 쪽으로만 발휘되는 건 아니다. 실제보다 멍청한 것처럼 굴거나 몰취향적인 것처럼, 또는 별로 생각이 깊지 않은 것처럼 행동하는 경우도 있다. 1990년대에 예술과 지성을 갖춘 서브컬처 커뮤니티들이 함께 모여 결코 수준이 높다고 할 수 없는 TV 드라마 〈비버리힐스 아이들〉을 한 회도 놓치지 않고 본 일이 있었다. (이 일에는 심지어 고유 이름도 붙었는데 'Beven'이 그것이다.)[12] 이렇게 이 커뮤니티들은 보이지 않는 관찰자에게 다소 멍청한, 순진한 사람을 연기했다. 이들은 이 환상을 한 번도 깨지 않은 채 계속 유지했는데, 바로 이 점에서 이들이 사실은 세련된 사람들로 멍청하고 순진한 것하고는 거리가 멀다는 것이 드러난다. 이들은 서로 공모하여 그 드라마를 '키치'하게 느낀다는 것을 드러내지 않고 마치 대단한 명작인 양 행동했다. 그렇게 해서 이들은 자신들이 지닌 교양적 취향이 선호하는 것과는 완전히 반대되는 즐거움—원래 갖고 있던 취향의 규범과 제한을 어겼다는 데서 오는 뿌듯함—을 누릴 수 있었다. 자기들이 유희를 하고 있다는 의식은 집단적인 행위로 인해 더욱 강화될 수 있었고, 이런 의식 위에서 이들은 함께 가상의 관찰자를 속인다는 은밀한 기쁨을 누렸다. 관찰자는 이들이 약간 멍청하거나 순진하고 그 드라마의 주인공들과 똑같이 나쁜 취향의 소유자들이며 그들처럼 미숙한 감정생활을 한다고 생각할 터였다. 숭고의 미학에서 그러하듯이, 이와 구조상 유사한 '키치'와 수전 손택이 말한 '캠프의 미학'[13]에서도 집단적 기념과 축하의 명령은 불쾌감을 유발하는 대상을 만족감을 느끼는 대상으로 경험할 수 있게 하는 결정적 조건이다.

10.

일반적인 정신분석학적 미학에서 볼 때 이 지점은 소유 불가능한 것, 자기와는 다른 것, 즉 타자의 필수불가결함이라는 기본적 차원이 모습을 드러내는 곳이다. 개인은 쾌락을 느끼기 위한 조건을 다 갖출 수가 없다. 자본주의적 생산양식에서는 직접생산자들이 필요한 생산수단 전부를 가지고 있지 않듯이, 미적인 분야에서도 소비하는 사람들이 쾌락을 얻는 데 필요한 자원 모두를 가지고 있는 것은 아니라는 뜻이다. 쾌락을 느끼기 위해서는 오직 사회로부터만 얻을 수 있는 것, 즉 쾌락에 몸 바치라는 명령이 필요하다. 여기서 문화는 제어되지 않는 욕망에 제동을 걸거나 금지로 규제하는 역할을 하는 것이 아니라, 오히려 그와 반대로 작용한다. 개인들은 쾌락으로 진입하기 위해 문화적 명령을 필요로 한다. 혼자서는 스스로 제동이 걸리기 때문이다.

이른바 '상징적 질서'*는 그 말이 가진 본래의 프랑스적 의미(영어도 마찬가지)에서는 사회적 규범의 체계만 뜻하는 게 아니라 명령을 지칭하는 말이기도 하다는 것을 잊어서는 안 된다. 'L'ordre symbolique' 또는 'the symbolic order'는 질서이기만 한 것이 아니라 지시이기도 하다. 어떤 지시인가? 바로 질서의 선을 넘으라는 지시이다.

하지만 이러한 선 넘기는 과도한 향유(Genießen)에서 자주 빚어지곤 하는 질서의 '외설적인 이면'을 즐기라는 지시가 아니다.[14] 오히려 이 지시는 바로 그러한 향유의 탐닉을 피하고 탐닉을 즐거운 경험으로 전환시키는 기능을 한다. 그런 한에서 이 지시는 그 자체로 반드시 상징적 질서에 포함되어야 한다. 다시 말해 상징적 질서는 기본적으로 이중적이 될 때, 즉 해야 한다는 명령과 함께 그것을 위반하라는 명령을 모두 포함할 때에만 상징적 질서가 된다. 왜냐하면 질서는 그것을 위반하라는 지시로 인해 비로소 무절제한 과잉에 빠지지 않게 되기 때문이다. 에피쿠로스가 다음과 같이 쓴 것을 보면 그도 이미 이것을 알고 있었다. "생활의 검소함에도 적당히가 있다. 이것에 주의하지 않는 사람은 무절제에 빠지는 사람과 비슷한 것을 겪게 된다."(Epikur 1995: 71) 우리의 일상적 삶을 조절하는 절제 역시 무절제한 과잉에 빠질 수 있다. 현재 우리는 바로 이런 상황 속에서 살고 있다. 절제를 이중으로 적용하지 않으면, 다시 말해 절제를 절제 그 자체에도 일관성 있게 적용하지 않으면, 즉 절제를 절제 있게 행하지 않으면 절제의 과도한 탐닉에 빠지게 된다는 것이다. 그렇기 때문에 상징적 질서의 이중적 형태, 즉 질서와 그것을 넘으라는 지시는 상징적 질서가 존재하는 데 있어, 적어도

* 프로이트를 이어받아 자크 라캉, 질 들뢰즈 등이 정착시킨 개념으로, 개인의 자아감과 정체성을 형성하는 언어, 문화, 관습 등의 체계를 말한다. 라캉은 이 질서가 자신의 것이 아니라는 점에서 타자적인 것이고, 거울 관계가 아닌 초월적 관계라는 점에서 대(大)타자라고 했다.

그 이름에 합당한 질서가 존재하는 데 있어 매우 중요한 역할을 한다. 왜냐하면 상징적 질서는 이것을 통해 정신분석학이 말한 그 중심적 기능, 즉 쾌락원칙*에 봉사하는 기능을 수행하기 때문이다.[15]

11.

상징적 질서의 선을 넘으라는 명령은 이탈리아의 극작가 다리오 포가 TV 다큐멘터리 프로그램에 나와 그 나라 문화에 대해 들려준 이야기에서 그 좋은 예를 찾을 수 있다. 그는 이탈리아 여자들이 공적 장소를 일종의 무대처럼 이용하며 이에 걸맞게 자신들의 모습을 화려하게 가꾼다고 한다. 그래서 이탈리아에서는 일부 청교도적 문화에서 생각하는 것과 달리 여자들을 쳐다보는 것이 무례한 짓이 아니다. 여자들은 자신들의 노력이 전혀 주목을 끌지 못했을 때 이것을 오히려 매우 불쾌하게 여긴다고 한다. 또 포는 어렸을 때 엄마 손에 이끌려 길을 가던 경험을 들려준다. 그때 엄마는 그에게 "코 좀 그만 파고 여자들 좀 구경하렴!" 하고 꾸짖더라는 것이다.

엄마의 명령은 어린 다리오를 나르시시즘에서 끌어냄으로써 그의 자기 탐닉적인 코 파는 행위를 중지시키고 대상으로 향하는 길을 가능하게 만들었다. 또한 그 명령은 자신에게 주어진 환상을 연출하도록 명했다. 그 명령은 "제발 좀 어른인 것처럼 행동하라"는 것이었다. 나르시

* 쾌락원칙(Lustprinzip)은 현실원칙(Realitätsprinzip)과 함께 프로이트 정신분석학의 핵심 개념이다. 그는 인간에게 불쾌를 회피하고 쾌에 도달하려는 무의식적 충동(리비도)이 있는데, 만족을 통해 이런 충동을 해소하고 평정에 도달하려는 것을 '쾌락원칙', 현실적 여건상 쾌락원칙과 본능을 제한하고 자기를 보존하려는 경향을 '현실원칙'이라 불렀다.

시즘에 사로잡힌 현대 문화는 오늘날 저 어린 다리오를 모범으로 삼을 수 있을 것이다. 이때 현대 문화가 그에게서 배울 수 있는 것은 문화의 명령을 타율적이고 부당한 요구라고 거절하는 것이 아니라 쾌감의 자원으로 이용하는 법이다. 이런 방법을 배울 수 있다면 현대 문화는 포의 경우에서처럼 자신의 나르시시즘을 버리고 자신이 생각하는 자기 모습과 꼭 일치하지는 않더라도 그런 것들 또한 쾌감을 줄 수 있다는 것을 받아들일 수 있게 될 터이고, 이를 통해 삶을 가치 있는 것으로 만들어 주는 데 꼭 필요한 선 넘기를 할 수 있을 것이다.

2
사는 것이 가치 있다는 사실을 잊게 만드는 것들

1.

신자유주의 사회에서는 삶을 가치 있게 하는 것이라면 모두 독점적 소수의 공격적 선점 대상이 된다. 그러니 이런 사회에서는 집단 전체를 위한 즐거움의 자원 또한 저 반사회적 욕망의 대상이 될 것이라는 점을 쉽게 상상할 수 있다. 하지만 그러한 자원을 다수에게서 그냥 강제로 빼앗는 것은 거의 불가능하기에 다른 많은 강제적 탈취의 경우처럼 이 경우에도 교묘한 술수가 동원되곤 한다. 즉 빼앗긴 이들이 빼앗겼다고 생각하는 것이 아니라 그것으로부터 해방되었다고 생각하게끔 만드는 것이다. 그렇게 되면 그들은 강제적 탈취를 기꺼이 받아들일 뿐만 아니라 심지어 그것을 위해 적극적으로 협조하기까지 할 것이다. 한 예로 '민영화'와 같은 우파 상류층을 대변하는 관심사가 겉보기에 좌파적이거나 적어도 스스로 공정을 추구한다고 생각하는 중간계층 이데올로기의 지지를 받는 경우를 들 수 있다. 이러한 동맹은 신자유주의 경제의 거의 모든 형태에서 나타나는 특징이다. 이 경우 엘리트들이 사회적 자산을 물질주의적으로 점거하기 위해서는 자칭 정의를 지향하는 관념론적 포스트모던 이데올로기의 도움이 반드시 필요하다.[1]

이러한 탈취를 위한 계략 중 하나는 축하 의식을 거행하라는 명령을 쾌감을 위한 자원이 아닌 부당한 타율적 요구라고 낙인찍는 것이다. 이 계략에 따르면, 그런 명령을 따르는 개인은 자기 자신만의 고유한 모습에서 멀어진다고 한다. 예를 들어 예술의 경우 이런 개인은 자신의 정체성에 맞는 공동체의 예술을 받아들이는 것이 아니라 자기와는 이질적인, 사회적으로 인정받는 지배 집단의 예술을 받아들이는 것이라고 한다. 그 결과 그는 진짜 자기 자신이 아니라 다른 사람들의 즐거움과 이익을 위해 자기가 직접 선택하지 않은 역할을 연기하게 된다는 것이다. 가령 여자들은 오로지 남자들에게 잘 보이기 위해 치장하고 젊은이들은 오로지 나이 많은 사람들에게 잘 보이기 위해 예의바르게 행동한다는 식이다. 하지만 이런 행동은 모두 자기 자신의 자발적인 동기가 아니라 타인에게 맞추기 위해 예의를 다하라는 외부의 명령을 따르는 데 불과하다고 한다. 이렇게 신자유주의 진영은 "너 자신이 돼라"라고 하는 포스트모던 힙합의 후렴구를 기치 삼아 쾌감을 위한 자원을 탈취당할 위험에 놓인 개인들로 하여금 자기와는 다른 모든 것을 무조건 거부하게 함으로써 그 자원을 스스로 뿌리치게 만든다.

2.

이제는 그들에게 문화의 쾌락원칙에 대해 알려주고 즐거움을 함께 누리자고 초대하는 사람은 그가 누구든 강압적이고 뻔뻔한 '꼰대'로 인식될 것이다. 그들을 희생시켜 즐거움을 누리려는 전적으로 이기적인 꼰대로 말이다.[2] 그들에게 세계문학에 대해 이야기하는 대학 강사는 죄다 낡은 유럽 중심주의 전통 속에서 사는 백인 이성애자 무리의 대리인으로 간주되어 기피될 것이다. 세련된 몸가짐으로 호감을 얻으려 하고, 또 담배 한 대를 권하는 친절을 베푸는 흡연자 역시 그들에게는 모두 외설적인 향유를 누리려는 폭력적인 제국주의자, 공공장소에서 자신의 개인적 강박을 퍼뜨려서 다른 사람들의 건강뿐 아니라 그들 영혼의 순수함과 쾌락의 자율성, 즉 이들의 나르시시스트적 자기 충족성을 위협하는 제국주의자로 비춰질 것이다. 다른 말로 하자면 이런 사람은 그들이 보기에 남근 중심주의를 대표하는 원조 가부장으로, (이런 존재만 없다면 문제없이 누릴 수 있는) 각자의 향유를 방해하는 존재로 비춰진다. 그들에게는 사교적인 이타주의가 배려심 없는 이기주의로 느껴지고, 오랜 연륜에서 나오는 거리감 없애기는 모르는 사람이 친한 척하며 가하는 폭력으로 다가온다. 세련된 태도에서 나온 배려의 몸짓이 극히 무례한 야만성으로 비춰지는 것이다.

3.

정신분석학의 견지에서 볼 때 이러한 인식 오류는 인식자가 익명적 상상을 상대방 자신의 상상으로 오해한 데서 비롯된 것이다. 가상의 순진한 관찰자에게 보여주려는 연극으로 설정된 저 세련된 '마치 ~인 것처럼'의 태도가 순수한 자기 환상에 빠져 있는 타자의 자기중심적인 나르시시스트적 정념으로 비춰졌기 때문이다.[3] 나르시시즘으로부터의 탈피를 의미하는 바로 그것이 나르시시즘의 전형으로, 나아가 그러한 탈피의 가능성을 막는 것으로 인식된다는 얘기다. 현재 놀랍도록 많은 사람들이 자기 자신의 행복을 찾기보다 타자의 향유가 내게 불러일으킬 수 있는 불안감에 더 신경을 쓴다. 이제 이 두려움은 포스트모던적인 감정 구조의 가장 일반적인 형태라고 부를 수 있을 정도다. 따라서 이 두려움의 고전적 이름 즉 '시기심'에 대해 더 자세히 살펴볼 필요가 있다. (이에 관해서는 특히 이 책의 제3부 참조.)

이와 더불어 이 현상은 망상이 만들어지는 일련의 과정을 고스란히 보여주는데, 우리는 여기서 많은 시사점을 얻는다. 먼저 익명적 상상은 '마치 ~인 것처럼'의 세련된 태도로 나타나며 이는 예의바른 태도, 우아한 몸가짐 또는 평범한 기호품의 교양 있는 소비라는 형태를 띤다. 다음 단계에서 이 익명적 상상은 앞서 말했듯이 오해를 받게 되어 타자 자신의 상상으로 해석되고, 그 결과 이 타자는 자기만의 향유에 탐닉한다고 여겨진다. 그러나 이러한 오해는 상대방에게서 허상을 보는데 그치지 않고 오해를 하는 사람에게서 두려움, 공황, 성급하게 행동으로 이끄는 강박관념 등 그 자체로 실제적인 반응을 불러일으키기까지 한다. 따라서 나는 이 오해에 대해 '편집증적 상상'이라는 용어를 제안하고 싶다. 익명적 상상에 대한 잘못된 인식은 타자 자신의 상상이라는 망상으로 귀착됨과 동시에, 그것을 인식하는 당사자에게는 편집증을 유발한다. 대중들에게 일어나는 이러한 편집증적 상상은 오늘날 사이비 정치에서 자주 볼 수 있는 것처럼 위급상황을 핑계 삼아 걸핏하면 긴급조치를 발동하는 일로 이어지기까지 한다.

4.

정치적으로 봤을 때 이러한 사회적 감정구조는 소극적 헤게모니라고 부를 수 있을 것이다.[4] 이는 안토니오 그람시가 염두에 두었던 고전적 의미의 '적극적' 헤게모니와는 정확히 반대되는 것이다. 적극적 헤게모니에서 지배계급은 자신들의 당파적 이해를 사회 공통의 이해라고 부름으로써 다른 모든 계급들을 자기편으로 끌어들인다. (부르주아들만 관심 갖는 문제를 국가 전체의 과제라고 했던 제국주의가 그 예다.) 앞서 말했듯이 오늘날의 전략은 그것과 정확히 반대된다. 사회적 자원의 재분배로부터 특혜를 얻은 이들이 사회 공통의 관심사를 한낱 지배계급의 특수한 관심사인 것처럼 보이게 만들어버린 것이다. (인권, 교육, 교양 등을 그저 유럽, 백인, 남자, 중산층들이나 관심 갖는 문제로 보이게 한 것이 그 예다.) 사실은 전 계급 공통의 관심사인 것을 지배계급 혼자만의 것으로 보이게 함으로써 그들은 지배계급 외의 다른 계급들이 마치 이런 사회적 타율성으로부터 해방되었다는 듯이 느끼게 하고, 그 결과 자발적으로 사회 공통의 관심사로부터 거리를 두고 인권, 교육, 교양과 같은 사회적 투쟁의 전리품을 포기하도록 만들었다.

5.

포스트모던 이데올로기는 신자유주의 사회의 개인들로 하여금 자신도 그 일부일 수 있는 보편적인 모든 것을 이질적이고 특수한 것으로 인식하게 하고, 그리하여 그가 갖고자 하는 것은 오로지 원래의 자기 자신뿐이라고 생각하게 하는 특별하고도 새로운 유형의 '소명'을 만들어냈다. 이 소명은 개인들에게 변화를 권유한다거나 새로운 상징적 명령("당신도 공익에 봉사하시오!" 같은 스타일의)에 따르게 하기는커녕 현재의 자신의 모습을 고수하도록 조장하고 상징적 명령의 모든 제안을 사적 영역의 침해로 개탄하도록 부추긴다. 그 결과 방송 토론에 출연한 사람들조차 공적 인간(public men) 또는 시투아앵(citoyens)으로서 일반적인 사회적 관심사에 대해 토론하는 것이 아니라, 별난 괴짜로서 자기들의 사적인 기벽을 전시하고, 그렇게 해서 자신을 고대 그리스 시대에 자기 자신의 것, 사적인 것 외에는 아무것도 신경 쓰지 않는 사람들을 가리켰던 용어인 백치(Idiot)로 만들곤 한다.

사회가 이런 태도를 부추기지 않았다면 사람들은 그런 행동을 하는 것을 부끄러워했을 터이다. 하지만 포스트모던 문화는 사람들에게 그렇게 해야 진정한 자신이 되고 타율적 규정에서 자유로워지며 사랑받을 수 있는 사람이 된다는 생각을 심었고, 이후 서슴없이 이를 추종하는 사람들이 떼를 지어 나타나고 있다. 결국 이 경우에도 개인이 자유로워진다는 쾌감을 얻기 위해서는 사회적인 쾌감의 조건이 필수적임을 알 수 있다. 하지만 이 경우에 사회적 뒷받침은 모순적인데, 왜냐하면 사회 스스로가 반사회성을 부추기고 개인적 나르시시즘을 북돋우고 있기 때문이다.

6.

이것은 '불평 문화'(Culture of Complaint)라는 잘 알려진 효과를 발생시킨다. 이 적절한 명칭은 미국의 문화비평가 로버트 휴즈가 붙인 것이다.(Hughes 1994 참조) 슬라보이 지제크도 이와 비슷한 구조를 분석했다. 그 구조는 모든 사람에게 새로운 권리가 부여된 상황을 말하는 것으로, 여기서의 권리란 오로지 타자로부터 성가심을 당하지 않을 보편적 권리를 가리킨다.(Žižek 2002: 21f. 참조) 그리고 앞서 말했듯이 포스트모던 조건 하에서는 타인의 세련된 배려만큼 성가신 것도 없다.

이것은 결국 사회 전체에 도움 되는 것에 물적 자원이 전혀 배정되지 않는 상황으로 이어진다. 물질적으로 존재하는 모든 것은 바로 그 때문에 사적이어야 한다는 인식이 퍼지게 된 탓이다. 그 결과 개인들을 타자의 성가심으로부터 보호하라는 과제가 국가(또는 유럽연합과 같은 초국가적 조직)에 위임된다. 하지만 이것이 정말 의미하는 바는, 개인들은 공적 영역에 대해 아무것도 요구할 수 없을 뿐더러 아무 기대조차 할 수 없다는 것이다. 공적 영역은 더 이상 어떤 적극적인 것들, 예를 들어 질병에 대비한 사회보장 및 연대, 노후연금, 인프라, 교육 접근성 등 개인이 혼자서 감당할 수 없는 서비스들을 제공하기 위해 존재하는 것이 아니다. 공공 부문은 그저 개인들이 사적 영역에서 익숙하게 여기지 않는 것들이 공적 영역에 나타나지 않도록 보장하기 위해 존재할 뿐이다. 결과적으로 국가의 기능은 소극적인 기능으로만 축소되어 포스트모던 이데올로기 덕분에 고삐 풀린 나르시시스트나 예민한 사람들이 성가시게 느끼는 것이라면 모두 제거하고 금지하는 기능만을 갖게 된다. 하지만 국가는 이때 무엇보다 앞서 국가의 적극적 특성이라 불렀던 바로 그것 또한 제거하게 된다. 그리하여 예컨대 국가가 시행하는 흡연금지 조치는 개인을 질병으로부터 보호하는 데 이용되는 것이 아니라 건강보험의 상부상조 원칙에 구멍을 내고 개인들로 하여금 자신의 병에 각자 책임을 지도록 하는 데 이용된다. 개인이 폐암에 걸렸다면 그것은 자기 책임인데, 왜냐하면 그는 공적 공간에서는 금지되어 있는 흡연에 노출될 일이 없었을 터이고 따라서 집에서 담배를 피웠을 것이 분명하기 때문이다. 그러므로 치료비도 본인이 직접 부담해야 한다. 이처럼 일견 보호해주는 것처럼 보이는 국가가 사회적 연대의 가장 중요한 물질적 토대를 직접 나서서 열성적으로 제거하고 있는 것이다.

7.

이처럼 적극적 배려와 개입 대신 성가심의 제거가 그 자리를 차지하게 된 상황은 정치 영역에서만이 아니라 포스트모던한 미적 감각에서도 나타난다. 비록 그 본래 의미와는 다소 다르지만 "정치의 밑바탕에는 미감이 작용한다"[5]는 자크 랑시에르의 말을 이용해 표현하자면, 우리가 어떤 것을 정치적으로 그냥 참고 받아들이는 이유는 쾌를 느끼는 감각에 전에 없던 결함이 생겼기 때문이다. 이런 측면에서 보자면 우리는 아름다움의 문화에서 무결점의 문화로 옮겨간 셈이다. 개인들이 세넷처럼 공적인 영역을 '마치 ~인 것처럼'의 영역으로 이해하던 때에는 타인의 관심, 존경, 호감을 얻기 위해 연극이라는 수단을 사용했다. 그들은 옷을 잘 차려 입고 화장을 하고 헤어스타일과 가발을 세련되게 꾸몄다. 이에 반해 1990년대 중반 즈음에 일어난 문화의 '조명 전환' 이후 아름다움은 더 이상 '마치 ~인 것처럼'의 효과일 수 없게 되었다. 더 이상 다른 사람 앞에서 '무엇인 양' 꾸밀 필요가 없어졌고 대신 그 자체로 무언가가 되어야 했다. 이렇게 해서 연극적 가상의 자리에 성형수술이라는 씁쓸한 진실이 들어서게 되었다. 뜻밖의 새로운 가능성을 만들어 내는 대신 오직 결함을 없애거나 방해물을 제거하는 데 집중하게 된 것이다. 하지만 이렇게 해서는 미의 대차대조표에서 결코 흑자를 볼 수 없을뿐더러 많은 노력을 기울인다 해도 기껏해야 '적자 없는' 수준에 도달할 뿐이다. 하지만 일단 눈을 뜨고 깨어난 포스트모던 감수성은 거슬리는 것이 남아있는 한 결코 만족할 수 없다. 그래서 젖혀진 귀를 겨우 머리 쪽으로 눕혔는데 이제는 또 코가 구부러진 것처럼 보인다거나 치아를 더 가지런히 만들어야 할 것처럼 느껴진다. 이렇게 몸의 가장 바깥 부분을 고치고 나면 이제는 또 다른 신체 부위가 의혹의 대상이 된다. 심지어 요즘에는 소음순도 정확히 대칭을 이뤄야 한다. 섹스리스가 만연한 현실에서 그것을 봐줄 상대를 아무도 못 만난 것이 소음순의 자연스러운 비대칭 탓은 아니라고 스스로 믿기 위해서라도 말이다.

8.

결코 충족되지 않는 이러한 불만족은 포스트모던한 감정조직이 미적인 것에서 무능하다는 것을 보여준다. 개인들에게 나르시시즘이 조장되고, 그 결과 자기 외적인 것은 아무것도 용인하려 하지 않고 오직 가장 자기스러운 것만을 원하게 되면, 그들은 더 이상 쾌를 쾌로서 경험할 수 없게 된다. 이들은 고상함에서 고상함을 느낄 수 없고 더 이상 일상 속 신성함을 기념하며 축하할 수 없다. 그러나 그렇다고 해서 쾌가 그냥 이렇게 사라져 버리는 것은 아니다. 그것은 혐오, 역겨움, 성가심이라는 반전된 형태를 띠고 신경증적 불쾌로 되돌아온다. 프로이트가 시인 하이네를 언급하며 말했듯이, 고대의 신들은 추락해 악령이 되었고 이제는 불쾌하거나 징그럽거나 혐오스럽거나 또는 두려움을 주는 방식으로 인간들을 못살게 군다.[6]

그 결과 더 이상 다른 사람과 어울리라는 쾌락의 명령을 받아들이지 못하는 개인은 방어 한 번 못하고 초자아에 희생된다. 초자아는 알다시피 우리가 그것에 복종하면 할수록 더 엄하게 우리를 처벌한다.[7] 이것이야말로 어떠한 성형수술로도 행복은커녕 그만하면 됐다는 만족감조차 얻지 못하는 이유다. 개인들은 더 이상 자기 자신이나 다른 사람들을 자비로운 마음으로 대할 수 없다. 그들은 보통의 어른이라면 설명할 필요도 없는 거침없는 분방함 또는 가벼운 규칙 위반의 유쾌한 순간을 누리지 못한다. 그들은 그런 유머를 알지 못하고 대신 자신들이 이성이라고 여기는 것이 명하는 순수함, 건강, 올바름, 안전의 이름 아래 가차 없이 그리고 편집증적으로 자기 자신과 다른 사람들을 괴롭힌다.

9.

미적 감각의 문제와, 이 문제를 건강, 안전, 올바름 등의 문제로 대체하는 것은 오늘날 정치적으로 중요한 의미를 지닌다. 왜냐하면 이것은 우리들 인간의 중심에 놓인 쾌락 가능성에 관한 문제이기 때문이다. 이 쾌락 가능성은 사람들과의 교류라는 조건에 좌우된다. 그런데 바로 이 교류가 현재 민영화라는 신자유주의 정치 속에서 붕괴되고 있다. 이 정치는 유머와 유쾌한 일탈 행위를 하라고 권하는 사회적 명령을 모두 제거하고, "그걸 꼭 해야 한다면 집에 가서 하시오!"라는 호통과 함께 그 모두를 공공 영역에서 추방해버렸다. 이러한 권위주의 정치는 소위 약자라는 사람들에 대해 그들의 처지와 고충을 진지하게 여겨야 한다며 배려해 주는 것처럼 보이지만, 사실은 자기를 정당화하기 위해 그들을 이용하는 것에 지나지 않는다. 이런 점에서 "오늘날의 교조적 권위는 약한 것과 연결되기를 좋아한다"는 독일 철학자 페터 슬로터다이크의 말은 별로 틀리지 않아 보인다.[8] 요즘에는 모든 불만이, 또 약자라고 불리는 사람들에 대한 모든 배려가 사회적 표준을 해체하는 구실로 이용된다.

가령 식당업소의 접객 인력을 보호하는 데 주목적이 있다는 최근의 국가적 흡연금지 조치를 보라. 누가 보면 국가가 지금까지 극도의 경제적 불안정 상태에 있는 접객 인력의 노동조건에 대해 새 발의 피만큼이라도 신경을 썼던 것으로 알 것이다. 하지만 이런 조치는 위에서 본 것처럼 약자에 대한 배려를 이용한 사이비 정치에 지나지 않는다. 이에 더해 2009년 가을부터 많은 유럽 국가에서 학생들과 대학교원들이 이른바 '볼로냐 대학개혁'*에 대대적으로 반대했던 일도 빠뜨릴 수 없다. 이 개혁은 대학 학업의 특징인 모든 학생들의 평등과 소위 '기초'부터 시작하지 않아도 다음 단계를 들을 수 있는 선택지, 고학년 학생들과 교류할 수 있는 기회, 자기 관심 분야를 찾고 그것을 성장시킬 수 있는 자유, 연구와 강의의 연계 같은 것을 모두 파괴한다. 사회적 자원을 민영화하려는 신자유주의 정치에 의해 진행된 이 개혁도 처음에는 약자의 이름을 내걸고 시작되었다. 소위 '교육에서 멀리 떨어진 사회 계층' 학생들의 이름으로 말이다. 그들은 이 계층 출신 학생들이 대학의 너무 많은 자유를 감당 못할 것이기에 이들에게 대학에 다니기를 잘했다고 생각할 수 있는 경험, 그리고 대학에서 습득한 지식을 사회를 위해 사용할 수 있는 경험은 아예 제공하지 않는 편이 이들을 위해 제일 좋다고 한다. 이렇게 하여 그들은 결국 '교육에서 멀리 떨어진' 약자들의 이

* Bologna-Reform. '볼로냐 프로세스'라고도 한다. 이 개혁으로 머리말에서 언급된 '유럽고등교육권역'이 구축되었다.

름을 내세운 정책을 통해, 바로 이들에게서 대학 수준의 교육을 최소한 이라도 맛볼 기회를 박탈한다.

그런데 과연 이런 형태의 약자들이 정말로 존재하는가? 오히려 교육에서 가장 멀리 떨어진 학생일지라도 모든 것을 무조건 해주는 대로 따르라고 하는 대신 일정 수준의 호기심과 지적 소질을 바탕으로 자기 능력을 개발할 수 있도록 해야 하는 것 아닐까? 하지만 학생들을 그런 식으로 다루고 바보 취급한다면 어떻게 되겠는가? 일부 학생은 '역전이'(逆轉移)*라는 잘 알려진 정신분석학적 조건에 처하게 되어 실제로 바보처럼 행동할지 모른다.

10.

그러나 2009년 가을 수업거부에 돌입한 학생과 교사들은 분명한 분노로 왜곡된 현실을 폭로했으며 어떠한 조치에도 구속받지 않겠다는 입장을 표명했다. 이 입장이 전하는 교훈은 한나 아렌트의 저 훌륭한 문구 **"복종할 권리를 가진 (…) 사람은 아무도 없다"**[9]를 변용해 일반 원칙으로 표현할 수 있겠다. 즉 지금의 신자유주의적 박탈과 관련하여 우리는 이 문구를 **"완전히 백치가 될 권리는 누구에게도 없다, 어떤 정치도 그를 그렇게 취급할 권리는 없다"**로 바꿀 수 있다. 왜냐하면 그 누구도 오로지 백치 같은 정체성이 자기 정체성의 전부인 사람은 없기 때문이다. 모든 사람은 자신의 관점에서만이 아니라 세상의 더 세련된 관점에서

* Gegenübertragung. 정신분석학 용어로, 상담치료에서 상담자가 피상담자에게 영향을 주는 것을 '전이'(Übertragung)라 하고, 거꾸로 상담자가 피상담자의 상태에 전염되는 것을 '역전이'라 한다.

자신을 바라보고 그에 맞게 행동할 능력, 다시 말해 우아하고 연극적인 '마치 ~인 것처럼'의 태도를 개발할 능력을 가지고 있다. 모든 사람이 그런 무언가를 기대할 수 있고, 또한 모두에 대해 그것을 기대할 수 있다. 그러므로 우리는 더없이 약한 이들의 이름을 내세워 평등과 해방을 지향하는 척하는 정치는 오히려 그런 기회를 박탈하려는 시도로 간주해야 하며, 그 정치가 대변해주겠다고 하는 바로 그 사람들에 대한 가장 지독한 경멸의 표현으로 간주해야 한다.

정신분석학적 견지에서 볼 때 이런 정치는 특수한 요구들을 상대화하고 조절하는 능력을 결핍—이런 무능력은 폭압적 초자아의 특징이기도 한데—하고 있으며, 이런 결핍은 이 정치의 독특한 권위주의적 특성을 잘 드러낸다. 즉 이 정치는 여러 다른 조건을 고려하는 합리적 평가나 상대성을 전혀 용인하지 않는 심리적 심급에 종속되어 있다. 특히 이런 정치는 편집증적 망상에 사로잡힌 듯 어느 날 갑자기 '교육적 약자들', '건강', '안전', '유럽고등교육권역' 또는 그것의 '세계 경쟁력'만을 자신의 좁은 시야에 놓고 다른 문제들은 모두 등한시한 채 성급하고 설익은 형태의 개혁, 정화, 응급조치에 착수하는 데서 그 특징을 드러낸다.

따라서 개인적 차원의 정신분석 치료에서와 마찬가지로 사회적 상상의 차원에서도 유아적이고 유머 없는 폭압적 초자아를 집착에서 해방시키려는 시도가 이루어져야 한다. 이때 이 폭압적 초자아를 진정시키고 완화시키는 데 도움을 줄 수 있는 것은 성숙하고 유머 있는 초자아, 즉 성인 수준에 걸맞은 질문을 던질 수 있는 심급이다.[10] 예를 들어 이런 질문에는, 현재 정치가 그토록 열심히 엮어내고자 하는 표준적이고 건강하며 안전하고 비용효율적인 삶이 과연 살 만한 가치가 있는 것인가 하는 물음이 포함된다.

11.

좋은 삶에 대해 묻는 위의 질문은 모든 유물론 철학에서 결정적으로 중요한 기초 질문이었다. 우리는 궁극적으로 죽음의 충동에 봉사하는 폭압적 초자아의 과도한 정화(淨化) 경향에 맞서기 위해 이 질문을 던져야 한다. 이 질문의 바탕 위에서만 우리는 유머에 자리를 내줄 수 있고, 따라서 더럽고 불순해 보이는 것, 우리 자아와 맞지 않는 것에 공간을 내줄 수 있다. 이 공간은 또한 살기를 잘했다고 느끼는 삶을 위해서도 반드시 필요하다. 나아가 우리가 언젠가 '역전이'라는 상황에 처해 자신을 한없이 나약한 존재로 상상하고 백치로 행동하는 포스트모던 이데올로기의 희생자를 실제로 맞닥뜨리게 되면, 우리는 다리오 포의 어머니가 보여주었던 성공적인 개입을 기억해야 한다.

예를 들어 어떤 학생이 그간 소외되었던 교육 기회로 인해 자신의 관심을 발전시키고 연마하라는 요구에 혼란을 느끼고 그 때문에 차라리 대학이 일일이 지시를 내려주기를 바란다면, 우리는 다정하지만 엄격한 어조로 이렇게 외쳐야 한다. "코 좀 그만 파고 대학이 너에게 줄 수 있는 게 뭔지 좀 살펴보렴!" 스스로를 또 다른 우매함에 가둬 놓으려고 하는 사람들은 그게 좋다는 말을 믿고 또 그래야만 사랑받을 것이라고 생각한다. 이런 이들에게 우리는 그들이 자신에 대해 생각하는 것보다 더 많은 것을 할 수 있다고 믿는다는 점을 보여주어야 한다. 그들이 인위적인 백치 상태에서 기만적 우매함에 머물러 있기보다 더 복합적인 존재가 될 때 우리에게 훨씬 더 사랑스럽게 느껴진다는 것을 알려주어야 한다.

12.

베르톨트 브레히트는 삶을 사랑하라고 가르쳤지만 그 자신은 가난, 도피, 망명이라는 극도로 각박한 환경 속에서 이를 실천해야 했다. 하지만 그럼에도 그는 "차를 마시면서" 함께 철학적 대화를 나누는 것이 얼마나 좋은지에 대해 극찬을 아끼지 않았다. 그의 시 「타히티」에서는 이렇게 말한다. "독주는 변기로 흘려보내고/ 분홍색 차양을 내렸다/ 담배를 피우고 살아있음을 만끽했다/ 우리는 타히티를 향해 돛을 올렸다/ 우리가 타고 가는 건 말총 소파/ 밤새 폭풍우 몰아치고 파도가 높이 일었다." (Brecht 1984: 105) 끓어 넘치는 기쁨의 이 단순한 나열에서 한 가지 알 수 있는 것은, 산다는 것의 가치를 느끼게 해주는 사물(그리고 행위)이란 일상의 세속적 질서에 위배되는 것이지만, 다른 한편으로는 쉽게 만들거나 구할 수 있는 단순한 사물(그리고 행위)이라는 것이다.

하지만 그렇다고 해서 그것이 쉽게 소실되지 않는다는 뜻은 아니다. 신자유주의 경제와 그에 수반하는 포스트모던 이데올로기의 환경 속에서 그것은 거의 상상을 초월할 정도로, 그리고 세계 역사상 유례가 없을 정도로 그 가치를 잃어가고 있다. 심지어 가장 특권적인 엘리트들도 이 점에서는 예외가 아니며, 다른 모든 계층들에서는 상황이 훨씬 더 심각하다. '관세 및 무역에 관한 일반 협정'(GATT)으로 인해 식수라든지 전통적 치료법 같은 자원들이 하루아침에 사적 이익의 대상이 되어 버렸고, 그 결과 인위적인 부족을 겪게 되었다. 레저 부문의 상업화는 체조, 달리기, 자전거타기와 같은 평범한 여가 활동을 고도로 전문화된 값비싼 취미로 만들고 있다. 나아가 이런 취미들은 더 이상 단순히 취미가 아니라 새로운 의무가 되어 지속적인 체력과 정력적인 근무 태세를 갖추라는 명령에 부응하기까지 한다. 취업 면접에서는 이런 조건을 갖추고 있는지 물어보는 경우가 점점 많아지고 있고, 특히 위험 감수 의향이 취업 자격요건이 되는 상황에서는 위의 요구가 새롭고도 더 위험한 '암벽 등반', '래프팅', '파쿠르'* 등으로 대체되기도 한다. 또한 개인의 이상적 모습을 이데올로기적으로 미리 규정해 놓음으로써 평소보다 푸짐한 식사, 담배 한 대, 와인 한 잔 또는 한 번의 에로틱한 모험을 즐기는 것을 싸잡아서 건강하지 못하고 비이성적이며 도덕적으로 논할 가치가 없는 역겨운 일로 느끼게 하고 개인들 스스로가 이를 거부하게끔 만든다.

그 결과 우리는 인간의 욕구와 그 충족 가능성에 있어서 현대 문화만의 독특한 괴리에 부딪히게 되었다. 이 괴리는 매우 특별해서 후대에 우리 시대의 특징으로 거론될지도 모른다. 즉 우리는 한편으로는 철학자 귄터 안더스가 언급했듯이[11] 오직 새로운 욕구와 욕망의 창출에 진력하는 산업의 소용돌이 속에 있지만, 다른 한편으로는 가장 기초적인 욕구 충족의 자원을 박탈당하거나 포스트모던 이데올로기의 영향을 받아 갑자기 스스로 그것을 거부한다. '넘쳐나는 섹스 속에 빈곤한 성생활'(oversexed and underfucked), 거의 관용구가 된 이 표현은 과잉 사회의 주체들이 겪는 곤궁을 직설적으로 잘 드러낸다. 충족될 수 없는

* parcours(佛). 도시에서 맨몸으로 계단, 벽, 화단 등의 장애물을 이용해 빠르게 이동하는 운동.

욕망의 생산과 증식이 딱히 더 큰 불만을 만들어내지 않는다면, 그것은 그러한 생산과 증식이 다른 한편으로는 되레 위로의 기능을 하고 있기 때문일 것이다. 그것은 우리로 하여금 신자유주의의 박탈로 인해 필수적이 된 새로운 습관, 즉 충분히 성취할 수 있는 행복의 가능성조차 가질 수 없는 것으로 생각하는 습관에 길들여지게 함으로써 이런 박탈적 상황을 더 잘 견디게 하기 때문이다.

13.

"모든 사람들의 필요를 채우기에는 충분하지만 누군가의 욕심을 채우기에는 불충분하다."[12] 이 멋진 문장은 마하트마 간디가 한 말이다. 필요와 욕망이 충족될 수 있다는 간디의 주장은 그가 철학자 에피쿠로스의 존경스러운 제자라는 걸 말해준다. 에피쿠로스는 인간의 쾌락을 위해 필수적인 것이라면 모든 사람이 언제든 그것을 쉽게 얻어야 한다고 가르쳤다.[13] 에피쿠로스에게 쾌를 쫓는다는 것은 두 가지 측면을 가진다. 하나는 '착각', '근거 없는 생각', '망상'[14]을 비판하는 것이다. 이런 것들 때문에 사람들은 이미 갖고 있는 행복을 망친다. 실현될 수 없는 키메라, 망상 속의 기준을 잡으려고 욕심스럽게 쫓아다니기 때문이다. "있지 않는 다른 것을 욕구하느라 이미 있는 것을 망쳐서는 안 된다."[15] 다른 한편 에피쿠로스는 우리 중 누구라도 진정 원하는 것을 가질 수 있다는 점을 상기시켰다. "적은 것이 충분치 않은 사람에게는 아무것도 충분치 않다"[16]는 그의 말을 단지 금욕주의적 자기절제 또는 세상을 등진 염세주의자의 말로 이해해서는 안 된다. 그것은 망상에 대한 선전포고인 동시에 쾌락에 도달할 수 있게 하는 물질적 조건을 차단하는 것들에 대한 선전포고이기도 하다. 따라서 에피쿠로스에 따르면 망상에 대해서는 적당한 수준에서 그쳐야 하지만, 쾌의 조건을 가로막는 것들에 대해서는 적당히 참고 머물러서는 안 된다고 한다. 또한 에피쿠로스는 우정을 높이 칭송함으로써[17] 쾌는 타인과의 친교라는 조건 속에서 성취된다는 사실을 간파했다. 에피쿠로스는 "배의 쾌락"을 "현명하고 일시적인" 쾌락의 원형이자 본보기라고 했는데,[18] 그것은 이 쾌가 (에피쿠로스가 예로 든) 빵이나 생선, 한 조각의 치즈에만 좌우된다는 뜻이 아니다. 그 이상으로 사람들은 편안한 친교집단 속에서 식사를 하려고 한다. 그렇지 않으면 별로 식욕이 당기지 않기 때문이다. 심지어 한낱 영양섭취와 같은 행위도 그것이 즐김의 대상이 되기 위해서는 "식사하세요!"와 같이 노동의 하루를 중단시키는 의식(儀式)에 대한 사회적 명령이 꼭 필요하다.[19] 쾌락이 공공의 영역에서 대거 추방되어 이러한 의식으로서의 차원을 상실하면 사람들은 그것에 접근이 불가능해지거나 그것을 더 이상 즐김의 대상으로 경험할 수 없게 된다. 따라서 에피쿠로스[20]가 의미하는 바의 '자연적' 욕구를 사수하기 위해서는 이 공공성의 차원을 위한 투쟁이 반드시 필요하다. 좋은 빵이나 이른바 '사용가치'를 위해 싸워야 할 뿐만 아니라, '산다는 것이 가치 있는 이유'를 제공해주는 사회적 조건을 위해서도 싸워야 한다. 다른 하나 없이는 또 다른 하나도 없기 때문이다.[21]

다른 한편으로 앞에서 봤듯이 공공 영역이 '마치 ~인 것처럼'의 영역이기도 하다는 것은 쾌락이란 쉽게 얻을 수 있는 것이라는 뜻이기도 하다. 쾌락을 얻기 위해 우리는 페이 더너웨이나 스티브 매퀸처럼 생길 필요도 없고 필름이 끊길 정도로 술을 마실 필요도 없다. 커다란 즐거움을 얻기 위해서는 소파를 타고 타히티로 여행가는 브레히트처럼 잠시 동안 그저 '마치 그런 것처럼' 행동하는 것으로도 충분하다.

14.

임마누엘 칸트는 그 자신을 포함해 사람들이 감각적 경향성을 불가항력적인 것으로 생각하지 않게 해줄 수 있는 한 가지 발상을 제시했다. "그것을 위해 교수대에 오를 각오가 되어 있는가?" 칸트는 우리의 정념에 절대적 필연으로 보이는 모든 것들이 이 '교수대 시험'을 통과하지 못한다고 보았다. 이 시험이 과연 칸트가 의도한 대로 정념을 의무보다 덜 중요하고 더 약한 것으로 취급하는 데 적절한 기준이 될 수 있는가 하는 점은 또 다른 문제다. (참고로 자크 라캉은, 정념을 위해서라면 기꺼이 교수대에 오를 정도로까지 그것을 연마하는 사드적 의미의 방종도 있다고 했다.)[22]

하지만 이러한 문제보다 현대 문화에 더 흥미롭고 유익해 보이는 것은 오히려 이 사고실험이 수행할 수 있는 실천적 기능이다. 우리는 칸트의 저 질문에서 '무효화 사고'라는 철학의 전형적 사고법을 발견하는데, 그것은 일종의 생각 도구로서 이 도구를 이용하면 환상의 힘에 자동으로 굴복하거나, 필연이라는 허상에 속거나, 시각의 편집증적 협소화로 인해 맹목적 행동에 빠지는 것을 피할 수 있다. 이러한 무효화 기능을 수행할 수 있는 사고의 예를 들어보면, 가령 신은 너무나 두려운 존재이므로 신에 대한 공포에 비하면 나를 괴롭힐 수 있는 다른 공포는 그 즉시 우스꽝스러워 보인다고 스스로에게 말하는 경우를 들 수 있다.[23] 또는 세상의 모든 과정 속에는 맹목적이고 의도가 결핍된 필연성이 내재해 있다고 스스로 주지시키는 경우도 있다.[24] 그래서 알랭은 "결국 배신보다 복통을 견디는 게 더 쉽다. 진정한 친구가 없다고 말하는 것보다 혈액세포가 부족하다고 말하는 게 더 낫지 않을까?"라고 했다.(Alain 1982: 13f.)

또는 자기에게 해를 끼친 자에 대해 끓어오르는 분노로부터 해방되기 위해 그가 필시 눈이 멀었을 것이라고 생각해볼 수 있다. 에픽테토스는 이런 상황에 대해 "그에게는 그게 옳은 것처럼 보였을 것"이라고 말했다.[25] 몽테뉴가 자신의 모토로 삼았던 "내가 무엇을 아는가?"(Que scay-je?)와 같은 형식의 '회의적 사고전환'도 이와 비슷한 기능을 수행한다. 어떤 것이 고정된 관념이 되어 집착으로 변질되려고 할 때 몽테뉴는 스스로 이 질문을 상기함으로써 다시 영혼의 평화를 찾을 수 있었다.

바로 이것이 우리가 "사는 것이 가치 있는 이유는 무엇인가?"라는 질문에 부여하고자 하는 의미다. 우리가 이 질문을 던지는 것은 이미 말했듯이 상대적으로 간단한 대답을 상기하는 것이 필요해서이기도 하지만, 무엇보다 중요한 것은 이 질문이 '무효화 사고법'의 하나로 특히 현재의 지배적 이데올로기에 대해 이런 질문을 제기하는 연습이 필요하다고 생각되기 때문이다.

"사는 것이 가치 있는 이유는 무엇인가?" 죽음을 걸고 하는 칸트의 사고 시험과는 반대로 이 질문은 삶에 대한 시험이다. 이 질문은 삶에 대한 집착을 상대화하고 완화하려는 것이 아니라, 브레히트가 강조하고[26] 오늘날의 모든 경험이 가르쳐주듯이 현세의 삶에 대한 집착만큼이나 유혹적인 혐오를 상대화하고 완화하려는 것이다. 삶에 대한 이러한 혐오가 건강, 안전, 올바름 등에 대한 숨 막히는 집착으로 나타날 때마다 우리는 이 질문을 던짐으로써 숨 쉴 공간과 평온함과 신중함을 얻을 수 있다. 이런 신중함을 가질 때 명철한 행동도 나올 수 있다. 우리가 다시금 익숙하게 이 질문을 던질 수 있다면, 사람들에게서 기본적 삶의 질을 박탈해 가는 신자유주의 경제의 부당한 요구 가운데 많은 부분이 더 이상 묵인되지 못할 것이며, 이 박탈을 용인하게 만든 포스트모던 이데올로기의 저 우매함도 더 이상 용납되지 못할 것이다.

Ⅱ

행복을 두려워하는 이유

3
빈약함과 화려함
점잔빼는 문화에서 포르노물이 하는 일

스스로를 특별히 계몽적이고 포스트모던하며 쾌락지향적인 사회라고 생각하기를 좋아하는 현대 서구문화가 1990년대 초부터 얼마나 쾌락에 적대적이고 성적으로 지나치게 점잔빼는 사회가 되었는지, 이를 지켜보고 있노라면 의아할 때가 많다. 성적 행위나 흡연에 대해, 심지어 자기 몸의 고유한 특징에 대해서도 '자발적으로' 혐오감을 느끼는 사람들이 점점 더 많아지고 있는 것을 보라. 대부분의 즐거움에서 즐거움을 주는 것이 빠지고, (슬라보이 지제크가 말했듯이) 무지방 휘핑크림, 무알코올 맥주, 디카페인 커피, 신체접촉 없는 섹스 등이 우리에게 제공되고 있다. 또 많은 서구 방송들이 가수 재닛 잭슨의 이른바 '젖꼭지 노출 사건' 이후 마치 이란 국영TV라도 된 듯 공연이나 스포츠 중계를 몇 초 지연 송출하여 불의의 누드 노출이 화면에 나오지 않도록 했다. (다른 지역에서 이와 비슷한 조치를 시행했더라면 문화 사이의 건널 수 없는 차이라는 둥 '문명의 충돌'이라는 둥 하면서 자아도취에 빠졌을 이들이지만, 서구 사회에서의 시간차 생중계는 이란처럼 그렇게 우려스러운 유사 사례는 아니라는 듯 넘어갔다.)

이와 관련하여 최근 파울 필립 한스케는 위의 경향과 모순되는 경향이 현재 동시적으로 유행하고 있음을 지적했는데, 성인 웹사이트인 '유폰'(Youporn) 스타일의 아마추어 포르노그래피, 불결한 성이나 정치적 비(非)올바름을 기본 컨셉으로 내세우는 『바이스』(*Vice*)와 같은 잡지, 브리트니 스피어스나 리아나 같은 팝스타들이 포르노 룩을 하고 나오는 것 등이 이에 속한다.(Hanske 2009) 앞서의 현상과 이런 현상은 대체 어떤 관계일까? 도대체 왜 에로틱이 말라 죽어가는 현상과 현란한 포르노 대중물의 대거 출현이 동시에 나타나는가? 그것은 아마도 사회 전체가 성에 대한 문화적 연관성을 상실하면 할수록 그 사회의 무대에 오르는 성에 대한 이미지들은 더욱 직설적이 되기 때문이 아닐까? 이때 성적 이미지들은 이중의 기능을 수행하는데, 즉 아직 남아있는 관음증적 중독에 계속 자양분을 제공함과 동시에, 해당 문제에는 다가가지 못하게 하면서 그 상실에 대해 위로를 주는 기능이다. 이것은 요즘 자주 볼 수 있듯이, 만족감의 감소가 더 강한 중독으로 이어지는 것과 비슷하다. 즐김의 정상적인 본보기가 더 이상 존재하지 않을 때 그것의 일그러진 형태만이 나타나게 되는 것이다. 즐김의 왜곡된 상은 중독자이고, 성의 왜곡된 상은 팝스타 내지는 토크쇼 게스트다.

1. 영화와 리얼리티 쇼—모범적 기준을 대체한 기벽

가령 오락영화와 요즘의 방송 포맷을 비교해 보면 양자가 거꾸로 가고 있다는 것을 발견할 수 있다. 즉 영화에서 섹스가 적게 나올수록 토크쇼에서 (그리고 리얼리티 쇼에서도) 그만큼 섹스 얘기가 더 많이 나온다. 요즘의 영화는 더 이상 외설적인 명랑함을 표현할 수 없고, 섹스 신에서 달아오르는 긴장감을 만들어낼 수도 없으며, 1960년대나 70년대의 영화가 담아냈던 아주 복잡하게 얽힌 에로틱한 관계를 주제로 삼을 수도 없다. 이에 반해 토크쇼에서는 섹스가 넘쳐난다.

물론 이 두 현상 간의 관계는 복합적이다. 한 매체가 단순히 다른 매체의 일을 넘겨받은 것이 아니라, 방송에서 다루는 섹스가 예전에 영화에서 다루었던 섹스와는 완전히 다른 기능을 하고 있다는 점이 중요하다. 이는 매체의 상이한 성격과도 일치한다. 영화는 에로틱한 장면을 통해 항상 하나의 사회적 기준을 공표한다. 다시 말해 칸트적 의미의 미적 판단처럼 보편적 합의를 따르라는 요구가 내포되어 있다는 뜻이다. 그 기준은 가끔 너무 나갈 수가 있는데 그렇게 되면 대개는 많은 사람들이 더 이상 그 기준을 따르지 않을 것이다. 하지만 어쨌거나 그 기준은 특정한 행동양식을 사회적으로 논의할 수 있게 하고 사회가 인용해 쓸 수 있는 모델을 제시함으로써 사람들로 하여금 자기들의 행동을 슬며시 그것과 연결시키거나 그것에 기댈 수 있게 해준다.

이에 반해 토크쇼는 모든 주제를 이상한 개인의 괴이한 기벽으로 소개한다. 토크쇼는 황량한 공터가 되어버린 포스트모던한 공적 공간의 결과물이기도 하다. 이 공간이 황량한 공터가 된 것은 (예를 들면 흡연의 경우가 그러하듯이) "꼭 해야 한다면 집에 가서 하시오!"라는 명령을 새로운 보편적 규범처럼 내세웠기 때문이다. 하지만 이처럼 뭔가 거부감을 주거나 그런 것에 해당한다고 여겨질 수 있는 것이 모두 집에서만 행해지다 보니 이제 대중들은 도대체 사람들이 집에 들어앉아 무엇을 하는지 알고 싶어 기웃거린다. 이런 상황에서는 늘 그렇듯이, 당연히 그런 것을 기꺼이 알려주고자 하는 개인들이 나온다. 이렇게 해서 이들의 개인적인 기벽이 공개적으로 알려지지만 이런 포맷 속에서는 공공성의 차원에 도달하는 것이 아니라 여전히 개인의 특이한 성벽으로 남는다. 토크쇼 주인공은 커밍아웃을 통해 대중에게서 자신의 열정에 대해 이해와 공감을 얻기를, 다시 말해 최소한 문제제기 수준이더라도 사회적 기준에 영향을 주기를 (그리고 이를 통해 지그문트 프로이트가 '거짓 치유'*라고 불렀던 것에라도 도달하기를) 바랄지 모르지만, 이런 경우에는 항상 정반대의 현상이 일어난다. 즉 대중은 흥미를 가지고 바라보지만 이 흥미는 결과적으로는 자기 얘기 하기를 좋아하는, '미개하다'고 생각되는 개인을 손가락질하며 그에 비해 자기는 고상하다고 느끼기 위한 흥미일 뿐이다. 혹시 그에게 호감을 느낀다 하더라도 그것은 기껏해야 그가 보여주는 기벽의 오락적 가치, 그것의 색다름, 그리고 나 아닌 다른 사람에게 그러한 기벽의 책임이 있으니 자신은 안도감을 느껴도 된다는 사실에서 오는 호감이다.

2. 미개인과 그를 구경하는 사람들

요즘 TV에서 볼 수 있는 유치함과 천박함은 대개 복합적 작용의 산물이다. TV의 이 유치한 미개인들은 대부분 정신분석학적으로 봤을 때 그들을 지켜보는 관찰자의 '전이 대상'이기 때문이다. 그들은 관찰자들에게 유치함을 연기해 보여준다. 관찰자들이 바로 이 유치함을 보고 싶어 한다고 생각하기 때문이다.[1] 미국의 문학사가 스티븐 그린블

* Schiefheilung. 문제가 있는 개인이 비슷한 사람들의 집단에 속하면 그 문제가 더 이상 문제가 아닌 정상으로 인식되는 경우를 말한다. '빗나간 치유'(spurious healing)라고도 한다.

랫이 보여주었듯이, 관찰자들의 기대를 예상하고 취하는 이들의 다소 절박한 반응에는 상대에 대한 굴복의 몸짓과 더불어 굴복에 대한 저항이 함께 공존한다.(Greenblatt 1995: 36 참조) 19세기 미국 인디언들이 그들을 정복하고 흥미롭게 그들을 관찰하는 백인들 앞에서 비위를 상하게 하는 '항문 과시' 의식을 행했을 때, 그것은 패배의 인정임과 동시에 그에 대한 저항이었다.

오늘날 토크쇼나 리얼리티 쇼에서 볼 수 있는 루저들의 태도 또한 이와 별반 다르지 않다. 이른바 사회 하층에 속하는 사람들은 원초적이거나 무례한 행동을 습관처럼 도발적으로 벌이곤 한다. 그들은 이렇게 함으로써 일부 사람들의 집단적 기대에 부응하는데, 이 사람들은 그런 행동을 피하고 싶어 하면서도 동시에 타자에게서 그런 행동을 확인함으로써 그 행동을 유지하려고 한다. 명칭부터 신성한 것, 성스러운 것을 연상시키는 대중문화의 디바와 스타들 또한 전통적으로 신성하고 성스러운 것에만 주어지는 각 사회의 기대, 희망, 두려움을 재현하는 임무를 맡는다. 그러나 성에 대한 사회적 기대가 비현실적이고 절망적일수록, 그리고 성에 대한 사회적 두려움이 클수록 대중 아이콘들은 성을 더욱 현란하게 구현해야 한다. 이렇게 해서 이들은 고전 비극의 여주인공처럼 사람들에게 이상의 도달 불가능성과 타락 가능성을 동시에 보여주는데, 이에 더해 사람들로 하여금 주인공이 아니라 그냥 구경꾼에 불과한 입장이 갖는 이점까지 느끼게 해준다.[2]

3. 섹스의 불평등한 분배 이후의 섹스

우리 사회의 많은 사람들이 갖고 있는 성적 기대는 비현실적이다. 왜냐하면 다른 많은 분야(예컨대 교육 같은)가 그렇듯이 섹스에서도 실제 행해지는 행태에서뿐만 아니라 특히 문화적 롤 모델들에 의한 '대리충족'의 측면에서도 대규모의 불평등한 분배가 일어났기 때문이다.

1960년대와 70년대까지만 해도 인구의 대다수가 에로틱한 태도를 취할 때면 마음만큼은 소피아 로렌, 마르첼로 마스트로야니, 페이 더너웨이, 스티브 매퀸, 로미 슈나이더, 미셸 피콜리일 수 있었다. 이에 반해 포스트모던 시대, 포스트섹슈얼의 세계에 사는 사람들에게는 남은 게 별로 없다. 성은 사회의 넓은 중간층에서 증발했고 지금 찾아볼 수 있는 것은 성의 극단적 모습뿐이다. 한편에는 이탈리아의 억만장자라 불리는 플라비오 브리아토레*와 같은 초부유층이 있고, 다른 한편에는 점점 크기가 확장되고 있는 주변부가 있다. 이들 이른바 '하위계층'은 인터넷을 통해 얻은 새로운 포르노 전문지식을 마치 계급의식이라도 보여주듯 행동에 옮긴다. 『슈테른』 지의 유명 기사 「완전 포르노!」에 따르면, 요즘의 14세 청소년들은 서로 손잡고 다니기보다 주말에 모여 그룹섹스를 벌인다고 한다.(Wüllenweber 2007 참조) 연령대가 더 높은 교육 소외층은 리얼리티 쇼에 지원한다. 이 쇼는 그것을 보는 사회의 나머지 사람들에게는 오락으로 기능하지만 동시에 위협으로도 작용한다. 정신 차리지 않으면 내일 저 방에 들어가는 사람은 너희가 될 거야.

우리는 여기에서 포스트모던 문화 속에 사는 사람들 대부분이 '넘쳐나는 섹스 속에 빈곤한 성생활'을 겪는 이유를 알 수 있다. 현란한 빛은 이성의 빛을 방해하는 기능을 한다. 이성의 빛 속에서 우리는 무엇인가

* 이탈리아 기업인으로 카레이싱팀 운영주이자 프로축구팀 구단주이기도 하다. 슈퍼모델 나오미 캠벨을 비롯하여 숱한 모델, 배우와의 염문으로 유명하다.

를 인식할 수 있고 사회적 기준에 대해 토론할 수도 있으며 그것을 취하여 유용하게 쓸 수도 있었을 터이다. 포르노물은 이 같은 빛을 방해함으로써 포스트모던 문화에서 에로틱의 궁핍 상태를 유지하는 지지대 역할을 한다. 교육 수준이 더 높은 층에서는 프랑스 미술평론가 카트린 밀레의 자전적 책이나 미셸 우엘벡의 소설 또는 파트리스 셰로 감독의 〈정사〉 같은 영화에서 볼 수 있는 노골적이고 극단적인 형태의 성이, 이 계층 다수가 빼앗긴 이 사회적 전리품을 향한 갈망에 자양분을 공급하는 기능을 한다. 하지만 여기서 그려지는 성에 대한 이미지는 성을 중상모략하기에 딱 좋은 형태를 띠고 있어서 성을 갈망하던 이로 하여금 스스로 소스라쳐 성으로부터 거리를 두게 한다.

4. 부모의 술을 퍼마시는 아이들—우리들의 향유 방식

요즘 대부분의 유럽 대도시에서는 주말마다 비슷한 광경이 펼쳐진다. 변두리에 사는 청소년들과 젊은이들이 떼를 지어 도심으로 진격해 들어가서는 엄청난 소음, 가공할 음주량(일부는 이미 도착할 때부터 고주망태 상태이다), 도심에 온 황당한 이유를 가지고 그곳에 사는 주민들을 어이없게 만든다. 특히 인기 있는 대도시들에는 먼 외국에서 방문객들이 저가 항공을 타고 무슨 카니발이라도 하듯 우르르 떼를 지어 몰려든다. 이를 두고 저널리스트 필립 마인홀트는 일간지 『타츠』에 쓰기를, 요즘 베를린에서는 독일 휴양객들이 오래전 스페인 마요르카 섬에서 저질렀던 짓들에 대해 스페인 사람들이 설욕을 하고 있는 것 아니냐고 추측한 바 있다.(Meinhold 2010) 마요르카의 별장 주인들은 투숙객들이 집에서 페티시 파티를 벌인 게 확실한데 사용했던 물건을 치우지도 않고 퇴실한 뒤 '깔끔한' 그들의 평상시 삶으로 그냥 돌아갔다며 어이없어 했다. 이런 현상을 보며 우리는 자연스레 다음과 같은 질문을 던지게 된다. 그런 행동이 뜻하는 바는 무엇인가? 모두가 이중생활을 하고 있다는 뜻인가?[3]

전통적으로 휴가나 축제 같은 상황에서는 평소에 좋게 여기지 않던 일을 해도 될 뿐만 아니라 심지어 그것을 해야 한다. 평범한 일상에서는 축하를 하지 않는 규칙이 있는 것처럼 축제 때의 축하 의식도 그것을 행하라는 엄격한 규칙의 지배를 받는다. 여기서 또 하나 중요한 점은 변두리 사람들의 유치함에 대한 도시인들의 비웃음이 원근법적 착각*에 근거하고 있다는 것이다. 그런 비웃음은 관찰자의 시선과 그 시선이 향하는 대상이 서로 아무 상관이 없는 것처럼 착각하는 데서 나온다. 그러나 분명한 점은 이러한 시선이 없다면 관찰 대상도 존재하지 않았을 것이며, 따라서 관찰된 대상은 결국 그 시선을 위해 연출된 광경이라는 점이다. 파티를 즐기러 몰려온 방문객들이 보란 듯이 뻔뻔하게 행동하는 것도 사실은 부끄러움을 느끼기 때문이다.

이처럼 자신이 관찰당하고 있다고 느끼는 사람들이 그 관찰자들을 자기들보다 더 높은 위치에 있는 것으로 간주하고 그들 앞에서 일부러 보란 듯이 자기를 낮추는 식으로 행동하는 것은 앞서 그린블랫이 소개한 '항문 의식'의 하나로 볼 수 있다. 변두리에서 몰려와 파티를 하는 집단들 역시 도시 주민들에 비해 자신들이 열등하거나 최소한 이방인

* perspektivischen Illusion. 원근법(Perspektive)은 니체의 용어로, 사실을 사실 그대로가 아니라 관찰자와의 원근법적 거리에 따라 대상을 왜곡시켜 보거나 가치를 달리 매겨서 보는 주관적 인식을 말한다. '관점주의'로도 번역한다.

이라고 느낄 것이다. 이런 결핍을 느끼기에 그들은 비록 자신들의 본모습과는 관계없는 시선이라 할지라도 그 시선을 짊어지고 관찰 대상이라는 피할 수 없는 역할을 자처하는 사람이 되어서 그 결핍을 과도하게 보상받으려고 애쓴다.

마찬가지로 요즘 힙합 래퍼들은 지저분하고 인종주의적이며 성차별적인 말들을 사용함으로써 진보적 성향의 관찰자들을 화들짝 놀라게 만들곤 하는데(Radisch 2007 참조) 이 또한 기본적으로는 위와 같은 저항이 담긴 부끄러움의 메시지로 볼 수 있다. 그들은 "당신들은 나를 미개하다고 생각하지? 그렇다면 당신들에게 이제 뭐가 진정 미개한 것인지 보여주지!"라는 신호를 보내고 있는 것이다. 영국의 코미디 배우 사샤 배런 코언이 연기하는 '알리' 또는 '보랏' 같은 인물들도 비록 힙합 래퍼들보다 더 의도가 뚜렷하긴 하지만, 황당해 하는 대화 상대자들에게 똑같은 메시지를 시현한다. 청소년들이 '×발놈'(motherfucker)이라는 단어가 들어간 힙합 가사를 부르기 좋아하는 것은 고딕 성당의 외부 정면에 장식된 괴물 형상처럼 '악귀를 쫓는' 의미를 가진다. 일종의 부적인 셈이다. 거기에는 콘서트 장을 부모가 확실히 존재하지 않는 장소로 만들고 싶어 하는, 십분 이해할 만한 욕구가 드러나 있다. 요컨대 이 모든 상황들에서 우리가 발견하는 것은 상황에 의해, 그리고 관찰에 의해 달라지는 행동방식이다. 이 행동방식은 그 요인들이 없었다면 존재하지 않았을 것이다. 한편 이런 행동방식은 오늘날 일반적인 형태가 된 듯하다. 현재 사람들은 거의 모두가 다른 누군가를 상대로 소음을 일으키는 파티 관광객들이다.

이런 점에서 볼 때 기념하고 축하하는 행위에는 예전과 달리 무언가

변화된 것이 있는 듯하다. 우리 모두는 부모님이 외출한 뒤 부모의 독한 술을 고주망태가 될 때까지 퍼마시는 아이들처럼 행동하고 있다. 이 무절제함은 우리 시대에 만연해 있는 금욕의 이면이다. 우리는 무절제함과 금욕 어느 쪽으로든 쾌락을 즐길 수도, 제대로 된 관계를 맺을 수도 없다는 것을 증명하고 있다. 우리는 이중의 삶을 살고 있는 것이 아니라 극도로 동질화된 유머 없는 삶을 살고 있다.

오늘날 우리는 다른 사람들이 우리를 직접 보지 않으면 우리가 아무 즐거움도 못 느끼고 있다고 생각할지 모른다는 두려움 때문에 과잉행동을 하곤 한다. 즐거움에 가 닿기 위해 우리는 그러한 타자의 시선을 절실히 필요로 한다. 하지만 쾌락에 친숙한 문화에서처럼 타자들과 함께 연대해서 파티를 하는 것이 아니라, 그들에 맞서서 그리고 그들의 어이없어 하는 반응에 대항해서 파티를 하기 위해 타자를 필요로 한다. 어쩌면 오늘날에는 더 이상 그 누구도 '항문 과시'를 하지 않고서는 파티를 할 수 없게 됐는지도 모른다. 페티시 파티를 벌인 투숙객들은 그들의 일상으로 '깔끔하게' 돌아가는 것만을 원한 게 아니었다. 그들 역시 누군가가 쓰레기통에서 그들이 사용한 소품들을 발견하고는 그들에 대해 경멸어린 추측을 해주기를 바랐던 것이다.

우리는 다른 사람들의 어이없어 하는 모습을 필요로 한다. 왜냐하면 우리들 자신에게서는 쾌락의 공적인 차원, 내 것이 아니라고 생각되는 차원을 조금도 참아낼 수 없게 되었기 때문이다. 그 결과 이제는 우리가 내릴 자기 평가를 타자가 대신하게 되었다. 타자가 우리의 행동을 비난하면, 우리는 자신에게 더 심한 비난을 가해야 하는 수고를 덜어도 되기 때문이다. 이것이 우리에게 있는 유아적 모습이다. 우리에게는 유머가 없다. 유머는 자신에게 있는 이질적인 부분을 다정하게 내려다볼 수 있는 능력이기 때문이다. 이것이 바로 우리에게 기쁨을 허락해주는 타자를 우리가 상상하지 못하는 이유다.

4
보이는 것의 질서
희극의 유물론적 측면

유물론의 전형적 특징 가운데 하나는 철학적 문제에 대한 기본자세로서 말이 적고 간결한 태도를 취한다는 것이다. 유물론은 늘 가능한 한 짧게 표현하고자 한다. 루이 알튀세르도 유물론의 논법은 '오므린 손바닥'에 고일 수 있을 만큼 간단해야 한다고 했다.(Althusser 1975: 81)

이러한 과묵한 태도에는 철학한다는 것에 대한, 그리고 철학의 과제와 다른 학문의 과제 간의 차이에 대한 유물론적 시각이 반영되어 있다. 타 학문들은 세련화 과정을 통해 예리함에 도달하지만 유물론적 이해에 따르면 철학은 가능한 한 거칠게 만듦으로써 그 예리함에 도달하고자 한다. 최대한 거칠게 함으로써 최대한 예리해지는 것, 철학이 가진 이 이중의 과제는 아마도 예술의 이중 과제에 비견될 수 있을 것이다. 예술에서도 이따금 가능한 한 노력을 기울이지 않음으로써 최고의 효과를 거두려는 경우가 있기 때문이다.[1]

유물론적 명제들은 간결하고 거친 표현을 통해 높은 침투력을 갖추고, 이에 힘입어 더 포괄적이고 더 세밀하며 더 무거운 관념론적 명제의 표현방식보다 더 큰 파급력과 영향력을 노린다. 유물론적 명제에서 이러한 표현방식이 필수적인 또 다른 이유는, 유물론에서는 철학이 즉각적으로 효과를 내고 도움이 될 수 있어야 한다고 보기 때문이다.[2] 알다시피 관념론적 철학이 영원성의 차원에서 생각하기를 좋아하고 그 결과 그러한 차원의 체계를 제시하느라 많은 시간을 할애하는 데 반해 유물론은 즉각적 효력을 추구한다. 가급적 이생에서 가치를 발휘하기 위해 짧은 표현을 추구하는 것이다.

나도 짧게 하려고 한다. 그러기 위해 유물론적 강령을 두 개의 명제에 담아 소개해 보려고 한다. 그런데 이 명제들을 예리하게 벼리기 위해서는, 다시 말해 현재의 지배적 이데올로기를 비판적으로 다루기 위해서는 특별한 동맹군의 도움이 필요한데, 예술과 일상생활의 장에서 활약하는 이 동맹군은 다름 아닌 '희극'(comedy)이다.

희극은 연극무대에서, 영화 스크린에서, 그리고 그 밖의 다양한 매체에서 유물론을 대표한다. 그뿐만이 아니다. 우리의 동맹군 희극은 시키는 것만 하는 얌전한 군인처럼 단순히 철학적 강령을 실행에 옮기는 데 그치는 것이 아니라, 이 강령의 성립 근거까지도 분명하게 보여준다. 희극은 일부 철학자보다 유물론의 강령을 더 잘 이해하고 있다. 희극은 철학적 유물론을 더 정확하게 표현해 보여주며, 이를 위해 서로 연관된 두 개의 명제를 사용한다. 두 명제란 '하나의 세계'라는 명제와 '보이는 것 우위'라는 명제다.

1. '이 하나의 세계' 명제—"나에게 좋은 삶을 달라"

철학적 유물론은 흔히 다음과 같은 문장으로 요약된다. "외부에 있는 사물은 우리 의식과 독립해서 존재한다. 그것들은 우리가 그것을 지각하거나 생각하지 않을 때에도 존재한다." 이 문장에서 물질성에 관한 명제는 존재론적 또는 인식론적 명제로 읽힌다. 하지만 희극은 우리에게 이 명제에서는 다른 곳에 방점을 찍어야 함을, 즉 이 명제를 존재론적 또는 인식론적 명제로서가 아니라 먼저 윤리적 명제로 이해해야 한다는 것을 일깨워준다.[3]

이렇게 방점을 옮기면 물질성에 관한 이 명제는 다음과 같이 표현될 수 있다. "이 세계는 우리가 가진 유일한 세계이자 최상의 세계이다." 이런 의미로 읽고 표현할 때 물질성에 관한 이 명제의 비판 지점이 어디로 향하고 있는지, 이 명제가 어떤 실천적 결과를 목표로 하는지가 분명하게 드러난다. 이 명제를 인식론적으로 이해할 경우에는 이 명제가 옳다고 하더라도 그것이 행위에서 어떤 차이를 만들어내는지가 여전히 불분명하다. 이에 반해 윤리적으로 이해하면 다음과 같은 점이 명확해진다. 우리 앞에 놓인 세계가 유일한 세계라고 생각하는 사람들은 또 다른 세계, 더 나은 세계가 있는 건 아닌지 고민하는 사람들과는 실제로 다르게 행동한다는 점이다.

"이 세계가 우리가 가진 최상의 세계"라는 문장은 물론 이 세계가 다 괜찮다는 뜻이 아니다. 또 라이프니츠가 주장했듯이, 우리가 모든 가능 세계 중 최상의 세계에서 살고 있다는 뜻도 아니다. 이 말이 뜻하는 바는 우리가 어떤 또 다른 세계도 갖고 있지 않다는 것, 따라서 좋은 삶이라는 것이 존재한다면 그 좋은 삶은 지금 여기에서 펼쳐져야 한다는 뜻이다. 독일의 음유시인 볼프 비어만의 노래가 던진 질문 〈죽기 전에 살고 있는가?〉(Gibt es ein Leben vor dem Tod?)—이것이 유물론의 질문이다.

희극은 어떤 위대한 것일지라도 모두 이 세계에서만 존재한다는 가정에서 출발함으로써 이 입장을 대변한다. 이 때문에 희극에서 가장 흔히 볼 수 있는 패러다임은 '성공'이다.[4] 희극에서는 절대 이루어지지 않을 것처럼 보이는 계획이나 무척이나 대담한 지위 사칭이 늘 성공으로 끝나지 않던가. 한 쌍의 연인 관계는 물론이고 삼각관계나 그 이상의 다각관계—희극은 이런 관계도 커플 관계 못지않게 대단하다고 여긴다—도 모두 성공으로 끝난다. 해피엔드가 있는 것이다. 이런 결말이 소위 '미풍양속'에 비춰볼 때 매우 이상하고 이질적으로 보인다 할지라도 그러하다. 이 해피엔드를 막을 수 있는 것은 아무것도 없다. 최소한 미풍양속의 규칙은 이를 막을 수 없다. (왜냐하면 결국 영화 〈뜨거운 것이 좋아〉의 감독 빌리 와일더가 영화 말미에 말한 것처럼 "완벽한 사람은 아무도 없기" 때문이다.)

이에 반해 알다시피 비극에서는 실패의 원칙이 지배한다. 비극은 이 세계에는 위대한 것이 있을 수 없고 따라서 이 세계에서 정말 위대한 것은 모두 실패할 수밖에 없다는 가정으로부터 비극의 피상적 슬픔을 발전시킨다. 이러한 가정은 '실패하는 모든 것은 정말 위대한 것'이라는 역 논리를 은연중에 생산하고, 그 결과 비극의 슬픔을 다만 피상적인 것으로 만들어버린다. 비극의 슬픔이 피상적인 이유는 우리로 하여금 슬픔에 깊이 잠겨 온전히 그것에 빠지게 하는 대신, 사태가 어떻게 실패하는지 지켜보는 가운데 그래도 어쨌든 간에 무언가 위대한 것을 본 건 맞지 않느냐고 스스로를 설득하도록 만들기 때문이다. 사람들이 어째서 자발적으로 비극을 보는지는 바로 이것으로 설명된다. 즉 비극에서 쾌를 느끼는 이유가 무엇인지가 설명이 되고, 프로이트가 언급했던 리비도 경제의 패러독스*를 납득할 수 있게 된다.(Freud [1920g]: 227 참조)

비극은 위대한 것의 필연적 좌초를 전제하는 데 반해 희극에서 위대한 것이 성공한다고 하는 데는 종교사적 배경이 있다. '희극 정신'은 이교도적 세계관에 부합한다. 위대한 것이 성공한다고 전제하는 것이야말로 이 세계에 대한 이교도적 시각이기 때문이다. 이 시각에서는 가장 위대한 것, 신성한 것, 성스러운 것이 가시적으로 나타나고, 그것도 그냥 한 번이 아니라 지속적으로 다수의 장소에 나타나는 것이 가능하다. 심지어 웃으면서 나타날 수도 있다. 왜냐하면 이교도의 신들은 유머를 지니고 있기 때문이다.[5] 이교도적 세계관에서는 신성한 것이 가시적으로 표현될 수 있다는 생각에 아무 문제가 없다. 그렇기 때문에 고대 아테네의 프락시텔레스 같은 조각가는 올림픽 승리자나 창부(娼婦)를 아폴론이나 아프로디테 조각상을 표현하는 데 적합한 모델로 삼을 수 있었다. 이렇게 신성이 구체적 형상으로 나타나는 것이 가능한 이유는, 이 세계에서 현상한다는 것을 오점이나 축소 또는 손실로 생각하지 않기 때문이다. 왜냐하면 이 세계는 이교도적 시각에서 볼 때 그 자체로 위대한 것으로 이해되기 때문이다. 이 세계에 대한 이교도의 기본 정서는 니체가 보여준 것처럼 과도한 감사함의 정서다.

* 프로이트에 따르면, 리비도(성적 에너지)의 양은 제한되어 있기 때문에 자아의 욕망은 항상 이 제한된 양을 효과적으로 투자하여 최대의 쾌락을 얻으려는 경향성을 갖는데, 이것을 '리비도 경제'라고 한다. 그러나 자아의 욕망은 이 때문에 원래 추구하던 쾌락을 얻지 못하는 역설에 빠진다고 한다.

> "고대 그리스인의 종교성에서 놀라운 것은, 그들이 늘 걷잡을 수 없을 정도로 넘치는 감사함을 분출하고 있다는 점이다. (자연과 삶을 그런 자세로 대하는 사람은 매우 고귀한 종류의 사람이다!) 그러나 후일 그리스의 어리석은 군중이 우위를 점하게 되자 종교에서도 공포심이 비대해졌고 기독교 발달의 기초가 그렇게 마련되었다."
> (Nietzsche [1886]: 59)

이교도적 세계관은 이 세계를 위대한 것으로 이해하고, 감사한 마음으로 이 세계를 우리가 가진 최상의 것으로 높이 평가하라고 가르친다. 그렇기에 이교도적 세계관은 세속을 지향하고, 달리 말해서 '형이하학적'이다. 철학적 유물론이 배운 것은 바로 이러한 태도다.

이에 반해 세상을 멀리하는 형이상학적 시각은 '세상의 악'에 대한 공포 내지 혐오, '눈물 골짜기'에 산다는 느낌, 이 현상 세계 배후에 있을 더 훌륭하고 진실된 이상 세계에 대한 희구를 특징으로 한다. 이런 특징들은 기독교와 같은 여러 종교에서 나타나는데, 이들 종교는 현상의 세계는 결함이 있는 세계이고, 이 때문에 신성한 것은 (예외적인 경우를 제외하고는) 모습을 드러내지 않으며, 그 신성함에 걸맞은 표현은 불가능하다고 전제한다. 이 세계가 그렇게 나쁜 것이라면 진정한 위대함이나 선은 그런 세계에서는 실패할 수밖에 없고, 나아가 그러한 세계관의 영웅은 당연히 축하 의식의 주인공인 디바나 올림픽 승리자가 아니라 비극적 패자일 수밖에 없다. 이 패자는 웃는 모습을 거의 볼 수 없고, 그의 위대한 모습이 드러나는 것은 시상식 연단에서가 아니라 죽음의 벌에 처해질 때다.

1.1 투사의 비애라고?

이와 관련해서 던질 수 있는 흥미로운 질문은, 이 두 가지 세계관 중 (어느 것이 더 진짜인가는 차치하고) 어느 것이 그 신봉자로 하여금 전투 태세를 갖추게 하는 데 더 적합한가라는 것이다.[6] 누가 더 적극적으로 싸울 준비가 되어 있을까? 희극의 유물론자인가 아니면 비극론자인가? 형이하학자인가 형이상학자인가? 삶의 긍정론자인가 이 세계에 대한 부정론자인가? 고대의 이교도들은 기독교인들이 자신의 종교적 믿음을 지킬 때 죽음을 전혀 두려워하지 않고 얼마나 용감한지—최소한 초기 기독교 교부 테르툴리아누스는 그렇게 주장했다—에 대해 매우 놀라워했다고 한다. 테르툴리아누스는 이 세계 그리고 이생의 삶을 전부라고 보지 않는 사람만이 담대하게 고통과 죽음을 마주할 수 있다고 쓰면서, 그 예가 바로 "항상 죽음을 각오하고 있는 종족"(Tertullian 2008: 5)인 기독교인들이라고 했다. 똑같은 생각이 현대 철학에서도 나타난다. 예컨대 슬라보이 지제크는 포스트모던의 비정치적 냉소주의에 맞서기 위해서는 유물론을 위한 기독교가 필요하다고 주장하면서 그러한 기독교만이 진정으로 금욕적이고 전투적인 자세를 갖게 해줄 거라고 했다.(Žižek 2004 참조) 이에 더해 이슬람 근본주의 옹호자들이 똑같은 논리를 가지고 서구 문화의 퇴폐와 무방비 상태를 조소하며 비난했던 것이 바로 얼마 전이다. ("너희는 삶을 사랑하고 우리는 죽음을 사랑한다.")

하지만 형이상학자들만이 전투에서 투지를 불태우고 죽음을 두려워하지 않을 수 있는 유일한 사람들은 아니다. 그런 생각은, 삶을 사랑하는 사람들은 삶을 사랑한다는 바로 그 이유 때문에 목숨을 걸 수 없을 것이라는 잘못된 관념론적 가정에서 나온 것이다.[7] 목숨을 걸기 위해 삶 저편에 있는 무언가를 바라볼 필요는 없다. 유물론의 견지에서 볼 때 우리가 알고 있는 최상의 삶인 이생이 지금 이 순간 참을 수 없는 모습을 하고 있다는 것만으로도 우리는 충분히 목숨을 걸 수 있다. 『스벤보르 시편』(*Svendborger Gedichte*, 1939)에 실려 있는 베르톨트 브레히트의 시 「코뮌 동지들의 결의문」은 바로 그런 의미로 이해할 수 있다.

> "그때에 당신들이 우리를
> 총과 대포로 위협할 것이라는 점을 고려하여
> 우리는 결의한다, 이제는 죽음보다
> 나쁜 삶을 더 두려워하겠다고."
>
> (Brecht 1984: 653)

여기에, 즉 우리가 가진 이 최상의 세계에서 벌어질 수 있는 나쁜 삶에 대한 두려움에 유물론적 전투 의지의 가장 단단하고 흔들리지 않는 동력이 기초해 있다. 이 두려움은 죽음에 대한 두려움조차도 작게 만들어버린다. 이제 유물론자들이 죽음을 두려워하지 않는 능력에서 형이상학자들에게 뒤지지 않는다고 할 때 이들에게는 한 걸음 더 나아가 형이상학자들보다 나은 무언가가 있을 수 있다. 그것은 바로 그들이 이루고자 하는 것의 상(像)을 갖고 있다는 점이다. 이에 반해 비극적 마음의 형이상학자들에게는 바로 이 상이 결여된 것처럼 보인다. 그들은 성공이 그들에게 진정으로 어떤 것인지 말하지 못한다. 그들은 그들의 승리 이후 세계가 어떤 모습이어야 하는지, 그들은 그 세상에서 어떻게 살고 싶은지에 대해 아무런 그림도 없다. 계속해서 실패로 끝나는 그들의 희망이 폭로하는 것은 그들이 사실은 실패를 희망한다는 사실이다.[8] 그들이 죽음을 무시하는 것도 실제로는 삶에 대한 무시다.

그렇기에 전투를 벌이기는 하지만 이 세계의 이상적 모습을 상상할 수는 없는 투지에 찬 비극론자들은 정치적으로 금욕적인 포스트모더니스트들의 쌍둥이 형제들이다. 포스트모더니스트들은 세상에는 그것을 위해 진심으로 싸울 가치가 있는 것이란 아무것도 없다고 생각한다. 형이상학적 금욕과 재미 만능 문화는 기본적으로 공범 관계다. 이것은 네덜란드의 문화이론가 요한 하위징아도 이미 지적했던 부분이다. 그는 포스트모더니스트들이 진정한 쾌락이라고 믿는 것 즉 진리는 존재하지 않으며 세상 모든 것이 단지 놀이 내지는 연극(또는 해체주의자들의 말대로 하자면 문학)이라는 생각이야말로 세상에서 가장 음울한 금욕적 종교인 기독교 형이상학자들의 기본 가정이기도 하다고 강조했다.(Huizinga 1956: 7, 12 참조) 형이상학의 기본 전략은 진리와 자유를 이 세계와 행복 안에서 찾지 않고 다른 곳에 두는 데 있기 때문이다. 형이상학(다른 말로 철학적 관념론)의 모든 변종들은 그러한 균열을 가정하는 데 기초한다. 그 변종들이 구분되는 기준은 오직 그 두 가지 면 중 어느 쪽을 선호하느냐 달려있다. (가령 자유에 찬성하고 행복에 반대한다든지, 아니면 행복에 찬성하고 진리에 반대한다든지.)

따라서 희극 이론에 대해서는 다음과 같은 결론을 이끌어낼 수 있다. 모든 것을 가소로운 것 또는 해체적인 불확실성으로 만들고자 하는 포스트모던의 재미 만능 문화는 스스로 그렇게 보이고 싶어 하는 것과는 달리 희극의 동맹군이 전혀 아니라는 것이다. 이 재미 추구 문화는 오히려 형이상학적이다. 그것은 사실 비극에 더 가깝고 희극이 표방하는 유물론의 철학적 주적(主敵)이다. 이런 점에서 볼 때 포스트모던처럼 그렇게 재미를 기치로 내건 시대가 영화와 연극에서 자기들보다 훨씬 더 심각한 문화라고 평가했던 1960년대와 70년대에 비해 몇몇 아주 적은 예외를 제외하고는 왜 이렇다 할 코미디를 만들어내지 못하는지 이해가 간다. 더 일반화해서 말하자면, 어째서 포스트모던적 쾌락주의가 불안, 주저, 역겨움, 금지로 가득 찬 문화가 되었는지 납득이 간다. 포스트모던적 쾌락주의는 결국 좋은 삶이 무엇인지를 제1질문으로 묻는 유물론적 쾌락주의에 속하지 않는다.

또한 정치 이론에 대해서는 다음의 결론을 얻을 수 있다. 기독교와 그것이 지닌 전투적 금욕주의는 결코 포스트모던적인 자의성과 재미 만능 문화의 쾌락주의에 대항하는 적합한 수단이 될 수 없다. 기독교적 금욕은 쾌락주의의 반대가 아니라 쾌락주의가 거울 속에서 좌우가 뒤바뀌어 있는 모습이기 때문이다. 가스통 바슐라르의 용어로 자신의 '인식론적 복제'(epistemologisches Double)인 것이다.(Bachelard 1949: 5 참조) 따라서 재미 만능 문화와의 진정한 결별은 기독교적 세계관의 비극적 패러다임과도 결별한다는 의미가 된다. 이렇게 볼 때 슬라보이 지제크가 왜 처음에 그토록 열을 내면서, 하지만 그 와중에도 유머를 잃지 않고 철학적으로 기독교를 편들었다가, 나중에 이를 상당 부분 상대화하고 부연 설명을 추가했는지 이해가 된다.(Zizek 2004a 참조)

1.2 진리가 끔찍하다고?

희극이 대표하는 유물론적 명제—이 세계는 우리가 가진 유일하고도 최상의 세계이고, 위대한 것이 정말로 존재한다면 그것은 이 세계에서만 위대할 수 있다는 명제—는 결과적으로 특정한 인식론적 입장으로 이어진다. 다른 모든 진정한 유물론처럼 희극 역시 진리와 편안한 관계를 유지한다는 것이다.[9] 희극은 진리를 인식 가능한 것이라고 가르친다. 이것은 예를 들어 인물 혼동과 같은 가장 단순한 형태의 희극만 봐도 알 수 있다. 이런 형태의 희극에서는 누군가가 다른 사람을 가령 복장이라든가 하는 이유 때문에 또 다른 제3의 인물로 착각하는 장면이 나온다. 그렇게 관객들에게 극을 구성하는 전체 원리가 그 자체 꾸밈없는 직관적 방식으로 펼쳐진다. 희극은 그러한 자기 반영적* 순간들과 낯설게 하기 효과들로 가득하고, 바로 이러한 인식들이 희극에서 재미를 주는 요소이며 희극만의 고유한 즐거움을 만들어낸다.[10]

이런 특징이 특히 잘 나타나는 작품으로는 극도로 자기 반영적이고 그 점에서 희극 원리에 빚지고 있는 로런스 스턴과 드니 디드로의 18세기 소설을 꼽을 수 있다. 하지만 요즘의 일상문화 차원에서도 이런 특징이 잘 드러나는 작품들이 있는데, 〈스크림〉(속편인 〈스크림 2〉와 〈스크림 3〉 포함)과 같은 코믹 호러물이 그 좋은 예다. 〈스크림〉은 자기 장르를 스스로 주제로 삼는 놀라운 자기 반영적 특징을 보여주는 영화로, 다음과 같은 대사가 우리의 주목을 끈다. "금방 돌아오겠다는 말은 하지 마. 공포영화에서 그런 말을 하는 사람은 그 말을 하자마자 금방 살해되잖아."[11]

희극에서는 진리도 성공의 원칙을 따른다. 희극에서의 진리는 이 나

* selbstreflexiv. 드라마, 소설 등의 작품이 그 작품 안에서 스스로를 인용, 언급, 대상화하는 것.

쁜 세계에서 파괴될 수밖에 없는 비극적 영웅이 아니다. 희극은 자신의 유물론적 전투 태세에 걸맞게 이 문제에 대한 여러 반대 입장을 모두 반박한다. 먼저 진리가 매우 희귀한 것이라거나 이 세계가 감당하기에는 너무 소중한 것이라는 입장을 인정하지 않는다. (이런 입장을 전형적으로 볼 수 있는 경우는 해체주의자들이 엄청 무게를 잡으며 "도대체 우리는 말한다는 것이 무엇을 의미하는지 알고나 있는 것일까?"라는 식의 문제제기를 하는 제스처를 취할 때다.) 이와 함께 이 입장의 여피 버전인 재미 만능 문화 또한 희극의 진리 사랑이 극복하고자 하는 입장이다. 이 입장에 따르면 우리는 어차피 진리/진실을 알 수 없을 테니 진지한 일에 적극적으로 참여하는 대신 재미있게 지내면 된다.

끝으로 희극은 또한 '슬프지만 그래도 진실'이라는 원칙에도 맞서 싸운다. 희극에서의 진리/진실은 늘 슬퍼야만 하는 것이 결코 아니며, 슬픔이 진실의 징표라는 것도 인정하지 않는다. 진실된 모든 것이 다 슬픈 건 아니며, 슬픈 것 모두가 단지 슬프다는 이유만으로 진실인 것은 더더욱 아니기 때문이다.[12] 이와 함께 희극은 잔뜩 찌푸린 얼굴로 진리를 찾는 사람들에게도 반대한다. 이들은 음울한 표정 하나로 더욱 본질적이거나 중요한 것 또는 진정한 것을 발견했다고 주장한다.[13]

희극은 이런 여러 반대 입장들에 대한 대결에서 특히 그 특징을 드러낸다. 왜냐하면 진리를 지나치게 높은 곳에 두는 바람에 결국 그것에 도달할 수 없는 사람들, 진리 때문에 자신의 즐거움이 위협받는다고 생각해서 진리에 직접 맞닥뜨릴 일이 없기를 바라는 사람들, 그리고 역으로 진리가 즐거움의 저편에 있고 따라서 이 세계의 저편에 있다고 주장하는 사람들이 모두 같은 편이라는 사실이 희극을 통해서 드러나기 때문이다. 희극은 강박적으로 회의적인 해체주의자들, 발작적으로 쾌활한 재미 만능의 상대주의자들, 속절없이 속세를 등진 유머 없는 금욕적 진리추구자 등 겉보기에는 너무나 다른 철학적 형태들이 사실은 모두 공범임을, 모두 똑같이 진리의 현세적이고 명랑한 특징에 적대적인 태도를 취하는 비극적인 관념론 패러다임의 추종자들임을 폭로한다.

2. '보이는 것 우위' 명제—"소설 쓰지 말라!"

철학적 유물론을 특징짓는 두 번째 요소는 원자론이다. 원자론에 따르면 세계는 동일하게 유지되는 수의 원자로 이루어져 있다. "왜냐하면 무에서는 아무것도 나오지 않고 무는 어떤 것도 되지 않기 때문이다."[14] 세계는 여러 가지 모습을 띠고 나타나는데, 그것은 평행으로 낙하하던 원자들이 경미하게 이탈하는 일이 일어나면서 이따금씩 원자들끼리 서로 충돌하고 이를 통해 더 큰 단위로 뭉쳐지기 때문이다.[15] 원자를 부서지지 않고 나뉘지 않는 세계의 가장 작은 단위라고 본 데모크리토스의 가정과, 원자가 무질서를 일으키는 경미한 편차를 띠고 낙하한다는 에피쿠로스의 명제는 일차적으로는 우주론으로 보인다. 하지만 이 명제가 우주론에 그쳤다면 그것은 오늘날 기껏해야 과학사가들의 관심이나 모을 뿐 사람들의 흥미를 끌기는 힘들었을 것이다. 또 카를 마르크스나 루이 알튀세르와 같은 유물론적 철학자들과 사회이론가들이 왜 무질서하게 떨어져 내리는 입자들에 관심을 가졌는지 이해하기 힘들 것이다.[16]

하지만 우리는 희극 덕분에 원자론이 제시한 유물론적 가르침에 더 정확한 의미를 부여할 수 있다. 앞에서 그랬던 것처럼 다시 방점의 위치를 약간만 이동시키면 겉으로 볼 때 우주론으로 보이는 논리에 윤리적 명제가 숨어 있음을 알 수 있다. "세계는 저마다의 경로를 따르는 원자들로 구성되어 있고, 때로는 서로 간에 충돌이 일어나서 더 큰 단위를 형성한다"는 명제는 요즘의 희극 구조에 의거해 잘 설명할 수 있다. 미국의 유명한 TV 시트콤 〈골든 걸스〉(1982~95년 방영)를 예로 들어보자. 이 시트콤에는 네 명의 여성이 나온다. 말하자면 모두 완전히 법칙에 부합하여 자신의 경로대로 움직이는 네 개의 다른 원자들이다. 그들은 각자에게 부여되어 있는 일면적 캐릭터(그리고 그것에 어울리는 주제들)에 맞춰 거의 기계처럼 움직인다. 책임의식이 강한 똑똑이, 단순하지만 마음씨 좋은 순둥이, 엄청 밝히는 바람둥이, 끝으로 약삭빠르고 매몰찬 시칠리아 출신의 증조할머니. 때때로 이들은 대화의 특정 지점에서 서로 똑같다는 것을 발견하지만 완전히 서로 다른 이유, 즉 서로 완전히 겉도는 동기에서 그럴 뿐이다. 그들이 서로 소통을 한다고 생각되는 장면도 사실은 각자 자기들의 일면적인 캐릭터에서 비롯된 것을 말했을 뿐이다. 그런데 이를 통해 익살스러운 효과가 만들어진다. 그들 대화가 교차하는 순간에 우연히 아귀가 맞으면서 그들이 마치 서로를 이해했거나 또는 동일한 대상에 대해 이야기하는 것처럼 비춰질 때가 있는데, 이때 그들의 대화가 일면적이면 일면적일수록 이 코믹한 효과는 더욱 더 익살스럽게 보인다.

요컨대 희극은 겉으로 보기에 의미 있어 보이는 만남이 사실은 우연하고 의도되지 않은, 이해하기 어려운 것임을 보여준다. 감탄을 자아내는 의미 효과 뒤에 단순한 자동기계 장치가 숨어 있음을 보여주는 것이다. 이를 통해 희극은 원자에 대한 유물론적 가르침의 핵심, 즉 무언가에 의미가 깃들어있다는 생각은 어리석음에서 비롯된 것이다라는 말이 무슨 뜻인지를 설명해 준다. 그런데 이 말에는 좀 더 깊이 따져볼 요소가 내포되어 있다. 뭔가 의미가 있다는 인상은 일종의 환상이다. 의미(Sinn)는 뜻(Bedeutung)과는 다르다.* 후자에는 환상이 끼어 있지 않다. 왜냐하면 우리가 '뜻'을 인식할 수 있는 것은 대상에 기호를 붙여 각각을 구분하기 때문이다. 하지만 '의미'는 우리가 타자를 특정 방식으로 대할 때, 즉 타자가 이 세상에 존재하는 것이 우리를 이해하기 위해서이고, 그것도 우리가 생각하는 바대로 이해하기 위해서인 양 대할 때 생겨난다. 따라서 의미가 만들어지는 즉시 우리는 세상의 중심에 서있다고 느낀다. 에피쿠로스가 앞의 명제에서 염두에 두었던 것이 바로 이런 환상이다. 그는 이 환상에 의도 없이 충돌하는 원자들이라는 이미지를 대립시킨다. 이를 통해 원자론에 관한 명제는 윤리적 의미를 획득한다. 에피쿠로스의 개념에서 나온 모든 철학적 주제와 마찬가지로, 이 명제 또한 과도한 감정(Affekt)**을 치료하기 위한 것이기 때문이다. 다시 말해서 이 명제는 의미의 환상에서 일어나는 모든 달갑지 않은 흥분으로부터 해방되도록 한다.[17] 루이 알튀세르는 유작으로 출간된 후기 저작에서 이 이론을 'matérialisme de la rencontre' 즉 '마주침의 유물론'이라고 칭한 바 있다.(Althusser [1982] 참조)[18]

* Sinn과 Bedeutung은 영어의 sense와 meaning에 해당하는 단어로 모두 '의미'로 번역되지만, 철학에서 전자는 사물을 인식하는 주관에 의해 만들어진 의미를 주로 가리키고, 후자는 사물에 대응하고 그것을 지시하는 기호로서의 의미를 주로 가리킨다.

** 흔히 '정동'(情動)이라 옮기는 'Affekt'는 우리를 움직이는 능동적이고 수동적인 정서적 변용의 힘이라는 스피노자의 의미보다는 감화력을 가진 정서 정도의 뜻으로 쓰이고 있기에, 이 책에서는 간단히 '감정' 또는 '격정'으로 옮긴다.

마주침의 유물론을 따른다는 것은 자신을 세계의 중심이라고 생각하지 않는 것, 즉 자신을 주변의 모든 노력들이 지향하는 목표라고 생각하지 않는 것, 또한 세상에서 만나는 결과물들이 시작된 근원이라고 생각하지 않는 것을 뜻한다. 스피노자가 말했듯이(Spinoza 1976: 41 참조), 만물을 우리에게 맞게끔 만들어놓고 우리가 가게 될 길도 현명하게 미리 계획해 놓은 조정자는 존재하지 않기 때문이다. 또한 우리 행위의 시작은 우리 스스로 결정해서 이루어지는 것이 아니다. 그러기는커녕 우리는 인정하고 싶은 것보다 훨씬 더 자주 특별한 의도 없이 이리저리 휩쓸려 행동하고,[19] 그러면서 우리 자신이 자유롭다고 생각한다. 왜냐하면 우리는 보통 우리 행위의 진짜 원인, 말하자면 우리를 규정하는 것이 원자의 충돌이라는 것을 모르기 때문이다. 그리하여 우리는 가장 자유롭다고 착각하는 바로 그곳에서 가장 덜 자유로운 존재가 된다. 루이 알튀세르는 이러한 원리와 결과 전체를 냉정한 표현으로 요약했고 그것을 '유물론의 유일한 정의'라고 칭했다. 그것은 바로 "소설 쓰지 말라"("ne pas se raconter d'histoire", Althusser 1994: 247)는 것이다.

희극은 유물론의 이러한 단순하고 냉철한 입장을 사전에 전제한다. 또한 희극은 기본적으로 자신을 항상 주체로, 중심으로 여기는 개인들의 탈중심화[20]를 높이 산다. "너희는 너희가 상상하고 싶은 것처럼 그렇게 자유롭지 않다." 희극은 등장인물들의 예를 보여줌으로써 관객들에게 끊임없이 이런 야유를 던진다. 이것이 바로 희극이 지닌 유물론적 관점을 관념론적 철학과 결정적으로 구분해주는 지점이다. 임마누엘 칸트로부터 주디스 버틀러에 이르는 관념론적 계보는 알다시피 사람들에게 항상 그들이 실제로는 자신들이 의식하는 것보다 더 자유롭다는 소설을 들려주는 것을 특징으로 한다. 인간은 스스로 생각하거나 인정하는 것보다 더 많은 것을 변화시킬 수 있다는 것이다. 관념론은 이 세계가 인간에 의해 인간을 위해 만들어졌다는, 즉 기본적으로 세계에서 인간이 중심이라고 주장한다. 그럼에도 인간이 실제로 자유롭지 못하다면 그 이유는 누군가의 잘못 때문이고, 그 잘못은 오로지 그들 자신이 저지른 것일 수밖에 없다. 즉 "스스로 초래한 미성숙"* 때문이라는 것이다. 그러나 사람들에게 그들 자신이 생각하는 것보다 그들이 더 자유롭다는 소설을 들려주는 자는, 불행에 대한 책임이 그들 자신에게 있다는 생각을 불러일으키기 위해 그렇게 하는 것뿐이다. 관념론에 따르면 그들은 자신을 충분히 자유롭게, 다시 말해 주체로서 경험하지 못하기 때문에 잘못이 있는 것이고 자유롭지 못하다는 것이다.

특히 신자유주의 조건 속에서 이 관념론적 사고모델은 특정한 이데올로기적 기능을 뚜렷이 발휘하고 있다. 1990년대 이후 개인들은 주체적 행동능력을 가져야 한다는 소리를 늘 들어야 했고, 그 능력을 아직 가지지 못한 경우에는 그것을 가지라고 권유받았다. 그렇게 해서 그들은 스스로를 기업가나 '1인 회사'(Ich-AG)로 생각해야 했고, 그 결과 직업적 실패와 기본적 생활대책의 부재에 대해서도 그 원인을 사회적 환경에서 찾고 거기서 변화를 추진하는 대신 스스로에게 책임이 있는 것으로 생각해야 했다. 앞서 언급했듯이 흡연 금지도 마찬가지다. 사람들은 개인의 자유의지와 개성을 강화하는 척했고, 그 결과 이제 모르는

* selbstverschuldete Unmündigkeit. 칸트가 「계몽이란 무엇인가」라는 글에서 쓴 표현으로, 그는 "다른 사람이 이끌어주지 않고는 스스로 지성을 사용할 결단력과 용기를 내지 못하는 무능력"을 계몽되지 않은 미성숙한 상태라고 보았다.

사람이 피우는 담배연기는 전혀 참아낼 수 없게 되었다. 하지만 다음 단계에서 기다리는 것은 어떤 질병에 걸렸을 때 스스로에게 책임을 돌려야 한다는 사실이다. 문화적 차원에서도 사람들은 모두 온전히 자기 자신이어야 하고 자기를 주장해야 한다. 포스트모던한 취향에 따르면, 모든 사람은 자신의 정체성을 키우고 "자기만의 고유한 이야기를 들려줘야" 하며, 다른 사람과 관련되어 있을지도 모르는 것을 위해 노력하거나 그것을 요구해서는 안 된다.

관념론은, 그리고 그것과 더불어 비극은, 개인을 먼저 주체로 간주한 다음 개인이 스스로를 주체로 여기지 않는다고 비난하고, 종국에는 모든 게 개인의 잘못 때문이라는 식으로 작동한다.[21] 이에 반해 희극은 명민하게도 인물들이 자신이 스스로 결정했다고 생각하는 바로 그 지점에서 상황을 결정짓는 것은 오히려 메커니즘—사회적 메커니즘이든 무의식적인 심리적 메커니즘이든—이라는 것을 보여준다. 희극은 주체라고 생각하는 것이 사실은 그냥 개인일 뿐이라는 점을 보여주는 것이다. 그리고 희극은 개인들이 자유롭지 못한 이유가, 자신의 자유를 받아들이기를 원치 않기 때문이 아니라 자유롭지 않은 상황에서 자신이 자유롭다고 느끼기 때문임을 보여준다. 즉 문제는 주체에게 주체 경험이 부족한 데 있는 것이 아니라 너무 과잉이라는 데 있다. 그런데 이러한 과잉은 그들의 잘못 때문이 아니라 어떤 피치 못할 이유로 벌어진다.[22] 즉 과잉은 희극 특유의 피할 수 없는 오해에서 생긴다. 희극의 인물들은 줄곧 자신들이 전혀 자유롭지 않은 상황에서 자유롭다고 생각하고, 바로 그렇기 때문에 그들은 더욱더 자발적으로 상황이 자신들을 이리저리 휘두르게 놔둔다. 등장인물들의 드높은 자아상과 외부에 보이는 초라한 이미지(심지어 자신을 초라하게 만드는 메커니즘에 적극 협력하기까지 하는 희생자) 사이의 격차는 잉여 에너지를 발생시키고, 그 덕분에 관객들은 배꼽을 잡고 웃을 수 있다.[23]

사람은 다른 사람들이 재미있다고 생각하면 재미있는 사람이 되는 것이다. 자기로서는 재미있으려고 한 일이 아니라 꼭 그렇게 행동하지 않으면 안 되는 너무나 정당한 이유가 있다고 할지라도, 그 행동이 다른 사람들에게 재미있으면 그건 재미있는 것이 된다. 희극은 하나의 사물 또는 사건이 다른 것과 맺고 있는 관련성에서 그것의 의미가 나온다고 유물론적으로 주장한다. 이것이 희극이 주장하는 '보이는 것 우위'의 원칙이다. 이 원칙은 비극의 입장과 대립된다. 비극에서 등장인물은 자신을 믿지만, 세상으로부터는 (비극에서 암시하는 바에 따르면 부당하게도) 스스로 생각하는 그 자신의 모습대로 인식되지 못한다. 특정한 한 인물이 그 인물로 인식되지 못하고 그냥 아무개로 여겨질 때 거기에 비극이 존재한다.

반면에 희극의 등장인물은 사람들이 그를 특정한 존재로 보는 것을 그냥 인정하고, 이런 세상을 위해서는 자기 의지와 자신에 대한 자기 인식에 반해 그 역할을 해야만 한다는 것을 (대개는 고개를 절레절레 흔들면서도 어쩔 수 없이) 받아들인다. 희극적인 것의 특징은, 자신은 그렇게 생각하지 않는 데 다른 사람들이 그를 특정한 누구라고 보고 그에게 그렇게 될 것을 강요한다는 데 있다. 이것은 사랑의 예에서도 잘 드러난다. 비극에서 로미오와 줄리엣은 자신들의 사랑을 믿지만, 세상이 이 사랑을 불가능하다고 생각하기 때문에 실패한다. 희극에서는 완전히 반대다. 예를 들어 앨프리드 히치콕의 스파이 영화 〈39 계단〉에서 남녀 주인공은 적들에 의해 수갑으로 서로 손이 묶인 채 스코틀랜드의 습지를 통과해 도망쳐야 하는데, 이 남녀는 사실 서로를 적대시하는 관계다. 하지만 그들과 마주친 모든 사람들이 그들을 진정으로 사랑하는 사이라고 생각한다. 그들 자신이 아니라 다른 사람들이 그들을 사랑하는 관계로 생각하는 것이다. 그렇게 해서 결국 그들은 어쩔 수 없이 그것이 사랑임을 스스로 깨닫게 된다. 이것이 희극의 논리다. 희극의 논리에서는 처음에 연기로 시작했던 사랑이 어떻게 해서든 진짜 사랑이 된다.[24] 유물론적 원리에 의거해 볼 때 여기서 중요한 것은 주체의 생각이 아니라 객관적인 외양이다. 그리고 타자가 보고 있거나 볼 수 있는 객관적 외양은 희극의 주인공들에게도 불가항력적이다.[25] 이러한 강제는 희극에서 원자들이 서로 밀치며 만들어내는 더할 나위 없이 유쾌한 효과 중 하나다. 이 장르에서 특징적으로 볼 수 있는 이러한 타율성은 필연적으로 희극 밖 일상에 환한 빛을 던져준다.

카를 마르크스 또한 정확히 이런 관점에서 두 극 장르의 철학적 대립을 이해했다. 그렇기 때문에 그는 다음과 같이 서술할 수 있었다.

> "기존의 세계질서인 앙시앵 레짐이 이제 막 생성되는 세계와 전투를 벌였을 때 앙시앵 레짐의 시각에서 그것은 세계사의 오류일 뿐 자신의 오류는 아니었다. 그렇기 때문에 앙시앵 레짐의 몰락은 비극적이었다.
>
> 이에 반해 시대착오적 존재인 현재의 독일 제국은 (…) 자신을 믿는다는 착각 속에 빠져 있으면서 세계도 자기와 똑같은 착각을 하기를 요구한다. 독일 제국이 정말로 자신의 존재를 믿었다면,

낯선 존재의 허울 아래 자신의 존재를 숨기려고 (…) 하겠는가? 이 현대판 앙시앵 레짐은 진짜 주인공이 죽어버린 세계질서의 희극배우일 뿐이다."(Marx [1844]: 381f.)[26]

마르크스는 (체제에 대한) 믿음이 누구에게 있는가라는 기준에 따라 이를 극적 장르와 연관시켜 체제를 구별한다. 구 프랑스의 앙시앵 레짐은 모든 세계에 반해 자기 자신을 믿었고 그래서 비극적이었다. 이에 반해 현 독일의 앙시앵 레짐은 자신을 믿지 않으면서도 그 밖의 세계만큼은 독일 제국을 믿기를 원한다. 이것이야말로 희극적이다.

이렇게 마르크스는 가외의 언급이긴 하지만 두 극 장르에 대해 매우 정확한 정의를 내렸는데, 이는 비극의 관념론과 희극의 유물론이라는 정의에도 부합한다. 즉 비극에서 중요한 것은 주체 자신이 무엇을 믿느냐 하는 것이며, 반대로 희극에서 중요한 것은 다른 사람들이 믿거나 믿었을 수도 있었던 것이 무엇인가 하는 것이다. 비극에서는 주관적 생각이, 희극에서는 객관적 외양이 중요하다는 것, 이것이 마르크스의 정의다.

이렇게 해서 희극은 늘 등장인물들을 구조로 인해 만들어진 결과물들로 축소시킨다. 모든 인물은 그 인물이 구조 속에서 차지하는 역할로 인식되고 희극은 그렇게 되는 것이 맞다고 생각한다. 비극은 이에 반해 주체의 상상적 자아상에서 진실을 찾으려 하고 다음과 같은 외침을 통해 주체를 그 속에서 강화시킨다. 당신은 다른 사람들이 생각하는 그런 존재가 아니라 당신 스스로 그것이라고 생각하는 존재다. 어떤 감언이설에도 설득되지 말고 당신 자신을 믿어라! 반면 희극은 관객들에게 다음과 같이 일러준다. 당신들은 당신들이 생각하는 그것이 아니라 다른 사람들이 믿는 바로 그것이다. 자신을 놓고 소설 쓰지 말라! 희극은 알튀세르가 표현했듯이 유물론의 '황금률'을 따른다. "존재를 결코 존재의 자의식으로 판단하지 말라!"(Althusser 1977: 99)

끝으로 희극이 보여주는 두 개의 유물론적 입장 중 첫 번째 입장 즉 '이 하나의 세계' 명제로부터 두 번째 입장인 '보이는 것 우위' 명제에 어떻게 도달할 수 있는지 대략적으로나마 살펴보자. 먼저 '이 하나의 세계' 명제에서 이상적인 것은 일을 성공시키는 것이고, 그렇기 때문에 이 명제는 불행과 실패에 대한 낭만적 사랑을 남김없이 치워버린다. 뿐만 아니라 이 명제는 한 발 더 나아가 그러한 루저 정신의 밑바탕에 숨어 있는 자기중심적 생각까지 버리게 한다. 왜냐하면 비극적 세계관이 자신의 소중한 자아를 구축하는 것은 세상에서의 실패를 통해서이기 때문이다. 비극적 세계관은 세상으로부터 자아를 철수시킴으로써만 리비도적 에너지를 자아에게로 끌어올 수 있다. 따라서 그 세계관은 자존감을 강화하기 위해 패배를 추구한다.

반대로 희극은 불행을 통해서 자신의 "캐릭터를 만드는"(Alain 1982: 54 참조) 이 경향을 피하게 해주는 데 도움이 된다. 희극에서 세상과 사랑에 빠지는 것은 행복을 감당하는 기술을 연마하는 일이며 자동적으로 자존감과 불행으로부터 최고의 가치를 구하지 않는 기술을 연마하는 일이기도 하다. 희극은 원자들에 작은 충격을 가해 (이는 우리가 웃음을 터뜨리는 것으로 알 수 있다) 프로이트가 죽음의 충동과 동일시했던 자아 리비도의 치명적 경로로부터 우리를 벗어나게 해준다. 희극은 이러한 윤리적인, 아니 거의 의학에 가까운 효능과 이론적 요소를 결합시킨다. 이처럼 희극은 유물론의 각 측면들이 연결되는 모습을 분명하게 보여줌으로써 삶의 행복을 견지하려는 태도는 필연적으로 스스로 꾸며낸 캐릭터에 대한 비판으로 이어진다는 것을 보여준다.

5
실패자는 항상 실패자인가?
포스트모던 낭만주의의 결점 – 실패자 정신, 전리품 포기, 원한감정

1. 아무것도 도움이 되지 않더라도 최소한 이야기는 해볼 수 있다고?

21세기 초가 되면서 크리에이티브 분야에 종사하는 사람들 중 상당수가 실패에 대한 새롭고 긍정적인 시각을 익히는 데 관심을 보이는 듯하다. 이유는 분명하다. 점점 더 많은 고학력의 사람들이 실패의 위험(예를 들어 프레카리아트*나 끝이 없는 인턴십, 자원봉사 등의 형태로)에 처한 현실에서 이에 대처할 수 있는 최소한의 언어와 방법을 개발하는 것이 중요해졌기 때문이다. 이렇게 해서 (크리스토프 슐링엔지프가 기획 조직한 미니정당 '기회 2000'과의 연계 하에) '실패를 기회로' 이해하는 시민 단체들과 '행복한 실업자 협회' 및 '폴란드 루저 클럽'과 같은 단체가 발족했다.[1] 현재 널리 퍼진 시각에 의하면 이들 단체 덕분에 이런 시도가 없었다면 이름도 없이 아무것도 아닌 존재가 되었을 사람들도 최

* Prekariat. '불안정'을 뜻하는 이탈리아어 precario와 '무산계급'인 proletariat의 합성어로, 신자유주의 경제 아래서 일상적인 고용 불안정과 저임금 상황에 처한 노동자 및 실업자를 가리킨다.

소한의 것을 얻게 되었는데, '담론'(Diskurs)이 그것이라고 한다.

하지만 이런 운동이 일어난 결정적 계기를 생각해보면, 슐링엔지프 프로젝트의 경우 씁쓸한 아이러니를 느낄 수밖에 없다. 이 프로젝트는 경영이론가 톰 피터스가 기업을 위해 제시한 아이디어를 사회 전체에 적용할 수 있는 원리로 제안하면서 시작되었기 때문이다. 폴란드 루저 클럽*은 그래도 상당한 정도의 풍자와 블랙 유머—정치적 올바름을 추구해온 최근 수십 년 동안 예술과 대중문화에서 거의 사라진 것처럼 보이는 문화적 자질들—를 아직 간직하고 있는데, 그럼에도 불구하고 실패를 실패로 인정하는 태도와는 여전히 상당한 거리가 있다. 그와 달리 행복한 실업자 협회는 불쾌한 상황을 매력적이거나 또는 그만한 가치가 있는 것으로 바꾸려고 하는 앞서의 보기 그럴듯한 가치전환 시도와는 완전히 다른 노선을 취한다. 그들은 스스로를 실패자가 아니라, 자본주의 생산양식과 그것에 맞서 싸우는 다수가 똑같이 놓치고 있는 행복의 약속, 즉 노동 해방의 약속을 이미 성취한 사람들로 묘사하기까지 한다.

하지만 실패를 매력적인 무엇으로 날조하는 것은 인식 오류이자 아이러니를 상실했다는 증거일 뿐, 후기자본주의 상황의 비참함에 대처하는 지혜라고 할 수 없다. 더욱이 그러한 비참함의 가장 큰 부분을 차지하는 사람들은 이처럼 대놓고 실패자라고 부를 수도 없는 사람들임을 생각하면 더욱 그러하다. 왜냐하면 실패자라고 부를 수도 없는 이

* Club der polnischen Versager. 1990년대 중반 베를린에 거주하는 폴란드 예술가들이 조직한 문화교류 플랫폼. 2001년에 정식으로 클럽을 열었다. 유럽 공통 가치를 진작시킨 참여 시민에게 수여하는 '블루베어' 상을 받기도 했다.

사람들은 부유한 나라에서 저임금으로 일하는 다양한 문화 종사자들처럼 단지 아깝게 자신의 목표를 달성하지 못한 사람들이 아니라, 자신의 비참한 상황으로 인해 목표 근처에도 가보지 못한 사람들이기 때문이다. 이렇게 볼 때 '실패'란 사회학적으로 볼 때 전 세계적으로 상위 중산층에 해당하는 현상이라고 할 수 있다. 상위 중산층은 어찌되었든 전망이라는 특권이라도 가지고 있기 때문이다. 그것을 실제로 실현할 수 있는 더 희소한 특권까지 늘 가지고 있는 건 아니지만 말이다.

이런 상황에서 '담론'이란 것이 과연 실패자에게 도움이 될까? 물론, 68혁명 이후 일어난 성 정체성 고백 풍조와 관련해 미셸 푸코가 지적한 것처럼, 담론이 사람들에게서 주체를 만들어낸다는 점을 간과해서는 안 된다. 그들이 우연하게 겪었을 수도 있는 일이 그로 인해 그들의 내밀한 본질이 된다. 몇 번의 동성애 경험자가 그 경험을 말함으로써 바로 동성애자가 되고, 잠깐의 경력단절 때문에 실패자가 되는 경우가 그러하다. 그런데 민영방송의 TV 토크쇼 같은 환경에서는 이러한 주체화에 또 다른 특징이 추가되는 것을 볼 수 있다. 예전에는 대중이 일종의 '거짓 치료'[2]로서 집단 속에서 개인의 행/불행을 '지양'(止揚)할 수도 있었다면, 오늘날에는 정확히 정반대의 일이 벌어진다. 흰 양떼 속에서 검은 양임을 커밍아웃하는 일은 시청자들에게 연대감을 유발하기는커녕 안도의 숨을 내쉬며 검은 양을 손가락질하게 만든다. 현재와 같은 의사소통 상황에서 불행을 거론하고 밝히는 일은 불행을 보편화하기보다 오히려 말한 사람을 고립시키는 결과를 초래한다. 결국 실패자들은 조금도 담론의 혜택을 기대할 수 없다. 그러기는커녕 그들을 자신만의 파국적 상황에 가두어 더 단단히 고립되게 만든다.

2. 실패를 기뻐하는 마음의 출처

실패했다고 엄살을 떠는 것은 (대개는 거의 알아차리지도 못하지만) 정체가 불분명한 철학적 프로그램에 등을 떠밀린 탓이다. 그 프로그램은 형이상학적 세계관의 꼭두각시로서 마치 살아있는 듯 움직인다. 이 세계관에 따르면 세계는 기본적으로 나쁜 것이다. 즉 이 세계는 모든 위대하고 좋은 것들을 불가피하게, 필연적으로 실패하게 만든다. 이 기본적으로 나쁜 세계에서는 그러한 것들 중 어떤 것도 성공을 거둘 수 없다.[3] 더 나아가 이 근본적으로 사악한 세계는 진정으로 좋고 위대한 바로 그것들만을 실패하게 만든다. 모두 실패하는 데 그치는 게 아니라 오로지 그것들만을 실패하게 만드는 것이다.

그런데 형이상학적 세계관이 전제하는 이 세계의 체계적이고 일관된 기본적 사악함은 커다란 역설적 결론을 가능하게 한다. 즉 이 세계에서 실패하는 모든 것은 바로 그렇기 때문에 이미 진정으로 위대하고 좋은 것이라는 결론이다. 어떤 좋은 것이 예상치 못한 이유로 목표한 성과를 거두지 못한, 그런 소수의 특정한 경우만이 아니라 이제는 좌초된 모든 일에 위대함이 숨어 있는 것 아닌가 상상하게 만든다는 얘기다. 이렇게 되면 무언가를 이루지 못한 모든 이들은 자신이 원했던 것이 이 세계에서 이루어지기에는 너무 좋은 것이었다는 변명으로 자신을 위로할 수 있게 된다. 하지만 이 값싸고 쉬운 형이상학적 보상에는 큰 대가가 따른다. 이로 인해 세상에 존재하는 모든 차이와 기준이 사라지기 때문이다. 더 똑똑하고 더 나은 것과 매우 어리석고 처음부터 가망이 없는 것을 구분하기가 점점 어려워진다. 이런 구분은 다음번 성공을 위해 꼭 필요한 것임에도 말이다.

그리하여 이제는 아예 성공 자체를 포기하기에 이른다. 정치적으로 볼 때 이런 태도는 특히 과거에 혁명이 승리로 끝나지 못했거나 파시즘에 맞선 투쟁이 성공적이지 못했던 국가들에서 더욱 치명적이다. 이 경우 패배는 단순히 과거 역사 속의 일이 아니라 자기 입장의 근본적인 특징이 되어, 그 자체로 리비도적 에너지가 되어 버리기 때문이다. (이로 인해 이후의 패배는 거의 약속이 되다시피 한다.) 또한 이와는 반대로, 강력하고 위력적인 것이라면 그것이 무엇이든 처음부터 미심쩍거나 파시즘적인 것으로 취급하는 일까지 벌어진다. 그것들이야말로 앞선 투쟁에서 얻은 전리품이자 앞으로의 투쟁을 위한 수단이 될 수 있음에도, 사람들은 그것들을 적과 혼동하고 적과 마찬가지로 거부하기 시작한다. 이것이 철학자 테오도르 아도르노에게서 영향을 받은 독일의 68혁명 이후 이데올로기가 과민하고 엄살떠는 분위기를 그 기본 정조로 하고 있는 이유다.[4] 이 이데올로기에서는 분명한 목표 관념 내지 단호한 실천 같은 것은 그 기미만 보여도 철통 방어해야 할 대상이 된다. 왜냐하면 어떤 승리, 어떤 위력의 행사도 이들에게는 오직 '도구적 이성'의 침입으로만, 즉 영원히 감춰진 상태로 있어야 하는 유토피아를 훼손하고 배반하는 일로 보이기 때문이다.

그런데 이 금욕주의적 입장은 놀랍게도 권력과 사이가 좋다. 그래서인지 수십 년 전부터 '지배 없는 의사소통'*에 대해 이야기하기 좋아하던 프랑크푸르트학파 지지자들 중에서 2006년 이후 미국과 그 동맹국

* die herrschaftsfreie Kommunikation. 프랑크푸르트학파의 일원인 위르겐 하버마스의 개념. 하버마스는 참된 자유의 실현을 위해서는 억압적 노동관계로부터의 해방뿐 아니라 의사소통을 통한 사회적 관계의 회복이 우선되어야 한다고 본다.

들이 공개적으로 시인한 고문 행위에 대해 언급할 필요성을 느끼는 사람은 오늘날까지 단 한 명도 확인하기 어려운 지경이다. 이와 같은 인권 기준의 의식적 포기가 포스트-민주주의적 자본주의 전개에 있어 얼마나 중대한 사건인지 지적하는 일은 오히려 슬라보이 지제크와 같은 철학자들의 몫이 되었다.(Žižek 2007 참조) 그런데 지제크 같은 철학자들은 프랑크푸르트학파와 이 학파의 영향을 강하게 받은 예민한 문화 좌파들에 의해 정치적으로 올바르지 않은 부류, 철학계의 '보랏'으로 묘사된다.

3. 모든 게 다 나쁘면 좋은 사람은 누구인가?

이 세계와 객관적인 모든 것이 나쁜 것이라면, 역으로 그와 반대되는 것이나 주관적인 것은 좋은 것이 된다. 달리 말하면 자아와 자아 가까이에 있는 것은 모두 좋은 것이다. 이 세상에서의 실패와 실패자들에 대한 형이상학적 존중은 늘 얼마간은 자아에 대한 과대 환상에 바치는 조용한 찬사이기도 하다. 정신분석은 이러한 세계관에 대해 하나의 임상적 명칭을 제안했던 바, 나르시시즘이 그것이다. 나르시시즘은 단순히 물질적 세계와 그 구조적 관계의 중요성을 무시하는 데 그치지 않고, 그 세계를 악마화한다. 나르시시즘에서는 자아만이 좋은 것, 즐거운 것, 순수한 것이다. 반면에 질료적인 것, 육체적 현존, 성공, 표현 형식, 사회제도, 권력관계, 힘, 세대 전승, 돈, 법, 관습, 지식, 숙련된 능력과 같은 모든 물질적인 것과 구조적인 것은 (벨라 그룬베르거와 피에르 데쉬앙이 그들의 중요한 연구에서 보여준 것처럼) 나르시시즘 관점에서는 더러운 것, 이겨내야 할 외적인 무엇으로 인식될 뿐이다.(Grunberger/

Dessuant 2000 참조)

나르시시즘이 현대 문화에 침입한 정황을 최초로 감지하고 진단한 이는 리처드 세넷이다. 그는 1974년 출간한 연구서 『공적 인간의 몰락』(한국어판 제목은 『사회적 인간의 몰락』)에서 자기만의 것, 자기다운 것에 대한 나르시시스트적 열정이 어떻게 공적 공간을 파괴하는 방향으로 작용했는지 일찌감치 보여준 바 있다.(Sennett [1974]) 공적 공간은 자기만의 것, 친숙한 것, 사적인 것과는 다른 어떤 것, 즉 위엄 있고 형식적이며 타인에게 보이기 위한 자기표현이 가능한 공간이었다. 책이 출간되던 당시에도 이미 세넷의 비판은 승리를 목전에 두고 있던 신좌파의 근본적인 자가당착을 백일하에 폭로했지만, 이 비판의 전체적이고도 결정적인 중요성이 드러난 것은 신자유주의가 헤게모니를 쥔 오늘날에 와서이다. 왜냐하면 문화적 나르시시즘은 신자유주의라는 조건을 만나면서 비로소 대규모 사회적 재분배를 뒷받침하는 결정적 이데올로기가 되었기 때문이다.

나르시시즘은 자아에 가까이 있는 것이라면 무엇이든 세상 쪽에 있는 것보다 더 선호하기 때문에 투쟁으로 얻은 전리품을 스스로 포기하는 경향을 보여준다. 이때 나르시시즘은 상호 연관된 다음의 철학적 경향들을 선호하는 특징을 보인다. 나르시시즘은 물질적인 것보다 '비물질적인 것'을 우선시하고 그것을 침이 마르도록 칭송한다. 또한 조직적이거나 계획된 방식보다는 '자발적으로' 행동하는 것을 선호한다. 당연히 행복이 아닌 자유에 찬동하고, 주체가 되는 것이 객체가 되는 것보다 항상 좋은 것이며, 있는 그대로가 솜씨 있게 꾸민 것보다, 스스로 디자인한 것이 기성품보다, 스스로 구축한 것이 주어진 것보다 더 낫고,

실행보다 의도가 더 중요하다고 본다.

이 철학적 오류들은 얽히고설킨 두터운 '직조'를 형성해왔고, 그 결과 나르시시즘의 특징을 띤 형이상학적 세계관이 여러 분야에 퍼지게 되었다. 마우리치오 라자라토와 파올로 비르노 등의 이론가들이 '비물질적 노동'에 대해 말하거나 안토니오 네그리와 마이클 하트가 신자유주의 자본에 저항하는 집단들의 '자율성'에 대해 열띤 칭송을 늘어놓는 데서, 다시 말해 속세 일은 아무것도 모른다는 이상주의자의 순진한 눈을 하고서 신자유주의적 조건 하의 실제 생산관계와 효과적 정치 조직 및 전략에 대한 모든 논의를 시작부터 차단하는 담론들에서 특히 이런 세계관을 엿볼 수 있다.

예술 분야에서도 이런 나르시시스트적 주관주의를 찾아볼 수 있는데, 일부 예술 에이전시들이 인터랙티브 아트나 관람자 참여 작품과 같은 새로운 장르를 환영하면서 이런 장르를 의심할 바 없는 근본적인 해방의 성과로 축하하는 것을 보면 그 점을 잘 알 수 있다. 나르시시즘 관점에서는 고정적인 것, 작품 지향적인 것, 불변하는 것 모두가 원칙적으로 혐오의 대상이 된다. 이 관점에서는 상황이 계속 바뀌고 모든 관찰자가 제작자가 될 수 있는 한에서만 즐거울 수 있다. 하지만 이때 간과되고 있는 점은, 욕구하거나 단순히 인지하는 것을 넘어 작품에 대해 말을 할 수 있으려면 누군가는 작자의 입장에 서야 한다는 사실이다. 고정된 텍스트가 있어야만 다른 시각의 해석도 할 수 있으며, 그렇게 하려면 누군가 비판적 독자의 입장을 취해야 한다는 사실을 간과하고 있는 것이다.

요즘 유행하는 자기 자신에 대한 몰두는 흔히 미셸 푸코의 '실존의 미학'*의 영향을 받은 이론이나 젠더 이론 일부에서도 볼 수 있는데, 모든 요구를 오로지 자기 자신과 가까운 것에만 자발적으로 제한하고 자신과 먼 세계에 관한 부분은 모두 단념하려는 경향이 그것이다. 나르시시즘은 "너 자신이 되라!"라는 슬로건이 지배하는 곳이면 어디든 군림한다. 요즘의 힙합에서 메아리치는 이 슬로건은 과거에 더 전투적인 태세로 외쳤던 "우리는 세계를 원해, 지금 당장!"**이라는 구호를 대체했다.

이런 나르시시즘의 효과는 심지어 덜 전투적인 문화정책 분야에서도 발견된다. 나르시시즘은 모든 차별받는 이들을 편애하기 때문이다. 나르시시즘은 세상 모든 곳, 모든 종류의 차별에 민감하고 상처 입은 사람들을 새로이 발견하는 데서는 당할 자가 없다. 특히 나르시시즘이 이 상처 입은 사람들을 데리고 하는 짓을 보면 더 가관이다.

4. 약자가 곧 좋은 사람은 아닌 이유

나르시시즘의 세계관이 가장 좋아하는 원칙은 이것이다. "당신은 좋은 사람이다. 왜냐하면 당신은 약자이니까." 나르시시즘적 세계관에서 약자들이 항상 좋은 사람들인 이유는, 이들이야말로 결국은 이 나쁜 세상에 가장 덜 더럽혀진 사람들이기 때문이다. 우리는 실패자가 되어야만 이 나쁜 세상에서 나쁜 사람으로 의심받지 않을 수 있다. 해방의 뜨

* Esthétique de l'existence. 푸코는 칸트로 대표되는 근대 윤리학이 (세계의 객관적 법칙에 부합하는) 행위의 올바름을 따지는 데 치중한 나머지 행위자를 놓쳐 버렸다고 비판하며, 주체의 '자기 배려' 활동을 핵심으로 하는 '실존의 미학'을 제시했다. 즉 인간이 자신의 고유한 존재를 지키며 자기 삶을 어떤 미학적 가치를 지닌 작품으로 만드는 활동을 실존의 미학이라고 한다.

** 1960년대를 휩쓴 하드록 그룹 '도어스'가 부른 〈When The Music's Over〉에 나오는 가사.

거운 파토스로 출발한 나르시시즘적 세계관은 바로 이 지점에서 탈정치화의 대리인이 된다. 이제 약자는 (스스로 나쁜 사람이 되고 싶지 않는 한) 계속 약자로 남을 수밖에 없기 때문이다.

나르시시즘의 세계관은 세상의 모든 잣대와 평가를 코웃음 치며 거부하고 과대망상에 빠진 채로 자아와 자아가 선호하는 것은 모두 작고 무력하다고 생각한다. 예를 들어, 여성 예술가들은 흔히 작품 속에 자신이 여성이라는 사실을 분명하고 쉽게 표현하고 이런 처지를 고발적 방식으로 담을 때에만 큐레이터의 초대를 받아 작품을 전시할 수 있다. 아이러니하게도 이들에게는 자기만의 예술적 독창성과 더 복잡한 표현 방식의 사용이 허용되지 않는다. 그리하여 미술관의 여성 큐레이터에 의해, 그리고 여성 대의라는 이름으로, 예술이 노골적으로 남성의 전유물이었던 과거보다 더 다각적이고 철저하게 이런 표현이 거부되곤 한다. 여성 예술가들(코니 하벨, 마를레네 하더러, 카로 슈미트, 군다 비스너 등)의 모임인 '특별한 그 무엇'(Das gewisse Etwas)은 수년 전부터 이런 구조를 연구해 왔으며, 일련의 인터뷰(www.wie-geht-kunst.at)를 통해 예술 분야에 종사하는 여러 사람들에게 이런 질문을 던지기 시작했다.

이런 일은 제국주의에 의해 피해를 입은 주변부 세계의 예술창작자들에게도 일어나고 있는데, 1990년대 이후 도덕가연하는 일부 예술계가 특히 호기심을 보인 것이 이들이다. 하지만 이들 작가들은 모름지기 자신의 지역 상황만을 테마로 다루어야지, 비참하고 가엾은 모습에 대한 증언이 아닌 다른 주제를 표현하기라도 하면 그만 외면을 당하고 만다.[5] 니콜라 부리오는 최근 예리한 시각으로 이 문제를 지적했다. "'타자의 인정'이라는 정책은 (…) 열등화 장치일 뿐이다. 그것은 '주변부' 국가 출신의 개인들을 그들의 민속적 전통에 종속시키는 것을 의미한다(…)."(Bourriaud 2007: 37)

약자를 동정하면서도 그들이 약함을 벗어나지 않도록 모든 노력을 다하는 것, 이 이중적인 움직임이 나르시시즘적 연민 도덕의 특징이다. 가령 대학에서도 이런 현상의 축소형을 경험할 수 있다. 대학에서는 그저 그런 실력의 교수들로 인한 우스꽝스런 상황이 정기적으로 벌어지곤 한다. 교수 임용 절차에 관한 미국의 관용 어구에는 "일류 교수들은 일류 교수를 임용하지만, 이류 교수들은 삼류 교수를 임용한다"는 말이 있다. 이것이 바로 그저 그런 수준의 사람이 그토록 재앙인 이유다. 그들은 다른 사람들에 비해 실력만 약간 안 좋고 마는 게 아니다. 그들은 한 걸음 더 나아가 다른 사람이 자신보다 더 잘하지 못하도록 하는 데 모든 에너지를 쏟기 때문에 목표한 것 외의 부수적 피해까지 입힌다. 그저 그런 이 교수들은 당연히 열을 내며 사회 문제를 논한다. 이들이 언제나 가장 약한 학생의 편에 선다는 건 말할 필요도 없다. 왜냐하면 그들은 (삼류 교수들을 임용할 때처럼) 그런 학생들 중에서 고분고분 말 잘 듣는 가신을 구하려 하기 때문이다. 하지만 이런 학생들이 의존적이고 무능력하다고 생각하여 결국 이들을 은근히 경멸한다.

이런 점에서 볼 때 현재 중요한 것은 다시금 니체의 철학에 관심을 기울이고, (조르주 바타유와 함께 '콩트르 아타크'* 그룹을 결성했던 그의 동료들이 1930년대에 시도했던 것처럼)[6] 니체를 파시즘의 선구로 의심하는 시각과 이로 인해 그의 철학을 철회하려는 시도로부터 니체 철학

* Contre-attaque(반격). 1935년 무렵 파시즘의 대두와 나치의 위협에 맞서기 위해 초현실주의 조류에 있던 조르주 바타유, 앙드레 브르통, 미셸 레리스 등이 결성한 지식인 혁명 그룹.

을 구해내는 것이다. 니체 철학은 특히 사회비판적 태도를 유지하는 그룹들 내에 널리 퍼져 있는 나르시시즘적이고 동정적이고 자기연민적인 실패자 사고방식의 해독제이자 치료제이다. 니체에 따르면, 실패자는 승리한 모든 것들과 위대한 것들을 기본적으로 나쁜 것이라고 규정하고 자아도취에 빠져 불행 속으로 들어가 바리케이드를 치는 경향이 있다.(Nietzsche [1887] 참조) 니체는 그렇기 때문에 원한감정* 즉 행복에 대한 증오의 감정을 비판적으로 대하는 능력이야말로 행복을 성취하기 위해 꼭 갖춰야 하는 중요한 능력이라고 한다.[7] 이 능력은 또한 약자들이 자신의 약함이나 실패에 스스로 도취되지 못하도록 하기 위해, 그리고 스스로 전리품을 포기해 놓고는 그것을 아전인수 식으로 비판적 신념이라 꾸미지 못하게 하기 위해 반드시 갖춰야 할 능력이기도 하다.

5. 행복은 조심해야 하는 것?

나르시시즘은 행복과의 관계에서 문제가 많다. 나르시시즘은 리처드 세넷이 말한 대로 "자아의 욕구에 대한 몰입을 강화하는 동시에 그 욕구의 실현을 가로막는 이중성"(Sennett [1974]: 22)을 갖고 있기 때문이다. 이러한 행복과의 문제적 관계는 행복에 대한 일련의 견해들에서도 확인된다. 나르시시즘의 자기 투사 메커니즘에서 전형적으로 볼 수 있듯이, 이런 시각에서는 대상에 대한 자신의 문제적 관계를 대상 자체가 가진 속성 때문인 것처럼 여긴다. 행복과 문제가 있고 행복에 매우 소극적

* 프랑스어로 '르상티망'(Ressentiment)이라 하며, 강자에 대한 약자의 원한, 분노, 질투 등의 감정이 되풀이되어 마음속에 쌓인 상태를 뜻한다. 니체는 겸손, 양보, 청빈 같은 덕목도 같은 근원에서 나온 것이라 보고, 이 같은 약자의 정신승리를 '노예의 도덕'이라 부른다.

인 것은 자기 때문이 아니라 대상이 문제투성이이기 때문이다. 따라서 혹시라도 행복에 이르려고 한다면 매우 조심스럽게, 그리고 갖가지 심술궂은 훼방에 넘어지지 않도록 조심해야만 그것에 다가갈 수 있다고 한다. 이것이 현재 너무나도 자주 접하는 행복 불신의 철학에 깔린 시각이다.

예를 들어 우리는 행복이라는 것을 느낄 수 있으려면 약간의 불행은 필수적이라는 주장을 자주 접한다. 또는 사람은 항상 행복할 수 없고 자기 행복에 눈이 멀지 않으려면 이른바 대조 효과로서 이따금씩 얼마간의 불행도 필요하다고 한다.[8] 이런 수상쩍은 명제에 이어 바로 두 번째 명제가 등장하곤 하는데, 행복은 직접적인 추구의 대상이 될 수 없다는 명제가 그것이다. 왜냐하면 "추구하는 행위 자체가 추구되는 것의 행복 가치를 파괴하기"(Hartmann 1976: 96) 때문이다.* 누구도 행복을 향해 바로 나아가는 것으로는 행복에 다다를 수 없고, 일단은 의도적으로라도 과녁이 아닌 과녁 부근을 목표로 삼을 필요가 있다고 한다.[9]

오늘날의 사람들은 이런 시각으로 행복을 대함으로써 자신은 물론 타인까지 힘들게 만든다. 이들에게는 철학자 헤겔이 이와 비슷한 종류인 인식 불신의 철학**에 대해 한 말, 즉 이런 철학에서 전형적으로 볼 수 있는 오류에 대한 두려움은 그 자체로 이미 오류라는 말을 적용

* 니콜라이 하르트만이 지적한 이런 행복의 역설은 '행복 철학'의 일반적인 논지로, 행복을 추구하는 노력은 고통을 수반하기 때문에 그것을 추구하면 할수록 가치가 줄어들고, 행복은 그런 기대 없이 선물처럼 주어질 때 가장 그 가치가 높다고 한다.

** 저자가 앞 문단에서 쓴 '행복 불신 철학'과 마찬가지로, 무언가를 인식하기에 앞서 그것을 인식하는 우리 능력이 타당한지 의심하고 점검하려는 철학적 태도를 가리키는 말이다. 특히 이 태도는 우리 인식의 한계를 먼저 따져야 한다는 칸트의 비판철학을 가리킨다.

할 수 있을 것이다. 행복을 경계하고 불신하는 사람들의 경우에도 행복을 놓칠지도 모른다는 두려움 자체가 (그것을 방치하기 위한 모든 예방책과 더불어) 이미 실패를 만들어내고 있는 것이다. 이런 식으로 그들 스스로 자처한 불행을 그토록 붙잡고 지키기 위해 애쓰는 것을 보면, 심지어 그 불행을 매우 특별한 행복이라고 생각하는 것인지도 모른다. 이처럼 기묘하게 전도된 '불행 속 행복'은 그 행복을 취한 자를 기쁘게 하는 법이 거의 없지만, 그들은 자발적으로 그것을 간직하고 소중한 보물이라도 되듯이 수호한다. 이 불행 속 행복은 오늘날 신경증적으로 행복을 두려워하는 사람들에게 널리 퍼져 있는 귀중품이다. 그런데 이런 행복 관념은 특히 최근의 예술계에서도 자주 볼 수 있다. 얼마 전 취리히에서 볼테르 카바레의 후원 아래 치러진 '실패의 행복 협회'[10] 창단식도 이런 입장을 겨우 간발의 차이로 (또는 운 좋게) 빗겨간 듯하다.

그러나 행복에 대한 두려움을 주장하는 논지는 쉽게 격파될 수 있다. 행복을 느낄 수 있기 위해 불행해야 한다고 주장하는 것은, 양치기가 흰 양을 인지하기 위해서는 양떼 속에 검은 양 몇 마리를 가지고 있어야 한다는 주장만큼이나 어불성설이다. 왜냐하면 우리가 개별 감각의 고유성을 경험하는 것은 감각적으로 다른 개별 감각과 비교함으로써가 아니라, (항상 하는 일이지만 거의 의식하지는 않는) 사고 작업을 통해 모든 가능한 감각들의 척도 속에 그 감각을 위치시키기 때문이다. 빨강색이 빨강색이라는 것을 알기 위해 항상 초록색을 옆에 함께 놓고 볼 필요는 없다.[11] 그런데 행복을 더 긴 시간 동안 행복으로 경험할 수 있기 위해서는 자극, 즉 이상(Ideal)이 일으키는 도전정신이 반드시 필요하다. 왜냐하면 행복을 추구하는 행위 바로 그것이 이미 우리를 행복하게 만들기 때문이다.[12] 물론 우리는 이를 보통 사후(事後)에, 즉 행복에 도달하고 난 후에야 깨닫게 되고, 그 후부터는 예전처럼 행복하다고 느끼지 못하는 경우도 많다. 이것이 파스칼이 인식했던 행복의 기묘한 일시성이다. 우리가 노력하는 한 행복은 나중에 목표에 도달하면 올 것이라고 생각하지만, 목표에 도달하자마자 우리는 행복이 바로 그 전에 있었다고 생각한다.[13] 우리는 행복을 목전에 두고 있지만 아직 다다르지 못했을 때 행복하기 때문에, 행복을 지속시키기 위해서는 행복에 도달하자마자 바로 다시 새로운 이상을, 즉 자극을 주고 도전의식을 불러일으키며 새롭고도 즐거운 긴장을 느끼게 하는 이상을 필요로 한다. 그러나 여기서 이상적인 것의 필요성은 오로지 행복을 위한 것이지,[14] 불행과 사랑에 빠진 철학계의 바람둥이가 추측하는 것처럼 행복한 느낌을 위해 불행이 필요해서가 아니다.

행복을 직접적으로 추구하는 것의 불가능성에 관해서는 다음과 같은 점을 유념해야 한다. 이런 생각은 고대의 학파인 이른바 '피론(Pyrrhon)의 회의주의'로부터 유래했는데,[15] 이 학파에서 행복이란 '아타락시아'* 곧 평정심으로 규정된다. 그리고 행복 불가능성의 구체적 의미는 바로 이런 규정과 연관되어 있다. 당연히 평정심이란 애써 추구한다고 해서 도달되는 것이 아니다. 이는 패션디자인에 관련된 일을 하는 사람이라면 다 알고 있는 사실이다. 이들은 곧잘 멋진 아이템을 평범한

* '아타락시아'(*Ataraxia*)는 고대 그리스 철학에서 정신적 평정의 의미로 두루 쓰인 개념으로, 피론뿐 아니라 저자가 동의하는 에피쿠로스 철학에서도 중요하다. 다만 에피쿠로스는 '아파테이아'(*A-pathe-ia*)와 비슷한 의미로, 원자 활동에 따른 감정적 교란(*pathos*)에 휩쓸리지 않고 우주 질서에 대한 이성적 통찰을 통해 아타락시아에 도달할 수 있다고 본 반면, 피론은 당면 문제에 대한 집착에서 물러선 판단중지와 무관심의 태도를 강조했다.

복장에 매치하는 것이 온통 근사한 아이템으로 도배하는 것보다 더 멋있다고 생각한다. 단순한 것, 일상적인 것이 평범치 않은 아이템과 조합을 이루는 '크로스 드레싱'이 그런 예로, 이런 맵시는 세련된 요소들을 힘들여 줄줄이 이어놓은 것보다 더 흥미롭고 더 감각 있게 느껴질 때가 많다.

그렇다고 해서 행복이란 것이 너무나 얻기 어려워서 마치 하루 종일 위장용 덮개를 뒤집어쓰고 인내심으로 참고 견뎌야만 한번 카메라에 찍힐까 말까한 희귀 동물처럼 별의별 트릭을 써야만 얻을 수 있는 것은 아니다. 고대 철학자들의 매우 중요한 유물론적 통찰에 따르면, 행복은 그냥 우리 곁에 아주 가까이에 있고 우리는 그것을 단지 인정하기만 하면 되는데도 불구하고 그것을 잡겠다고 나서기 때문에 그로부터 더욱 멀어지게 되는 그런 것이다.[16] 피론의 한 일화에 따르면 화가 아펠레스는 말 한 마리를 아주 잘 그려놓고 이제 말 주둥이에서 나오는 거품을 그리려고 했다. 몇 번의 반복된 실패 끝에 그는 결국 포기하기에 이르렀는데, 화가 머리끝까지 난 나머지 붓을 닦는 수세미를 그림을 향해 던져 버렸다. 그러고 나서 그대로 가버리려다 문득 뒤를 돌아보았는데 거기엔 말 주둥이에 거품이 그려져 있는 것이 아닌가.[17]

화가 아펠레스가 노력을 중지한 순간 그는 행복의 존재를 인식 내지 인정할 수 있었다. 다름 아닌 긴장을 느슨하게 함으로써 그런 행복을 만들어냈던 것이다. 행복을 대하는 결정적 기술은 바로 이러한 느슨함에 있는 것이지, 행복을 두려워하느라 그 어떤 약삭빠른 파파라치보다 더 힘들게 긴장해서 행복 주위를 맴도는 데 있는 것이 아니다.

그런데 행복이 멀리 있을 리 없다는 느긋한 확신은 행복을 더 이상

남몰래 두려워하지 않는 것을 전제로 한다. 그렇다면 앞서 언급한 것과 같은 행복에 대한 철학적 방어수단들은 포기되어야 한다. 즉 불행 속에 숨겨진 행복이라는 보물을 포기하고 행복은 불행이 아니라는 자명한 사실에, 그래서 예를 들어 성공이나 승리를 편안하게 바라볼 수 있다는 사실에 동감해야 한다.

행복을 감당할 수 있는 능력은 현재 극도로 불평등한 재분배에 직면하여 점점 더 필요성이 커지고 있는 해방적 노력의 가장 중요한 윤리적 전제조건이다. 이 능력이 없다면 그러한 노력은 단순한 체제 순응적 비판과 체제 동조적 푸념에 빠지기 쉽다. 물론 사회적 성공을 지향하는 사람에게는 이렇게 푸념을 하고 마는 게 오히려 훨씬 득이 되겠지만 말이다. 따라서 오늘날의 실패자들에게 자존감을 얻는 것만큼이나 중요한 일은, 행복에 대한 근본적 증오와 원한을 통해 자존감을 얻으려는 시도를 피하는 것이다. 그렇게 하지 않으면 실패자들의 재활은 전리품을 포기하는 대가로 얻는 것이 될 터이고, 그것은 현재 점점 더 많은 실패와 비참함을 양산하고 있는 현 구조에 대한 침묵의 긍정이 되어버릴 것이다.

III

시기심—관념론적 악습의 구조

6
바꿀 수 있는 것과 없는 것
스토아학파와 유물론

트라니오:
도련님, 감히 말씀드리자면
저도 도련님과 똑같은 마음입지요.
달콤한 지혜의 단물을 빨아 드시겠다는 도련님 결심이
그렇게 확고하다니 얼마나 다행인지.
다만 우리 도련님,
덕성과 엄격한 도덕에만 너무 심취한 나머지
스토아 추종자나 목석같은 인간은 되지 않기로 해요!
오비디우스를 문제아라고 완전히 포기한
아리스토텔레스의 비난을 너무 그렇게 진지하게 따르지 말자고요!
(…)
흥미가 없는 일을 하는 것은 도련님에게 득이 되지 않아요.
그러니까 도련님, 도련님이 제일 좋아하는 것을 공부하세요!
(셰익스피어, 「말괄량이 길들이기」, 1막 1장 31)

전해 내려오는 스토아주의자들의 글을 살펴보면 이들을 한 학파라는 공통된 이름으로 묶는 것은 다소 자의적이지 않은가 하는 인상을 피하기 어렵다. 크리시포스, 에픽테토스, 유베날리스들과 세네카, 플루타르코스, 마르쿠스 아우렐리우스들은 하는 말부터 다를 뿐 아니라 문제의식을 공유하지도 않는다. (이들 사이의 차이가 얼마나 큰지 헤겔학파처럼 '스토아좌파', '스토아우파'로 나눠서 불러야 할 정도다.)

이들 가운데 후자들은 스토아학파의 전형적 이미지에 해당하는 듯하다. 이들은 무엇보다 정념의 근절이라는 주제에 몰두하는 모습을 보이며, 그래서 이들이 삶에 관심을 가지는 것처럼 보일 때는 삶을 소거한 후 위엄 있게 삶을 떠나는 한에서이다.[1] 이에 반해 에픽테토스와 유베날리스는 전혀 다른 행보를 보였다. 이들은 자신의 삶을 망칠 수도 있는 상상력을 어떻게 통제할 수 있는지 알고자 했다. 따라서 이들은 쓰는 글도 달랐다. 대화나 행동을 통해 개입하는 경우가 아니라 글을 쓰는 경우에는 확실히 그러했다. 이들은 자신들의 생각을 짧고 강렬하게 압축해서 전달했기 때문에 그것을 듣거나 읽는 사람은 한 대 얻어맞은 듯한 충격을 받았으며, 또 그렇기 때문에 독자와 청자를 고정된 사고와 감정적 마비 상태에서 끌어내는 데 안성맞춤이었다.[2] 세네카가 스토아적 글쓰기 방식으로 한 그루의 나무도 튀지 않는, 숲과 같은 평온한 산문의 이상을 따랐다면(Seneca 2004, Bd. 3: 121 참조), 에픽테토스, 유베날리스, 크리시포스는 블랙 유머, 풍자, 양념처럼 들어가는 모욕적 비방, 간결하고도 직설적인 방식의 '강력 언어'[3]를 사용했다. 세네카와 마르쿠스 아우렐리우스가 침착하고 사려 깊은 태도를 통해 독자들에게 영향을 끼치려고 한 반면, 에픽테토스와 그 동류들은 동요를 통해 일부러 감정적인 반작용을 일으키고자 했다.[4]

세네카와 달리 그들은 우리에게 어떤 이상적인 것도 상기시키려고 하지 않았다. ('이상'에 대해서는 세네카 자신도 그것에 가까이 다가가는 것이 어렵게 느껴진다고 고백한 바 있다. Seneca 2004, Bd. 2: 27ff. 참조.)[5] 그들이 청자에게 영향을 끼치는 방법은 이른바 '역설'(*paradox*)을 사용해 개입하는 것이었다. 이 방법은 청자의 선의에 (그리고 선의를 그에 맞는 행위로 옮기는 청자의 능력에도) 의존하지 않는다. 그들이 하는 말은 자신을 전혀 바꾸려 하지 않거나 개선하려 하지 않는 사람들에게도 영향을 끼친다. 왜냐하면 이런 변화는 스스로를 절제함으로써 일어나는 게 아니라 (외부로부터의) 각성 작용을 통해 일어나기 때문이다.[6] 따라서 관념론적 스토아의 노력이 도덕(Moral)의 영역에 속하는 것이라면, 유물론적 스토아주의자들의 개입은 윤리(Ethik)라는 준(準)의료적인 영역에 속하는 것이라고 할 수 있다.[7] 이런 점에서 볼 때 유물론적 스토아주의자들은 우리 교과서에 나오는 귀족적이고 핏기 없는, 그리고 첨언하자면 간결한 언어를 그토록 이상시하면서(세네카 2004, Bd. 3: 121 참조) 사실은 자주 장황하게 늘어지는 스토아 학자들이 아닌, '펑키'한 키니코스학파*나 회의적 사고전환이라는 '해독제'를 가진 피론적 회의주의의 추종자들 그리고 심지어 에피쿠로스[8]와 더 많은 공통점을 가지고 있었다.

여기에는 어쩌면 계급성이 결정적인 역할을 했는지도 모른다. 이 철학적 전통을 추종하는 사람들은 거의가 최상위 계급 아니면 최하위 계급에 속한 사람들로서, 이 전통에서는 황제, 고위 정치인, 장군들도 노예들에게 존경을 보냈는데, 이처럼 기묘한 형태의 계급 분포를 가진 철학적 전통도 거의 없을 것이다. 엘리트에 속하는 스토아주의자들은 주로 삶에 대한 지나친 사랑으로부터 자신을 지키려고 한 반면,[9] 노예 출신인 에픽테토스나 노예의 아들인 유베날리스 같은 이들은 정반대로

* Kyniker(英 Cynics). 흔히 견유주의(犬儒主義)로 번역되는 고대 그리스 학파. '개'(*Cynos*)라는 별명으로 불렸던 디오게네스가 대표적 인물이며, 이 학파의 이름에서 오늘날의 '시니컬'하다는 말이 나왔다.

삶에 대한 사랑을 지켜내려고 애썼다. 이때 이들의 노력은 유물론적이다. 이에 반해 스토아 귀족들을 볼 때면 우리는 자주 브레히트를 인용하고 싶어진다. "그들은 이미 배불리 먹었다."(Brecht 1984: 633 참조)* 요컨대 이 철학적 전통이 더 거칠고 투박한 측면을 가지고 있음을 고려하지 않는다면, 우리는 이 철학에서 결정적으로 중요한 요점을 놓칠 수 있다.

에픽테토스가 상상력을 통제하는 문제를 가장 중요하게 여긴 이유는, 그것을 빼고는 우리가 통제할 수 있는 게 거의 없다는 점을 일찌감치 간파했기 때문이다. 그는 이 문제를 대단히 예리하고 냉정하게 분석해서 우리 힘으로 할 수 있는 것과 할 수 없는 것을 구분한다. 구성주의나 젠더 이론처럼 우리가 바꿀 수 있는 것과 바꿀 수 없는 것을 구분하려는 현대의 시도는 에픽테토스의 예리한 구분에서 그 선례를 찾을 수 있을지도 모른다. 하지만 유감스럽게도 이들 이론은 심각한 혼동에 빠져 있다. 즉 그들은 구성적인 것을 변화 가능한 것과 동일시하고, 비구성적인 것을 변화 불가능한 것과 동일시한다. (이것은 가변자본을 유동자본으로, 불변자본을 고정자본으로 구분한 고전 정치경제학과도 유사하다. Marx [1867]: 638, footnote 67 참조.) 이 때문에 무언가를 '본질적', '유전적', '자연적' 또는 '생물학적 조건에 따른' 것이라고 할 경우, 그것은 곧바로 이 이론들에 치명타가 될 수 있다. 왜냐하면 이 경우 사람이 바꿀 수 있는 것은 아무것도 없다고 생각하기 쉽기 때문이다. 이런 이유로

* 「지체 높으신 분들은」이라는 브레히트 시의 일부로 해당 구절은 다음과 같다. "지체 높으신 분들은 먹는 것에 대해 이야기하는 것을 저급하게 생각한다. 왜냐하면 그들은 이미 배불리 먹었기 때문이다(…)."

구성주의 또는 젠더 이론의 강의 끝에는 거의 빠지지 않고 주문을 외듯이 모든 것은 '구성되었다'는 얘기가 강조된다. 하지만 바로 이런 강조가 그 이론들의 징후적 약점을 폭로하고 있다는 점은 눈치채지 못하는 듯하다.

왜냐하면 자연적으로 항상 같은 상태에 있었던 것조차 때로는 완전히 바뀔 때가 있다는 것을 우리는 잘 알기 때문이다. 예를 들면, 자연적으로는 구멍이 없었던 오존층에 구멍이 난 것이 그러하다. 반면에 인공적인 것이나 구성된 것이라고 해서 언제나 제거하기 쉽고 바꾸기 용이한 것은 아니다. 예컨대 나치가 철근 콘크리트로 지은 대공포 탑을 철거한다고 해보자. 그런 설치물의 폭파 작업은 빈과 같은 도시에서는 다른 건물들에 상당히 큰 부담을 줄 것이다. 사람을 예로 들자면, 사람들의 '자연적'이고 선천적인 문맹은 보편 의무교육을 통해 대부분 해결되었지만, 글 읽을 줄 아는 사람들이 과도한 TV 소비로 인해 '인위적', '이차적' 문맹 상태에 있는 것은 여전히 성인교육의 난제로 남아있다. 오류는 "인간이 만든 것은 인간이 바꿀 수 있다"는 잘못된 명제에 있다. 이 명제는 우리의 경험과 상반되게도, 사람들이 뭔가를 바꾸려고 할 때마다 그들에게 동조하지 않는 강력하고 잘 무장된 다른 사람들의 거대한 이해관계에 가로막히는 일이 얼마나 자주 일어나는지를 간과하고 있다. 다른 한편으로 이 명제는 인간의 의지를 방해하는 자연의 장애란 언제나 그리고 어떻게 해도 극복할 수 없는 것인 양 가장한다. 그러므로 정치 이론에서는, 관념론적 존재론을 꾸며내고 그에 따라 세계를 변화 가능한 것과 불가능한 것으로 나누는 대신, 차라리 스피노자가 가르친 것처럼 하나의 자연만이 존재한다[10]고 가정하고, 그때그때의 변화에 필요한 힘이 무엇인지를 유물론적으로 묻는 편이 더 나을 것이다.

그러나 에픽테토스만큼은 세계를 둘로 구분할 수밖에 없었다. 왜냐하면 그의 이론은 개인이 통제할 수 있는 것과 그럴 수 없는 것에 대해 다루는 이론이었기 때문이다. 그가 볼 때 우리가 바꿀 수 없는 것에 대해 분노하거나 한탄하는 것은 어리석은 일이다.(Epiktet 2004: 5f. 참조) 그런데 에픽테토스에 의하면 상상은 매우 쉽게, 대다수 사람들이 생각하는 것보다 더 잘 통제될 수 있는 대상이다. 하지만 그러기 위해서는 그것을 통제할 수 있다고 그냥 알려주는 것만으로는 충분치 않다. 그보다는 연습을 해야 한다. 연습은 대부분의 경우 정신만 훈련해서 되는 게 아니다. 오히려 그것은 종종 몸동작, 의식(儀式), 상징적 행동을 수행하는 것과 관련이 있으며, 이를 위해서는 무엇보다 숙달이 되어야 하고 '훈련'이 필요하다.(Alain 1982: 49) 이러한 생각은, '신체'야말로 인간에게 영향을 끼치는 모든 것이라고 하는 스토아 철학의 기본 전제와도 일치한다.[11] 따라서 영향을 끼치는 것은 모두 물질로 설명되어야 하며, 그런 점에서는 상상도 마찬가지다.[12] 왜냐하면 상상이야말로 기쁨, 괴로움, 시기, 분노, 광란을 일으키고 이를 통해 사람들의 인식 능력과 행동 능력을 변화시키는 원인이기 때문이다. 이러한 스토아적 사고는 광범위한 영향을 끼쳤는데, 과학철학에서는 가스통 바슐라르의 '인식론적 방해물'(Obstacle épistémologique)이라는 개념으로 발전했다. 또 루이 알튀세르는 고대 철학 외에도 파스칼, 스피노자 등에게서 '상상적인 것의 유물론'(Matérialisme de l'imaginaire)* 을 발견하여 이데올로기의 물질적 성격과, 물질적 장치 내에서 이데올로기가 존재하는 방식에 대한 이론으로 발전시켰다.[13]

유물론적 스토아주의에 의하면 상상력을 얼마나 자유롭게 통제할 수 있느냐에 많은 것이 좌우되며, 에픽테토스의 지적으로는 실로 거의 모든 것이 좌우된다고 한다. 사람들을 동요시키고 흥분시키는 것은 사실이나 사물의 차원이 아니라 상상의 차원이기 때문이다.(Epiktet 2004: 11 참조) 에픽테토스에 따르면, 삶을 가치 있게 해주는 모든 것들은 상상의 차원에서 싸워 얻거나 잃는다고 한다.

하지만 다시 유물론적으로 물어보자. 지금까지 살펴본 스토아주의의 주장은 정치적 희망이 좌절된 68혁명 이후의 이른바 '정신적 전환'에서 나타난 것처럼, 세상에 대한 포기와 체념이라는 비참한 강령에 불과한 것 아닐까? 왜 우리는 더 많은 행복이 가능하도록 스스로를 정치적으로 조직하거나 세상을 바꾸려 하지 않고 자신의 상상만 바꾸려고 하는가? 에픽테토스의 현명한 윤리도 사실은 세상의 변화 가능성에 대한 의식이 결여된 노예 윤리의 하나 아닐까? 아니면 자신의 상상에 대한 이 '반성적' 전환 속에 매우 중요한 정치적 가치를 지닌 무언가가 내포되어 있는 것일까? 거기에 혹시 현재의 정치적 삶을 결정짓는, 다시 말해 극복할 수 없는 억제 요인으로 인해 결국 세상을 향해 손을 뻗지 못하는 그런 문제를 해결해주는 열쇠가 들어있는 것은 아닐까? 이 질문에 답하기 위해 다음 장에서는 이러한 억제 요인의 하나인 시기심에 대해 더 자세히 탐구해보고자 한다.

* 알튀세르가 자신의 이데올로기 이론에 붙인 이름으로, 그는 프로이트의 '무의식'과 라캉의 '상상계' 개념을 이어받아 이데올로기를 상상계의 중요한 구성요소로 다뤘다. 즉 이데올로기는 "개인과 그들의 실제 존재 조건에 대한 상상적 관계"를 표상하는 것으로, 개인의 선택과는 무관하게 사회에 의해 강제되는 물질적 조건의 하나라고 보았다.

7
시기심에 관하여

우리가 시기심*과 관련해 구소련의 전설적인 라디오 방송인 '예레반'**에 감히 질문을 했다고 가정해 보자. 이 방송은 모든 질문에 대한 답을 알고 있는데 답을 할 때는 항상 "원칙적으로는 그렇죠…"라는 말로 시작한다. 가령 우리가 이런 질문을 던진다고 하자. **시기심이란 우리가 갖고 싶은 크고 아름답고 중요한 것을 다른 사람이 갖고 있는 것을 볼 때 우리를 덮치는 감정인데, 이게 맞나요?**

* 시기심(Neid, 英 envy)은 흔히 '선망'으로도 번역하며, 질투심(Eifersucht, 英 jealousy)과는 다소 다른 뜻으로 쓰인다. 현대 사회이론과 철학에서는 질투를 '자신이 가진 것을 잃어버릴까 두려운 마음'으로, 시기심은 '타인이 가진 것을 갖고 싶은 마음'으로 구분하는데, 이런 점에서 시기심은 욕망과 관련된 더 복잡한 메커니즘을 가진 것으로 본다. 프로이트의 '남근 선망'을 비롯해서, 현대인의 욕망은 타자에 의해 주입된 것으로 존재한다며 "우리는 타자의 욕망을 욕망한다"고 한 라캉, 시기심을 타자에 대한 '모방적 욕망'(타자를 통해 욕망의 대상을 욕망하는 삼각형 욕망)이라 본 르네 지라르 등이 대표적이다. 저자 역시 이런 욕망 이론의 견지에서 시기심을 다루고 있다.

** Radio Yerevan. 구소련에 속했던 아르메니아의 수도 이름을 딴 라디오 방송으로, 실제로는 존재하지 않는 가상의 방송국이다. 1950년대와 60년대에 많은 사람들이 이 방송에서 다루었다는 가상의 질의응답을 농담거리로 삼아 구소련과 동구권 국가들의 현실을 풍자, 조롱했다.

예레반 라디오는 물론 이렇게 대답할 것이다. "원칙적으로는 그렇죠." 그러고는 이렇게 이어갈 것이다. "하지만 첫째, 시기심에서 중요한 건 크고 아름답고 중요한 것들이 아닙니다. 둘째, 시기심에서는 우리가 그것을 얻는 것이 중요한 게 아니라 타인이 그것을 갖지 못하는 것이 중요합니다. 셋째, 사실 우리 자신은 그것을 전혀 가지고 싶어 하지 않습니다." 예레반 라디오가 이 이상으로 친절하게 자기 답변에 대해 설명한다고 하면, 그 설명은 아마도 다음과 같을 것이다.

1. 미세한 차이

첫째, 시기심에서 중요한 건 크고 아름답고 중요한 것이 아니라 작은 차이이다. 이 점을 이해하기 위해 한 가지 예를 들어보자. 내게 새 폭스바겐 골프 한 대가 있다. 이것은 내가 서구에서 현재 점점 더 빈곤해지는 중간계층 중에서도 상위 그룹에 속한다는 뜻이다. 중간계층에게 이 차는 현재의 자동차 시세로 볼 때 너무 비싸기 때문이다. 아마 이것만으로도 이미 시기심이 생겨나기 좋은 사회적 전제조건이 될 것이다. 내가 시기심을 가지게 된다면 나는 어쨌든 롤스로이스를 가진 사람을 부러워하지는 않을 것이다. 그보다는 나처럼 새 폭스바겐 골프를 가지고 있지만 내 것보다 더 색상이 예쁜 골프를 가진 사람을 부러워할 것이다.

요컨대 나를 자극하는 것은 내가 갖고 있는 것과 약간의 차이를 가진 것이다. 지그문트 프로이트는 『집단심리학과 자아 분석』이라는 저서에서 이에 대해 주목하면서 다음과 같이 설명했다.

“가까이 있는 낯선 사람에 대한 노골적 거부와 혐오감에서 읽을 수 있는 것은 자기애 즉 나르시시즘이다. 나르시시즘은 자기를 주장하기 위해 노력하는 가운데 그것의 개별적 형성과정에서 자신과 다른 것이 나타나면, 그 다른 것이 자기 형성과정에 대한 비판이고 그 형성과정을 변형시키라는 요구라도 된다는 듯이 군다.” (Freud [1921c]: 96)

프로이트는 나와 비슷한 타인에 대한 이런 증오의 동력을 다른 책에서는 ‘작은 차이의 나르시시즘’(Freud [1930a]: 243)이라고 했다. 이것이 잉글랜드인이 스코틀랜드인에게, 프랑스인이 벨기에인에게, 오스트리아인이 독일인에게 냉소를 던지는 이유이다.

내가 부러워하는 사람은 완전히 다른 사람, 예컨대 훨씬 더 부자인 사람이 아니다. 프랜시스 베이컨과 아리스토텔레스가 언급했듯이[1] 그 사람은 이웃이나 친척이나 직장동료일 경우가 대부분이고, 나와 비슷하거나 어쩌면 나처럼 중산층 빈곤화로부터 위협을 받고 있는 사람일지도 모른다. 자크 라캉이 아우구스티누스를 인용해 강조했듯이, 시기심의 전형적인 경우는 엄마 가슴에서 젖을 빨고 있는 남동생에 대한 형의 화난 시선이다.(Lacan 1980: 121 참조)

이런 점에서 시기심은 가까움의 현상일 뿐만 아니라 근본적으로 시각적인 것이기도 하다.* 화난 시선(Freud [1919h]: 262f. 참조), 독기에 찬 눈(Nietzsche [1987]: 230), 또는 베이컨이 말한 ‘눈의 사정(射精) 내지 눈

* 시기심(envy)의 어원은 라틴어의 ‘*invidia*’이며, ‘본다’(*videre*)라는 동사에서 파생된 단어다.

의 방사(放射)'(Bacon 1985: 24) 같은 것이다. 이런 눈은 두려움의 대상인데, 왜냐하면 그것은 사람들이 선호하는 좋은 것을 나쁜 것으로, 말 그대로 독으로 바꿀 수 있기 때문이다.[2] 이 때문에 시기어린 시선은 마법의 힘을 가진 것으로 여겨지기도 했다. 베이컨은 시기심에는 마력이 있기에 마법적 수단을 사용해야만 고칠 수 있다고 생각했다.(Bacon 1985: 27) 이것을 우리에게 친숙한 현대적 언어로 바꾸면, 시기심은 상징적 행동을 통해서만 치료될 수 있다는 말일 것이다. 이런 상징적 행동의 예로는 심리극에서 주로 다루는 시기심 또는 '심리극에서의 정당성' 같은 것을 들 수 있을 것이다.(Yablonsky 1998: 85 참조)

인간이 신들과 아직 친족관계에 있거나 신들과 비슷하다고 느끼던 시절에는 이 인접성 때문에 신들의 시기심을 두려워할 수밖에 없었다. 그래서 고대 로마인들은 무언가를 소유하게 되거나 그들이 볼 때 신들의 시기심을 불러일으킬 만한 행운을 맞게 되면 즉시 자기 가슴에 침을 뱉었다.(Nusser 1984: 698 참조) 그런데 이는 시기심의 원초적 장면, 즉 어머니 가슴에서 젖을 빨고 있는 동생과 그를 보는 나의 입장을 말 그대로 뒤바꾼 경우 아닌가? 신들이 인간보다 훨씬 더 위대해지고 심지어 유일자가 되어 완전히 눈에 안 보이게 되어서야 그 간극이 너무나 커져서 시기심이 들어설 수 없게 되었고, 화난 시선이 보이는 조건도 소실되었을 것으로 추측된다.

2. 타자에게 고정된 눈

앞에서 언급했듯이 시기심에서는 둘째로, 우리가 크고 아름다운 것을 가지고 있느냐가 아니라 다른 사람이 그것을 안 가지고 있는 것이 중요하다. 이는 일찍이 아리스토텔레스가 그의 수사학에서 언급했던 것이기도 하다.(Aristoteles 2007: 108) 이것을 설명하기 위해 다음과 같은 가정을 해보자. 나의 자동차 딜러가 내가 시기심이 나서 기분이 안 좋다는 걸 알아차리고는 나에게 잘해주려고 고객서비스 정신으로 내 폭스바겐 골프를 이웃이 가진 골프와 똑같은 색으로 교환해 준다고 하자. 그러면 내 시기심이 진정되고 가라앉을까? 아니다. 오히려 나의 시기심은 또 다른 부분으로 옮아갈 것이다. 그것은 더 작은 부분을 향해, 예를 들어 내 골프에는 없지만 이웃의 골프에는 있는 크롬 부착물이나 이웃에게는 없고 내 차에만 있는 스크래치 자국으로 향할 것이다. 거슬리는 작은 차이를 없애는 데 성공할 때마다 더 작은 차이가 새로 생겨날 것이다. 따라서 시기심에서 문제가 되는 것은 뭐라 이름 붙이기 어려운, 작지만 강력한 감정을 유발할 수 있는 신비한 특성이다. 그것은 예술의 역사나 사랑의 역사에서 '어떤 무엇' 또는 프랑스어로 '무엇인지 모르는 것'(je ne sais quoi)으로 불리던 그것과도 비슷하다.(Ullrich 2005: 9 참조) 예를 들면, 블레즈 파스칼이 언급했듯이 따로 떼어놓고 보면 그다지 우스울 것 없는 두 얼굴이 같이 놓고 보면 서로 닮아서 웃음이 나올 때가 바로 '어떤 무엇'이 드러나는 때이다.(Pascal 1997: 40 참조) 여기서 커다란 유쾌함을 만들어내는 것은 아마도 그 어떤 미세한 것, 뭐라 말하기 어려운 그것이다. 그리고 그 미세한 것은 운 나쁜 경우에는 너무 닮은꼴을 볼 때 느끼는 섬뜩함이나 심지어 시기심으로 이어질 수도 있다.

이 때문에 같은 색상의 골프를 가지게 되었음에도 나의 불만족이 여전히 가시지 않는 것이다. 반면에 누군가 주차된 이웃의 차를 들이받아 완전히 망가뜨려 놓는다면 이 불만족은 눈 녹듯 사라질 것이다. 그렇게 되면 나는 너무나 만족해할 것이고 내 시기심은 바로 가라앉을 것이다. 이것이 바로 프리드리히 니체가 '원한감정'이라 불렀던 그것이다.(Nietzsche [1887]: 230 참조) 이런 원한감정은, 예를 들어 요즘의 정치 참여적 예술에서 보는 것처럼 자기 자신을 부자라고 보기보다는 다른 사람을 가난하게, 그리고 일부 사람을 대단하게 보기보다는 모든 사람을 못났다고 보는 식으로 나타난다. 결국 아무도 감탄의 대상이 되거나 화려하게 빛나서는 안 된다. 튀는 사람이 아무도 없을 때라야 모두가 마음을 놓는다. 하지만 이 조건은 그것에 신경을 쓰면 쓸수록 만족시키기가 어려운 조건이다. 왜냐하면 또다시 더 작은 차이로 불만족이 일어나기 때문이다. 관련된 사람들 모두가 수수하게 서로 비슷해질수록 더 불안해지는 이유가 바로 여기에 있다.

신학적으로 꼭 올바르다고 할 수는 없는 일부 기독교적 시각에서는 시기심을 이른바 '죽을 죄'*의 하나로 보는데, 이런 시각은 최소한 한 가지를 놓치고 있다. 시기심은 자기 본위적이지 않다는 것이다. 시기심은 결코 자기 자신만을 보지 않는다. 그것은 오히려 완전히 이타적이다. 그것은 항상 다른 사람만을 쳐다본다.

3. 원하지 않는 것을 원하기

만일 시기심이 다른 사람을 바라보는 데서 나온 것이 아니라면, 그것은 아마도 다음의 사실을 알고 있어서일 것이다. 즉 셋째로, 우리는 다른 사람에게서 부러워하는 것을 스스로 갖기를 전혀 원하지 않는다는 것이

* Todsünde(英 Deadly Sin). 중세 기독교에서는 교만, 인색, 시기, 분노, 색욕, 탐욕/탐식, 나태를 일곱 가지 대죄 곧 '칠죄종'이라 하고 '죽음에 이르는 죄'로 분류했다.

다. 자크 라캉은 이 점을 정확히 인식하고 있었다.

"자기 동생을 지켜보는 아이가 동생 대신 자기가 엄마 가슴에 안겨 있기를 원한다고 누가 말할 수 있겠는가. 모두 알다시피 다른 사람이 어떤 대상물을 소유하고 있어서 그에 대해 시기심이 일어나는 경우, 그 대상물은 보통 시기하는 사람에게는 조금도 쓸모가 없으며, 시기하는 사람은 그 대상물이 진짜 어떤 것인지 조금도 알지 못한다."(Lacan 1980: 123)

라캉에 앞서 스피노자도 이 점에 대해 언급했다. 스피노자는 라캉(1980: 123)과 달리 '시기심'에 대해서만이 아니라 '질투심'에 대해서도 이러한 시각을 견지했다. 스피노자에 따르면, 질투에 있어서도 질투하는 사람은 다른 사람에 대해 부러워하는 그것을 원하는 것이 전혀 아니라고 한다. 질투하는 사람은, 자기가 사랑한다고 여기는 사람으로부터 사랑받는 사람을 질투하기 위해서는 사랑한다고 여기는 그 사람을 미워해야만 한다.

"누군가 그가 사랑하는 대상이 지금까지 자기만 소유하고 있었던 것과 동일한 우정의 끈으로 또는 그보다 더 친밀한 우정의 끈으로 다른 대상과 결합된다고 생각하면, 그 사람은 그 사랑하는 대상을 증오하게 될 것이고 그 다른 대상을 부러워할 것이다."(Spinoza 1976: 140 또는 『윤리학』 III부, 정리 35)

다른 사람을 시기하게 하는 그 상대방을 증오하는 것이 질투의 필수 전제조건인 이유는 이 정리에 앞서 나오는 22번째 정리로 설명된다. 거기서 스피노자는 다음과 같이 언급한다.

> "우리는 누군가가 우리가 사랑하는 대상을 기쁘게 해준다고 생각하면 그 사람에 대해 사랑하는 마음을 가지게 된다. 이와 반대로 그 사람이 우리가 사랑하는 대상을 슬프게 한다고 생각하면 우리는 역으로 그에 대한 증오를 가지게 된다."(Spinoza 1976: 139 또는 『윤리학』 III부, 정리 22)

이것이 뜻하는 바는 우리가 사랑하는 사람을 정말 사랑한다면, 우리는 그 사람을 기쁘게 하는 모든 것에 대해, 심지어 그 사람의 애인 곧 우리의 연적에 대해서도 기뻐해야 한다는 것이다.

게르하르트 슐체도 시기심의 원인이 되는 그 대상이 내가 가지려 했던 것이 아님을 명확히 보여주는 사례를 제시했다.

> "수년 동안 대학위원회에서 배부른 영장류의 행동을 관찰한 사람이라면 넘치도록 풍족한 조건에서조차 시기심이 도처에 퍼져 있다는 걸 알 것이다. 몇 달 동안 조교의 인건비를 위한 재원을 얻으려고 싸워놓고는 연말이 되면 예산을 다 쓰지도 못하고 행정처에 다시 반납하는 동료 교수들이 있지 않은가."(Schulze 2006: 97)

국가적 흡연금지 조치를 둘러싸고 벌어진 이상하리만치 달아오른

토론에서도, 상당수의 흡연금지 찬성자들이 일차적으로는 타인의 행복에 대한 시기심에 사로잡혀 있는 동시에 그 시기심의 대상인 담배에 대해서도 증오심을 갖고 있는 것을 볼 수 있다. 타인이 흡연을 하면서 구강의 쾌감을 즐기는 모습은 확실히 그들의 심기 불편한 시선을 모으는 데 알맞을 뿐 아니라, 저 시기심에 찬 소망—자기에게 없고, 갖고 싶은 마음도 전혀 없지만 다른 사람도 그것을 갖지 못하기를 바라는 소망—을 환기시키는 데도 매우 적합하다. 왜냐하면 그들에게 흡연자의 쾌감은 동생이 엄마의 젖을 빠는 모습과 비슷해 보일 수 있기 때문이다.

4. 행복의 불가능성을 가려주는 타자

다른 사례에서도 시기하는 사람이 시기심을 촉발하는 대상을 거부하는 현상은 꽤 쉽게 관찰된다. 직장에서 시기를 받는 동료들은 대부분 게으르거나, 그와는 반대로 매우 부지런한 동료들이다.[3] 이민자에 대한 시기심도 그들이 공공장소에서 바비큐 파티를 벌이거나 병원에 입원했을 때 현지인의 경우보다 훨씬 많은 가족이 오기 때문에 생겨난다. 그런 모습을 시기하는 사람들에게 "그럼 당신들도 그렇게 하든지!" 라고 일갈한다면, 그들이 다른 사람에 대해 부러워했던 그것이 사실은 자신이 원하는 것이 전혀 아니었다는 것을 즉시 깨달을 것이다. 당신도 게으름을 피워야 한다고 하면 경악할 것이고, 지금보다 더 부지런히 일하고 싶지는 않으며, 바비큐에도 원래 관심이 없다는 것을 깨달을 것이다. 또 대가족의 일원이 된다는 것은 생각만으로도 공포심을 일으킬 것이다.

타자에게 아무리 큰 행복으로 보이는 것도 그것을 부러워하는 사람 자신에게는 결코 행복이 될 수 없으며, 스스로 그것을 원하는 것도 불가능하다. 이러한 불가능성과 관련해 타자에게는 이제 매우 중요한 기능이 부여된다. 타자는, 시기하는 사람이 행복이라 상상하는 것이 사실은 그 자신에게 불가능한 것이라는 사실을 은폐해주는 역할을 한다. 즉 시기하는 자는 이런 타자의 존재 덕분에 자신이 행복이라 믿는 것이 원래 자신에게도 상상 가능한 것이었지만 유감스럽게도 우연히 타자가 그것을 소유하게 되었다고 생각할 수 있다. 요컨대 시기 받는 타자가 필요한 이유는, 시기하는 자가 행복이라 상상하는 것이 사실은 그가 진짜 원하는 게 아님을 인식하지 않아도 되기 때문이다. 그럼에도 다른 사람이 "향유를 도둑질했다"[4]고 말하는 데는, 근본적으로 향유는 견딜 수 없는 것이라는 훨씬 더 암울한 시각이 감춰져 있다.

5. 행복이 불가능한 이유

그런데 시기하는 사람들이 상상하는 행복은 왜 불가능할까? 지그문트 프로이트는 특히 섬뜩함*에 관한 이론(Freud [1919h])을 통해 이에 대한 답을 제시했다. 프로이트에 따르면 인간의 성적 발달에서 한때 쾌락을 가져다주었던 특정 단계는 다른 새로운 형태의 성적 발달 단계들을 위해 포기되고 뒤에 남아있게 된다. 이렇게 포기된 단계 중 하나가

* unheimlich. 독일어로는 집(heim)과 같은 편안함이나 친숙함이 없는 낯선 상태를 말하며, 영어의 'uncanny'에 해당한다. 프로이트는 현실에서는 실현 불가능하다고 보고 스스로 억압한 욕망이 거꾸로 내게 돌아와 실현되었을 때 느끼는 위협적 감정을 섬뜩함이라고 했고, 하이데거는 이런 섬뜩한 기분(불안)이야말로 개인이 나르시시즘에서 벗어나 세계와 마주서 있고 세계에 의해 밝혀지는 '현존재'임을 깨닫게 하는 계기라고 했다.

이른바 '일차적 나르시시즘'이다. 이 단계에서는 욕망과 욕망의 실현이 구분되지 않는다.(Freud [1912-13]: 377ff. 참조) 무엇인가 실현되려면 강렬한 욕망 이외의 무엇인가가 더 필요하다는 것을 고통스럽게 깨달을 때가 되어서야 우리는 일차적 나르시시즘 단계를 벗어난다. 그런 단계가 되면 우리는 자신에게만 몰두하는 것을 멈추고 자아 외부의 세계로 눈을 돌려 욕망의 강렬함보다 외부 세계를 변화시키는 데 더 많은 에너지를 투여한다.

그런데 이제 이 외부 세계가 욕망과 실현 사이의 성숙한 구분이 아니라 단순한 욕망의 유아적인 나르시시즘적 행복 모델과 우연하게 일치를 이룰 경우, 우리는 섬뜩한 느낌에 사로잡힌다. 예를 들어 우리가 누군가 좀 죽어주기를 바랐는데 이 불쌍한 사람이 그 후 정말로 죽게 된다면, 어른된 사람에게 그것은 더 이상 즐길 수 있는 승리가 되지 못한다. 이 사건은 한때 착각 속에서나마 쾌감으로 가득했던 우리 생각이 마법적 '전능함'을 가졌다는 증거이기는커녕, 오히려 두려움에 찬 불쾌한 경험만을 안겨준다.(Freud [1919h]: 262 참조) 우리가 일찌감치 받아들였던 마법적 전능함의 '결핍'이나 욕망과 현실 간의 일치의 '결핍'이 이제는 현실 자체에 의해 제거되는 상황이 된 것이고, 그런 결핍이 부재하게 된 것, 다시 말해 '결핍되기' 시작한 것이다. 이런 '결핍의 결여'야말로 라캉의 명석한 표현에 따르면, 저 두려움의 구조적 조건이다.(Lacan 2004: 53 참조) 프로이트가 섬뜩함(das Unheimliche)이란 과거의 '익숙함'(Heimliche), 달리 말해서 친숙함이나 편안함의 감정이 이제는 불가능해진 것을 가리킨다고 했던 것을 고려하면, 불쾌감(das Unlust-volle)은 (고통스런 감각과는 달리) 지금은 불가능해진 과거에 가졌던 쾌감

(Lustvolle)이라고 할 수 있다.[5]

마법의 전능함을 이용해 적에 대한 일부 성공을 거두고 이것이 우리에게 큰 기쁨을 준다고 해도, 그 성공은 훨씬 더 나쁜 무엇 즉 현실 세계의 상실로 인해 상쇄되고 만다. 우리가 저 마력을 사용하게 되면 우리 앞에 자아 외의 다른 외부 세계는 존재하지 않게 되기 때문이다. 그리고 이것이 두려움을 불러일으킨다. 마법으로 이룬 부분적 성공은 세계 전체의 소실을 야기한다. 이것은 마치 총을 든 강도가 우리에게서 돈을 빼앗았다가 바로 돌려주었는데, 그러고는 우리를 총으로 쏴 죽이는 것과 비슷한 상황이다.(Lacan 1980: 223 참조) 우리가 가끔 날씨나 나이나 시간을 바꿀 수 있기를 아무리 바란다고 해도, 그리고 이를테면 동화 속 요정이 나타나 우리가 이런 변수를 마음대로 좌우할 수 있는 힘을 준다고 해도, 그 제안을 거절하는 것이 현명한 일일 것이다. 우리가 실제로 이 마법의 전능함을 즐기기라도 하는 날에는 우리에게 끔찍한 재앙이 될 것이기 때문이다.

동일한 테마가 질투에도 작용한다. 질투하는 사람은 사랑하는 사람의 사랑을 자신이 사실상 견뎌내지 못할 것이라는 점을 직시하지 않으려 한다. 갈망하던 상대방의 사랑을 받아들이는 것이 실제로도 항상 쉬운 일은 아니기 때문이다. 사랑의 응답을 '즐겨야' 한다는 게 공포로 다가올 수도 있는 것이다. 상대방이 우리의 사랑에 응답하면, 그 응답으로 인해 우리의 사랑이 질식할 것 같은 위협을 받을 수도 있다. 적지 않은 수의 남녀관계 드라마가 바로 이 문제에서 시작한다.(Verhaeghe 2009: 33ff. 참조) 때때로 상대의 사랑이 일종의 '사랑의 위협'이 되는 것처럼 보일 때가 있는데, 특히 사랑을 가없고 한없으며 저돌적인 것으로 생각하거나 그런 방식으로 실행에 옮길 때이다.[6] 그러면 앞의 시기심의 경우와 같이 "우리 둘 중 한 사람만 그것(예컨대 사랑)을 가질 수 있다"는 저 불운한 공식이 작동할 것이다. 이런 점에서 질투는 사랑하는 사람보다 자기 자신의 사랑을 더 사랑할 때, 그리고 무엇보다 상대의 사랑보다 자신의 사랑을 더 사랑할 때 생겨나는 것이라고 할 수 있다.

반면에 진짜 사랑한다는 것은 타인에게 그냥 저돌적으로 사랑을 쏟아붓는 것이 아니라 상대방이 응답할 수 있는 정도에 맞추어 자신이 쏟는 사랑의 정도를 신중하게 조정하는 것이다. 질투하는 사람은 항상 불행한 사랑에 빠지는 낭만주의자나 그들의 친척뻘인 스토커 유형과 마찬가지로 이런 문제에는 관심이 없다. 이들은 모두 이 개념의 본래적 의미 그대로 '애욕광'(Erotomania, 또는 '연애망상자')들이다. 즉 이들은 거의 무방비 상태의 상대방—이들은 상대가 이런 상황에 대해 전혀 알지 못하는 것을 가장 선호한다—에게 조금의 배려도 없이 사랑을 퍼붓는 것을 즐긴다.[7] 이때 이들은 상대가 이 무한한 사랑에 한 번이라도 응답하면 최대의 행복이 될 것이라고 상상한다. 하지만 이 행복감이야말로 실제로는 위에서 언급한 세 가지 유형의 연애망상자 모두에게 가장 끔찍한 일이 될 것이다. 사랑받는 희생자가 자기 쪽에서 갑자기 '진지해져서' 사랑에 응답하기 시작하고 이것을 구체적 행동과 기대로 표현하기 시작하면, 질투하는 사람, 낭만주의자, 스토커의 '성스러운' 열정에 그보다 더 나쁘고 더 찬물을 끼얹고 그 열정을 더 세속적인 것이 되게 하는 일은 없을 것이다. 이들 세 유형을 추동하는 것은 상대방의 사랑에 대한 갈구이지만, 이 사랑은 동시에 이들에게 최악의 공포이기도 하다. 그렇기 때문에 이들은 한편으로 그들의 희생자들을 따라다닌다고 하면서도, 동시에 많은 예방조치(예를 들면 한도를 넘는 사랑의 홍수)를 통해 현명하게도 항상 거리가 유지되도록 한다. 참고로 이런 상황은 사람들을 기겁하게 해서 뒷걸음치게 하는 노출증 환자의 경우와도 비슷하다. 그러니까 여기에서도 클라우스 하인리히의 저 적절한 정의, 매혹이란 욕구를 해소하지 않고 '붙잡고 있는' 상태라는 표현이 타당하다는 것을 알 수 있다.(Heinrich 1995: 7 참조) 질투하는 사람과 비극적 낭만주의자가 즐겨 한탄하는 자칭 응답받지 못한 사랑으로 인한 괴로움은, 사실에 있어서는 그들에게 완전한 행복이다. 오직 이런 식으로만 그들은 무한한 열정을 100퍼센트 강도로 타자에게 쏟아부을 수 있다. 이에 반해 조금이라도 현실적인 응답을 받는다면 이 열정은 그것의 취약성과 한계를 밖으로 드러낼 것이다.

6. 불행을 놓지 못하는 이유—스스로를 벌하는 악습

여기서 알 수 있는 것은, 시기심이란 결코 결핍에 근거한 것이 아니라는 점이다. 오히려 시기심에는 항상 어떤 잉여가 들어가 있다. 시기하는 사람은 불가능해진 행복의 잉여를 꼭 붙잡고 있다. 그는 불가능해진 나르시시즘적 행복을 가능한 것으로, 하지만 유감스럽게도 그 행복이 어쩌다 보니 타인에게 가 있다고 상상하는 것을 즐긴다. 하지만 이러한 상상과 향유는 이미 어른이 되었어야 하는, 또는 최소한 철이 좀 들었어야 하는, 여하튼 일차적 나르시시즘 단계를 지났어야 하는 그 사람을 행복하게 만들지 않는다. 아니, 오히려 그는 이 때문에 끔찍한 고통을 겪는다.[8]

그렇기 때문에 우리는 시기심이라는 악습 자체를 하나의 형벌이라

부를 수 있다.(Ernst 2006: 71 참조) 특기할 것은 이른바 '칠죄종'이라 부르는 일곱 가지 죽을 죄도 모두 이런 특징이 있다는 점이다. 이 죄악들은 모두 자기 처벌의 메커니즘을 가지고 있다. (즉 탐식은 비만, 활동성 저하, 급격한 에너지 고갈로 자기를 처벌하고, 교만과 인색은 쾌감의 거부로 자기를 벌하며, 마음의 나태는 극복되지 않는 슬픔으로, 색욕은 욕망 대상의 공급 과다로 인해 대상의 가치가 점점 떨어지는데도 색욕에 대한 의존성은 더 증가하는 것으로, 분노는 진정한 능력의 상실로 자기를 처벌한다.) 중독과 강박이 그렇듯이 이 죄악들은 양가성의 원칙에 기반하고 있기 때문에 보상과 처벌을 모두 수반한다.(Pfaller 2002: 122ff. 참조)

이런 점에서 '칠죄종'은 부족문화의 '금기' 제도에 비견될 수 있다. 금기는 자기 처벌 메커니즘을 갖고 있기에 그것을 지키기 위해서는 경찰도 형사법정도 필요치 않다. "금기 위반은 그 자체로 응징"(Freud [1912-13]: 312)이기 때문이다. 이런 이유에서 '칠죄종'은 종교사적으로 보면 예컨대 십계명보다 훨씬 더 오래된 것일 가능성이 크다. 십계명에서는 각각의 행위가 이미 그에 대한 처벌과 분리되어 있어서 일련의 감시와 처벌을 위한 제도가 따로 필요하기 때문이다. 특징적인 것은, '칠죄종'은 십계명에서 금지한 행위들과 달리 어떤 특정한 행위가 아니라는 점이다. 오히려 이것들은 '악습'이라는 일종의 감정조직(Affektorganization)의 형태를 띠고 있다. 그것들에 대해 경고하는 일은 '선'과 '악'을 구분하는 종교적 도덕에 맡겨진 임무라기보다는, 약이나 다이어트 규칙이 그렇듯이 '좋다' '나쁘다'(또는 '몸에 좋은 것'과 '해로운 것', '문제없는 것'과 '대가가 따르는 것')를 가르는 윤리에 맡겨진 임무다.(Deleuze 1988: 32ff. 참조) 이러한 윤리를 종교의 중심 과제로 삼았던 것은 고대의 '일차적' 종교뿐이고 더 나중에 등장한 '이차적' 형태의 일신교는 이 윤리를 조건적으로만 인식하거나 심지어 전혀 고려하지 않았다. 이후 이 임무는 철학이나 심리치료 같은 세속의 기관들에 맡겨졌다. 그런데 여기에서 특기할 점은, 일곱 가지 대죄 가운데 하나를 저질렀을 때 그 사람은 그 죄의 문법상의 주어 내지 행동의 주체로 취급되지 않는다는 것이다. 그 사람은 예를 들어 종교적 계율에서와 같이 "나는 도둑질했다"라거나 "나는 거짓 증언했다"라고 하지 않고, "시기심이 나를 삼켰다"라거나 "탐욕이 나를 덮쳤다"라는 식으로 말한다. 죄인에게 죄가 있고 그가 죄를 저지른 것이 아니라 죄가 그를 접수한 것이다. 그렇기 때문에 그에게 필요한 것은 경고나 처벌이 아니라 도움이다.

시기하는 사람은 아무리 시기심 자체로 인해 처벌받는다 해도 마치 스스로 처벌을 원하는 것처럼 여전히 집요하게 시기심을 붙든다. 스피노자는 이렇게 관념에 집착하는 것을 '슬픔의 정념' 또는 '침울한 정념'이라 불렀다.[9] 침울한 정념은 그것을 가진 사람을 항상 극도로 우울하게 만든다. 하지만 그 사람은 이 정념을 결코 빼앗기지 않으려 하고 오히려 소중한 물건이라도 되듯 그것을 사수한다. 이는 프로이트가 인용한 적이 있는 슐라이어마허*의 단어놀이와 비슷하다. "질투(Eifersucht)는 괴로움(Leiden)을 만들어내는(schafft) 것을 열심히(mit Eifer) 추구하는(sucht) 정념(Leidenschaft)이다."(Freud [1950c]: 36 참조) 프로이트는 이러한 열정, 즉 의식적으로는 결코 즐김의 대상으로 경험되지 않고 그

* Ernst Schleiermacher(1768~1834). 독일의 신학자이자 해석학적 방법론을 개척한 철학자. 텍스트 해석은 그 텍스트가 만들어진 과정까지 '추체험'하는 방법으로 접근해야 한다고 주장했다.

열정을 가진 사람에게 고통으로 표현되는 이 숨겨진 쾌락을 '신경증적 불쾌'라고 불렀다.(Freud [1920g]: 220 참조)[10]

그러니까 시기심이라는 불쾌감 속에는 한 줌의 행복이 들어 있다. 이것이 이 불쾌를 포기하지 않고 귀중한 보물처럼 사수하는 이유다. 시기하는 자는 시기하는 것을 중단하려고 하지 않는다. 마찬가지로 질투하는 자는 질투를, 위로 불능으로 슬퍼하는 자는 그 위로 불능의 슬픔을 중단하려고 하지 않는다. 이렇게 해서 스피노자가 지적하지 않을 수 없었듯이, 억압받는 일부 사람들은 억압이 마치 행복이라도 되는 양 자신의 억압을 위해 싸우는 일이 일어나기도 한다.(Spinoza 1967: 10 참조) 사회학자 리처드 세넷은 현대 사회에서도 특정 형태의 신경증적인 권력관계에서 이런 일이 벌어지고 있음을 보여주었다.(Sennett 2008: 160 참조)

7. 정치 투쟁에서 소아병으로서의 시기심

철학자 슬라보이 지제크는 시기심을 현재의 기독교 광신도들과 무슬림 광신도들이 가진 전형적인 감정으로 보았다. 지제크에 의하면, 이 광신도들은 이 때문에 사이비 근본주의자에 불과할 뿐 진정한 종교 근본주의자들이 아니다. 그 이유는 다음과 같다.

> "티베트 불교도에서 북아메리카의 아미시 교도들에 이르기까지 모든 진정한 근본주의자들에게는 특징이 하나 있는데, 그것은 바로 그들이 불신자들의 삶의 방식에 대해 원한감정과 시기심이 없고 이에 대해 상당히 무관심하다는 점이다. 진정한 근본주의자들

은 진리에 이르는 길을 찾았다고 확신하는 사람들인데, 그들이 대체 무엇 때문에 불신자들로부터 위협을 받는다고 느끼고 왜 그들을 부러워하겠는가? 어떤 불자가 서양의 쾌락주의자를 만난다면 그는 어떤 식으로든 이 쾌락주의자를 비난하지 않을 것이다. 그 대신 다만 좋은 의도로 그 쾌락주의자의 행복 추구는 그가 얻고자 하는 것과 정반대의 결과를 가져올 것이라고 말해줄 것이다. 그들은 불신자들의 죄 많은 삶에 심한 동요를 느끼고 그것의 매력에 포로가 되어버린 테러리스트 유형의 사이비 근본주의자들과는 달라도 너무 다르다. 여기서 우리는 말 그대로 죄 많은 타자와의 싸움은 사실은 자신에 대한 유혹과의 싸움이라는 것을 알 수 있다. 소위 기독교 근본주의자나 무슬림 근본주의자는 진정한 근본주의에 대한 수치다."(Žižek 2006)

이런 이유로 지제크는 종교적 광신도들의 폭력적인 투쟁과 "무지렁이 군중의 열정적 격렬함"에 대해 다음과 같이 말한다.

"그것은 진정한 확신이 결여되어 있다는 증거다. 근본주의 무슬림들의 테러는 자신들이 우월하다는 확신에 기초해 있거나 글로벌한 소비 문명의 침입으로부터 자신들의 문화적, 종교적 정체성을 지키려는 열망에 기초하고 있다. 이 '근본주의자들'의 문제는, 우리가 그들을 우리보다 열등하다고 생각하는 데 있는 것이 아니라 그들 스스로 은밀한 가운데 자신을 열등하다고 생각하는 데 있다(히틀러가 유대인에 대해 노골적으로 열등하다고 생각했던 것과 똑같이 말이다)."(Žižek ibid.)

이로부터 종교 광신자들뿐만 아니라 모든 정치 고관여자들에게도 해당되는 매우 중요한 정치적 결론이 나온다. 즉 미국의 철학자 존 롤스가 옳게 지적한 것처럼, 시기심은 결코 정치적 행동의 원동력이나 합리적인 정의 추구의 원동력이 될 수 없다는 것이다.(Rawls 1975: 585 참조)

오히려 시기심은 해방적 운동에서 전형적으로 나타나는 '소아병'의 원인이다. 시기심의 근거가 되는 것은 결국 나르시시즘이기 때문이다. 그리고 나르시시즘은 정신분석학에 따르면 그 자체로 전형적인 아동기 질병이다. 일차적 나르시시즘은 청소년들이 거쳐야 하는 필수적 단계이지만, 이차적 나르시시즘은 어른들이 겪는 심각한 퇴행이다. 다른 아동기 질병과 마찬가지로 어른이 돼서 이런 질병을 겪으면 대부분 청소년기에서보다 더 심각하고 파괴적인 결과로 이어진다. 슐체는 시기심이 정치적 행동의 원동력이 될 때 벌어지는 일에 대해 극단적인 예를 들어 설명했다.

> "영국 항공기 터빈 생산 공장의 임금협상에서 노동자들은 경쟁 집단이 자신들과 동등한 위치가 되는 것을 막기 위해 임금 인상을 일부 포기했다."(Schulze 2006: 99)

이러한 정치적 미망이 일어나는 이유는, (이 장 도입부에서 언급했듯이) 시기하는 자는 "시기하는 대상이 그것을 얻는 것을 보느니 차라리 내가 그것을 포기하는 게 더 낫다"고 여기기 때문이다.(Schulze ibid.) 이것은 정치적이 되기 위해서는 가장 먼저 시기심으로부터 해방되어야 한다는 것을 의미한다. 시기심이 없어야 비로소 우리는 다음과 같은 것들을 위해 싸울 수 있게 된다.

- 상상 속에만 있는 불가능한 행복을 위해서가 아니라 실현가능한 행복을 위해,
- 우리가 정말로 원하는 것을 위해,
- 다른 사람이 가지지 않는 것이 중요한 것이 아니라 우리가 가지는 것이 중요한 것을 위해,
- 끝으로 작은 것이 아닌, 크고 정말로 중요한 것을 위해.

그렇게 될 때 우리는 사회 전체의 상황을 살펴볼 수 있을 것이고, 그 결과 현재 보이는 것과는 상당히 다른 사람들의 실상을 비판적으로 볼 수 있게 될 것이다. 그렇게 되면 예를 들어 최저소득의 1,000배를 훨씬 넘는 천문학적 소득을 정말로 인정해야 하는지 고민하게 될 것이다. 그리고 바로 이런 이유에서 지금과는 달리, 예컨대 동료가 똑같은 일을 하면서도 우리보다 20퍼센트를 더 받는 것에 대해 더 이상 이성을 잃거나 화를 내지 않게 될 것이다.

8
시기심의 교훈

시기심의 현상은 대단히 교훈적이다. 그것은 매우 복잡하고 때로는 모순적인 관계를 (설명이 아닌) 쉬운 방법으로 가시화해서 그 존재를 증명해 보여줄 수 있다. 먼저 시기심은 물질적이 아닌 관념상의 문제다. 다른 사람들이 가지지 않는 것이 중요하지 내가 갖는 것이 중요한 게 아니다. 나의 시기심을 일시적으로 달래주기 위해, 예를 들어 어떤 꾀바른 친구가 내게 와서 다른 사람이 가지고 있는 부러운 물건을 그 사람이 잃어버렸다고 거짓으로 속삭여주면 그것으로 충분하다. 최소한 그것을 사실로 믿는 동안만큼은 이런 단순한 거짓 생각만으로도 이미 치료의 효과가 있는 것이다. 마찬가지로 심리극의 사례나 에픽테토스가 야심가를 고쳐준 고대의 예에서 보듯이[1] 단지 대상을 상징적으로 소유하는 것만으로도 시기심은 사라질 수 있다.

결국 시기심은 사람들이 쉽게 '관념론자'가 될 수 있음을 증명해준다. 사람들이 물질적인 것보다 관념적인 것을 더 선호하는 건 꽤나 쉽게 벌어지는 일이다. 그리고 이런 결정은 의식하지 않은 상태에서 자발적으로 이루어지곤 한다. 마르크스의 표현대로 하자면, 그들은 "모르면서 그렇게 한다."(Marx [1867]: 88) 그들은 자신들이 자발적 관념론자라는 것을 모르지만, 그들의 시기심 어린 행동은 그들이 관념론자임을 확인시켜 준다.

그러나 시기하는 이들도 앎의 차원에서는 여전히 유물론자인 경우가 흔하다. 이들도 중요한 건 오로지 물질적 이득임을 알고 있거나, 안다고 믿기 때문이다. 결과적으로 시기한다는 것은 '자아 분열' 증세를 보이는 것을 뜻한다.(Freud [1940e] 참조) 아는 것과 행동이 각기 다른 두 심리적 차원으로 나뉘어 있기 때문이다. 프로이트에 따르면, 자아 분열은 '부정'(否定)이라는 심리적 방어 메커니즘을 통해 야기된다. 따라서 정신분석학자인 옥타브 마노니가 '부정'에 대해 썼던 "잘 알지만 그럼에도…"*라는 표현은 시기심에도 적용될 수 있다.(Mannoni 1985: 9ff. 참조) 시기심의 경우 이 표현은 예컨대 다음과 같이 완성할 수 있을 것이다. "나는 내가 사실상 이웃과 조금도 다르지 않은 자동차를 가지고 있는 것을 잘 알지만, 그럼에도 나는 그를 시기하고 그에게서 그 자동차가 없어지기 전에는 마음이 편할 수 없다." 여기서 특징적인 것은 의식상에서 인정하는 앎과 그것을 부정하는 시기심의 태도 사이에 분리가 일어난다는 점이다. 의식상의 것은 단순하고 쉽게 이해될 수 있다. 이에 반해 다른 한쪽에서는 훨씬 더 복잡하고 관념적인 사고 패턴이 작동한다. 슬라보이 지제크가 마노니에 의거해 마르크스의 물신 개념을 해석하면서 보여준 바와 같이, 인간은 의식으로 아는 차원에서는 객관적이고 유

* 「Je sais bien, mais quand même…」는 옥타브 마노니가 1964년 『현대』(*Les Temps Modernes*)지에 쓴 에세이 제목이기도 하다.

물론적이며 유명론적인 이성의 기준을 따르지만, 행동의 차원에서는 완전히 터무니없는 관념적 사고 패턴에, 즉 이상적인 실체가 현실에 존재한다는 가정과 '허황된 신학적 사고'에 지배받는 것처럼 행동한다.[2]

의식에서 받아들이는 유물론적 인식과 그것을 부정하는 시기심의 관념론적 태도 사이의 분열에는 더 특징적인 점이 있다. 관념론자는 자신을 취약하고 열등하다고 생각하는 경향이 있다. 이런 점에서 시기심은 말하자면 관념론의 고질적 습관이라고 할 수 있다. 결국 시기하는 자는 경향성에서는 관념론자이지만, 의무감에서는 유물론자이다.* 그는 상상을 좇으면서도 중요 사안에 대해서는 꿈꾸는 것을 금지하는 현실원칙을 지킬 의무가 있다고 느낀다.

이러한 분리는 일반적인 상식, 나아가 칸트가 제시했던 관념론적 이해에도 어긋난다. 보통의 경우 경향성은 원칙적으로 물질적인(감각적인) 것이므로 사람들이 자신의 경향성을 따를 때는 항상 유물론적으로 행동하고, 반대로 이런 경향성을 거슬러 관념론을 추구하는 것은 의무감으로 인해서라고 보기 때문이다. 프리드리히 엥겔스는 이러한 자아분열이 도덕가연하는 속물적 소시민의 눈에는 일반적으로 어떻게 비춰지는지에 대해 적절하게 묘사했다.

"이들 속물적 소시민은 유물론을 폭식, 폭음, 눈요기, 육욕, 거기에

* 다소 어려운 저자의 논지를 부연하면 이러하다. 색상이 다른 골프 자동차의 예처럼, 시기하는 사람은 이성적 인식을 해야 한다는 의무감에서는 두 차가 똑같다는 사실을 인식한다. 이때 그는 현실적 인식에 근거해 판단한다는 점에서 유물론자이다. 하지만 욕구를 따르는 경향성에서는 이웃의 차가 내 차보다 더 좋다고 상상하는데, 이때의 판단 근거는 자신의 상상이므로 그는 관념론자라는 것이다.

더해 다른 사람을 업신여기는 교만함, 금전욕, 인색함, 탐욕, 잇속 챙기기, 시세 조작 등 요컨대 그가 은밀히 탐닉하는 모든 끈적거리고 더러운 악습으로 이해한다. 반면에 관념론에 대해서는 덕성에 대한 믿음, 인류에 대한 보편적인 사랑, 요컨대 '더 나은 세상'에 대한 믿음으로 이해한다. 그는 다른 사람들 앞에서는 잘난척하느라 관념론을 이용하지만 실제로는 기껏해야 습관적인 '유물론적' 낭비에 필연적으로 따르는 일말의 가책 또는 파산을 반복할 뿐이며, 자기의 애창곡인 '인간이란 무엇인가, 반은 동물 반은 천사'를 부르는 동안에만 관념론을 믿는다."(Engels [1886]: MEW 21: 282)

엥겔스에 따르면 속물적 소시민은 기본적으로 인간 또는 자기 자신의 자아 분열을 인식하지만 이 분열을 관념론적 방식으로 이해한다. 다시 말해 그들은 '유물론'이 경향성의 편에 서 있을 거라고 추측한다. 관념론적 시각에서 볼 때 경향성은 기본적으로 이기적인 목표, 사회에 유해한 목표를 지향한다. 경향성에서 '아름다운 영혼'이 나오는 경우는 매우 드문데, 그 드물게 있는 경우도 원래 좋은 경향을 가지고 있어서 그런 것뿐이다. 그와 달리 추상적 사유나 이상을 지향하는 도덕적 행동, 사회적으로 인정받고 보편성이나 인류 전체에 기여하는 행동은 오직 의무감에서만 생겨날 수 있다.(Kant [1788]: 140 참조) 임마누엘 칸트는 이러한 구분 외에 다른 구분 방식은 생각할 수 없었다. 18세기에 (20세기에 수많은 나치들이 분명히 보여준 것처럼) 사람들이 의무감에서도 극도로 악하게 행동할 수 있다는 것을 상상할 수 있었던 유일한 인물은 이 문제와 관련해 좀 더 냉정한 시각을 유지하면서도 상상력은 더

풍부했던 사드 후작뿐이었다.[3]

하지만 관념론적 시각과는 반대로, 시기심은 사람들이 단순히 경향성만으로도 추상적 관념이나 자신에게 득이 되지 않는 반(反)이기주의를 따를 수도 있다는 것을 보여준다. 그리고 스스로 추상적 관념에 빠져 있는 것을 모르듯이 스스로 관념론적으로 행동하고 있다는 것도 모를 수 있음을 보여준다. 사람들이 이처럼 경향성에서 관념론자가 될 수 있다는 것은 무엇을 의미하는가? 그것은 말하자면 관념론자가 되기 위해서는 어떤 종류의 '자기 극복'도 필요하지 않다는 의미이고, 자신의 취약성으로 인해 관념론이 자발적으로 일어날 수 있다는 의미이다. 즉 시기하는 에고에는 전혀 이득이 되지 않는, 전혀 생산적이지 않은 시기심의 반이기주의가 자동적으로 의도치 않게 일어난다는 것이다. 또한 물질적 대상을 취하겠다고 요구하지도 못하면서, 그 대신 다른 사람이 그것을 소유하고 있는지 아닌지 하는 생각으로 자신을 들볶는 강박이 생겨난다. 이런 강박은 '유물론적' 악습에 대해 앞의 속물적 소시민이 취하는 태도와 똑같지 않은가.

철학에서 '관념론'이라 부르는 것을 정신분석학에서는 '나르시시즘'이라고 부른다.[4] 이러한 용어 전환은 인식상의 이점을 준다. 철학에서는(최소한 속물적 소시민의 철학에서는) 눈앞의 것을 추상화하는 능력이나 즉각적인 이기적 욕구를 자제하는 긍정적 능력으로 보일 수 있는 것이, 정신분석학에서는 대상 리비도의 결핍이라는 장애, 즉 삶을 가치 있게 해주는 것을 취할 수 없는 무능력이 되기 때문이다.

시기심에서 보았듯이 이러한 무능력은 나르시시즘에서 나온 것이다. 시기하는 자에게 부러움을 받는 타자는 '시기하는 자의 타자'가 된다.

즉 이 타자는 시기하는 자의 나머지 세계 전체, 그의 '절대적 지평'이 된다.[5] 이런 이유에서 나르시시즘의 구호는 항상 "너 아니면 나(하지만 둘 다는 안 된다)"를 표방한다. 그 결과 "네가 하면 나는 안 한다" 또는 반대로 "네가 안 하면 나는 한다"가 나온다. 이것은 결과적으로 시기적인 태도에 특징적인, 현실과 완전히 유리된 행동 패턴으로 이어진다. 예를 들어 "네가 그것을 가지고 있다면 나는 그것을 가질 수 없다"는 식이다. 하지만 이 문장은 선망의 대상이 되는 물건을 산업적으로 수도 없이 재생산할 수 있게 된 이후로는 더 이상 효력을 가질 수 없게 되었다. 더더욱 비현실적인 것은, 이 문장의 역인 "네가 그것을 가지지 않아야 내가 가진다"는 것이다. 여기서 시기하는 자는 실제로 제3항이나 제3자는 전혀 존재하지 않는다는 듯이 행동한다. 부러움을 받는 타자는 시기하는 자에게 자기 외의 모든 것이자 나머지 세계 전체이기 때문에, 선망하는 대상물이 우연히 다른 제3자의 손에 들어가거나 또는 파괴되어 누구도 갖지 못한 상태로 있는 그런 경우란 전혀 불가능하다. 여기에는 제3의 지점, 즉 저 선망의 대상물이 우연히 (또는 매우 높은 확률로) 가 있을 수 있는 지점을 고려하는 '삼각측량법'은 존재하지 않는다. 그런 대상물은 필연적으로 타자 아니면 시기하는 자 둘 중 하나에게만 속할 뿐이다.[6]

따라서 시기하는 사람의 우주에는 자아와 타자 사이의 엄격한 배타성뿐만 아니라, 똑같이 엄격하게 세계 전체를 이 두 세계 중 하나에로 귀속시킨다는 특징이 있다. 제3의 것은 아무것도 존재하지 않고 따라서 우연적인 것도 존재하지 않기에 이 세계는 완전히 필연성으로만 결정되는, 외부 세계를 전혀 가지지 않는 선험적인 우주다. 후험적으로 전개되는 것은 아무것도 없다. 모든 것이 필연적인 한 이 모든 것은 의미를 가질 수밖에 없다. 즉 모든 것이 나와 연관된 의미를 갖고 있는 것이다. 타자조차도 실제 타자가 아니라 오로지 나의 또 다른 자아 곧 도플갱어에 불과하며,[7] 그의 타자성은 단지 상상일 뿐이다. 그것은 실제로 존재하는 사람에게 투사된 환영이다. 겉보기에 타자로 비치는 이 환영의 뒤편에 실제 존재하는 것은 시기하는 자아, 자기 자신만을 대면하고 있는 자아이다.

마찬가지로 타자에 대해 선망하는 그 사물(das Ding) 역시 전혀 실재적인 대상(Objekt)이 아니다. 이런 대상은 진짜 즐거움을 줄 수 없으며 그것을 갈망할 수 있는 거리를 유지해야 한다는 특징이 있다. 또한 그것은 오로지 실재하는 대상, 또는 그런 대상의 어떤 특성에 '기대어서만' 존재한다는 점에서도 부러움의 실제 대상도 아니다. 여기서 '어떤 무엇'으로밖에 표현되지 않는 이 대상의 규정 불가능성이 나온다. 가만히 뜯어보면, 실재하는 대상 자체 또는 그것의 특징만으로는 시기하는 자가 이 대상에 대해 왜 그렇게 관심을 쏟고 소란을 떠는지 납득이 되지 않는다. 이 점에서 시기하는 자를 이해할 사람은 아무도 없을 것이다. 그 때문에 그는 물신 숭배자가 물신적 대상에 대해 취하는 태도와 똑같이[8] 그가 선망하는 대상물이 무엇이고 그 특징이 무엇인지 제대로 말하지도 못하면서, 기껏해야 자기가 원하는 그것이 다른 사람에게는 비밀로 감춰져 있다는 점만을 기뻐할 뿐이다. 이러한 대상들은 오직 시기하는 자의 특수한 시선을 통해서만 특별한 가치를 얻는다. 즉 그의 시선을 통해 그 대상들에 추가적인 가치가 부여되는 것이다. 따라서 시기심의 대상은 예컨대 사랑에 빠지는 것과 비슷하게 시기하는 자의 강력한 이상화 과정을 거친다. 프로이트에 의하면 이러한 이상화는 바로

"대상을 자기 자아처럼 여기는"(Freud [1921c]: 105) 데서 성립한다. 선망하는 대상물은 실재하는 대상 또는 그 대상의 특징에 시기하는 자가 부여한 특징이 합쳐져서 창조되며, 이러한 선망 대상에 있어 시기하는 자가 사랑하는 것은 자기 자신의 한 조각, 더 정확히는 잃어버린 조각이다.[9]

프로이트에 따르면 이런 자아 관계는 많은 점에서 사랑의 경우에도 적용된다. 대상을 선택함에 있어 '나르시시스트 유형'에 속하는 사람들은 상대방에게서 과거의 자신(예를 들어 사랑스러웠던 젊은이)이나 자신이 되고 싶은 이상적 모습, 또는 '자신의 한 부분이었던 사람'을 사랑한다.(Freud [1914c]: 56 참조) 프로이트에 의하면 이런 타입의 사랑은 모두 그 안에 향수를 불러일으키는 무언가를 가지고 있다. 이로부터 시기심이 왜 전형적으로 과거를 향하는지도 설명된다. 우리는 젊은이들의 젊음을 부러워하지 결코 나이든 사람의 나이(혹은 그것과 밀접히 연관된 경험, 지혜, 평온, 위엄 등)를 부러워하지는 않는다. 발터 벤야민은 미래에 대한 시기심의 결여는 역사적 존재의 전형적 특징이라고 했다.(Benjamin [1940]: 693 참조)

따라서 모든 사랑받는 대상과 마찬가지로 모든 시기심의 대상에서도 사랑받거나 선망의 대상이 되는 것은 그 속에 있는 잃어버린 자아의 한 조각이다. 이 잃어버린 자아의 한 조각은 이미 극복했던 일차적 나르시시즘의 자아가 다시 나타난 것이다.(Freud [1919h] 참조) 이 힘들게 포기한 나르시시즘과의 재회는 보통의 상황에서라면 두려움을 야기할 것이다. 이에 반해 사랑과 시기심이라는 조건은 두려움을 일으키는 나르시시즘적 요소를 긍정적이고 매혹적인 것으로 변화시킨다. 이

때 사랑의 경우에는 나르시시즘의 요소가 타자에 자리 잡고, 시기심의 경우에는 그 요소를 자기가 취한다. 이렇게 나르시시즘 요소의 이전이 일어나면 사랑하는 자와 시기하는 자는 그에게 전부의 의미를 가지는 것과 기쁘게 조우할 수 있게 된다. 이 모든 것은 한때 바로 자기 자신이었던 것(또는 뒤늦게나마 한때 자기 자신이었다고 생각되는 것)이다.

시기심의 대상에 관한 이러한 분석은 모순적이게도 부러움을 받는 타자에게도 적용된다. 즉 구조적으로 볼 때 부러움을 받는 타자도 그를 시기하는 사람에 대해, 사랑받는 이가 사랑하는 사람에게 하는 것과 같은 역할, 곧 과거의 자아라는 역할을 수행한다. 시기하는 자는 (투사를 통해) 부러움을 받는 타자에게 나르시시즘적 즐거움을 느끼는 향유의 능력이 있다고 생각한다. 이 능력은 자신이 잃어버린 능력이지만 아직 이에 대한 향수는 남아있기에, 그는 종종 자기와 같은 성인인 타자가 이 능력을 갖고 있는 것은 아닌지 끊임없이 짐작하고 찾아다닐 수밖에 없다. 시기를 받는 사람과 사랑받는 사람의 이러한 역할 정체성에 의거해 지그문트 프로이트는 한 남자가 다른 남자에 대해 갖는 질투심에는 이전된 동성애적 사랑이 일부 작용하는 게 틀림없다고 결론지을 수 있었다.(Freud [1911c]: 186 ff. 및 [1922b]: 221 참조) 하지만 라캉은 이러한 소견에는 결정적인 동기 하나가 더 추가되어야 한다고 보았다. 질투하는 남자는 자기 부인에게 다른 남자에 대한 자신의 사랑을 투사하고, 이를 통해 프로이트가 인식했듯이 동성애적 충동을 억제한다. 하지만 그게 다가 아니다. 더 중요한 것은 저 상실된, 나르시시즘적 즐거움을 느끼는 향유의 능력이 타자에게 투사된다는 것이고 이 타자가 그런 능력을 갖고 있을 것이라고 생각한다는 사실이다. 바로 이 점에서 투사

작용은 결정적으로 중요한 역할을 한다. 투사로 인해 타자에게는 즐거움을 느끼는 향유가 가능한 것으로 생각되고, 분노의 대상이 매혹적인 대상으로 바뀌기 때문이다. 타자, 말하자면 나르시시즘적 '비자아'로의 이전은 즐거움을 느끼는 향유의 불가능성을 저지하고 불가능한 것을 다시 가능한 것으로 만든다. 불가능성의 '불'(Nicht)이 상상된 타자성의 '비자아'(Nicht-Ich)로 대체되는 것이다. 불가능이라는 나르시시즘적 문제에 대한 이런 해법이야말로 투사가 가진 뛰어난 능력이다. 이 해법은 질투에서뿐만 아니라 성적 자극이 별로 중요한 역할을 하지 않는 종류의 시기심에도 적용될 수 있다.

타자는 선망하는 대상물과 마찬가지로 나르시시즘적 투사가 이루어진 대상이므로, 시기하는 자는 엄밀히 말해 대상이 존재하지 않는 세상에서 움직인다고 할 수 있다. 시기를 받는 사람과 대상 모두가 자기 자아의 (은폐된) 여러 모습들이다. 자아를 압박하는 것이 오직 자기 자신뿐인 이 나르시시즘의 세계는 **편집증**(paranoia)의 세계이다. 프로이트가 질투를 일관되게 편집증으로 기술한 것은 이런 이유에서다.[10] 투사는 편집증의 기본적 방어기제이기 때문에 자아에게 불가능하거나 자아가 견딜 수 없는 것은 모두 이런 방법으로 타자에게 이전시킬 수 있다. 예를 들어 사랑하는 주체가 자기 자신이 아니라 다른 사람이 되는 식이다.(Freud [1922b]: 221 참조)

사랑이 타자에게 투사될 때 그 결과로 질투의 편집증이 나타나듯이, 다음 단계에서는 질투 또는 시기심도 타자에게 투사되어 편집증을 유발할 수 있다. 이때 나타나는 것이 **시기심의 편집증**이다. 시기심의 편집증에서는 그 자신이 질투를 하거나 시기를 하는 것이 아니라 타인이 질투를 하거나 시기심을 가질까봐 두려워하게 된다. 타자의 시기심에 대한 이러한 두려움은 다수 관찰자들이 짐작하듯이 심지어 사회생활 전체를 방해할 수도 있다. 예를 들어 친척이 시기하지 못하게 집을 완공하지 않는다든지 또는 화난 시선을 받지 않기 위해 높은 건물은 짓지 않는 식이다.(Signer 2004 및 Schulze 2006: 102f. 참조)

현재 서구의 서브컬처와 예술계에서도 이러한 시기심의 편집증이 상당한 영향을 주고 있는 듯하다. 어느 누구도 최소한의 짧은 순간 동안이더라도 감히 위대하거나, 찬란하게 빛나거나, 화려해지려고 해서는 안 된다. 페터 슬로터다이크가 예리하게 지적했듯이, 모두가 타자의 시기심에 대한 두려움으로 인해 뼛속까지 "겸손에 푹 젖은" 태도를 취한다. 물론 이러한 태도와 두려움이 정당한 이유를 가지고 있고 자신의 편집증에서 나온 것이 아닐 수도 있다. 또한 자신의 시기심을 타인에게 투사하지 않은 경우에도 타인의 시기심을 두려워하는 일이 일어날 수 있다. 어찌되었든 이 두 경우 모두에도 최소한 하나의 편집증이 존재한다. 즉 다른 사람은 행복할 것이라는 상상에서 나오는 편집증적 시기심이나, 또는 다른 사람이 나를 시기할 것이라는 상상에서 나오는 편집증적 두려움이다.

우리가 본 것처럼 시기심은 자아가 경쟁자와 시기의 대상 모두에서 오직 자기 자신의 나르시시즘적 형상만을 만나고 따라서 오로지 자신과 홀로 있는 편집증적 상태이므로, 이 상태는 기쁨을 줄 수도 있는 실제 대상에 대한 모든 접근을 차단한다. 여기에서는 하나의 '사물'(ein Ding)*이 다른 모든 것을 압도하거나 말살시켜 버리는데, 중요한 것은 이 사물이 어떤 대상(Objekt)이 아니라 나르시시즘의 일부라는 점이다.

이상에서 언급한 시기심의 특수성을 고려할 때, 이렇듯 반박할 수 없고 다른 방식으로 설명하기도 힘든 이 사실 앞에서 질 들뢰즈와 펠릭스 가타리가 제시한 '욕망하는 기계'**라는 개념에 대해서는 회의가 드는 게 사실이다. 그들은 이 개념을 인간의 욕망과 바람을 다형적이고 문제점 없고 위험하지 않은 '생산성'과 '긍정성'으로 묘사한다.(Deleuze/Guattari 1977: 32ff. 및 65ff. 참조) 하지만 욕망이 인간의 신체 내지 심리 기관에서 아무런 문제 없이 아무데서나 생성될 수 있는 것은 결코 아니다. 오히려 생산성이야말로 시기심의 경우처럼 심각한 나르시시즘적 장애를 가질 수 있다는 점을 염두에 두어야 한다. 나르시시즘의 극복은 어떤 대상을 욕망할 수 있기 위한 전제조건이다. 하지만 이런 극복과 욕망의 분출은 들뢰즈와 가타리가 옳게 강조했듯이 문화적 금지(오이디푸스의 근친상간 금지와 같은)를 통해서는 일어나지 않는다. 금지가 있고 그 다음에 그로 인해 욕망이 일어나는 것은 아니라는 얘기다. 정신분석 이론 또한 그런 식으로 주장한 적은 없었다.(Pfaller 2009 참조)

시기심을 이해하고 그것을 다루는 방법에서 결정적으로 중요한 것은 라캉의 다음과 같은 통찰이다. 즉 욕망은 나르시시즘의 선배격인 향

* 여기서 저자는 'das Ding'에 대한 라캉의 용법에 따라, 타자에 대한 시기심을 불러일으키는 사물은 자아의 욕망을 구성하는 근원적 대상이지만 자아에게는 그 정체가 은폐된 물자체(das Ding an sich)와 같다는 점을 암시하고 있다.

** Wunschmaschine(佛 Machine désirante). 욕망을 '결핍'으로 보는 프로이트, 라캉 등의 전통적 이해와 달리 그것을 일종의 물질적이고 생산적인 에너지로 보는 들뢰즈/가타리의 관점이 표현된 개념이다. 두 사람은 또한 욕망이 인격적 주체에 종속된 것이 아니라 사회적이고 기술적인 것 근저의 무의식에서도 작용하는 물질적 에너지임을 강조하기 위해 '기계'라고 표현한다. 들뢰즈/가타리가 욕망을 이렇게 이해한 것은 이성이 아닌 의지나 욕망 같은 감성의 역동성에서 해방의 가능성을 찾으려 한 이유 때문이라고 할 수 있다.

유(Genießen)에 항상 위협을 받고 있으며, 특정한 상황 하에서는 향유로 다시 퇴행해 향유에 완전히 잠식당할 수 있다는 점이다. 이러한 사실에 비추어 볼 때, 욕망은 이런 나르시시즘적 향유를 성공적으로 극복할 때 실제 대상을 향한 모든 추동력도 얻을 수 있을 것으로 보인다. 다시 말해 욕망되는 대상을 매력적으로 보이게 만드는 것은 '비(非)대상' 곧 잃어버린 나르시시즘이라는 '비존재'(das Unding)* 라는 것이다. 현실의 대상이 한번이라도 우리를 매혹시킨 적이 있다면 그것은 프로이트가 명철하게 인식했듯이 우리가 그 대상들에 잃어버린 나르시시즘의 조각을 갖다놓는 데 성공했기 때문이다. 추측건대 이것 외의 다른 욕망의 동력은 없는 것 같다.[11]

하지만 편집증으로 인해 대상이 소실되는 것을 피하려면 그 대상을 완전히 나르시시즘적 동기로만 덮어버려서는 안 된다. 이런 점에서 현실적 대상에 대한 욕망은 '부분적' 나르시시즘으로 볼 수 있다. 이에 반해서 시기를 받는 사람이나 질투심 또는 낭만적 감정으로 뒤쫓고 있는 사람에 대해 느끼는 매혹은 '전체적' 나르시시즘으로 보아야 한다. 이때 향유의 전체적 나르시시즘과 욕망의 부분적 나르시시즘은 과학적 추론에서 '닫힌' 가정과 '열린' 가정이 갖는 관계와 비슷하다. 닫힌 가정은 특정 경험에 대해 내린 해석이 추후 또 다른 경험을 통해서 반박될 수 없다.[12] 반면에 열린 가정에서는 경험을 통해 무언가가 드러나고 그 결과 내용이 풍부해지지만, 그로 인해 내용이 수정되거나 위조되기도

* 원래는 칸트가 인식론적 '가상'을 설명하기 위해 쓴 용어로, '대상이 결여된 자리에 있는 대상'을 말한다. 라캉은 칸트를 이어받아 자아가 투사된 자리에 존재하는 환영, 따라서 무존재(non-existent)는 아니지만 대상으로 존재하지 않는 비존재(in-existent)를 Unding으로 표현한다.

한다. 이와 마찬가지로 편집증적이지 않은 사랑도 특정 시점에서는 대상의 어떤 특성이나 행동 때문에 좌절할 수 있다. (예를 들어 상대가 "하지만 나는 너를 사랑하지 않아"라고 반응하는 경우.) 이에 반해 편집증적 사랑의 경우에는 어떤 경험에 대해서도 절대로 실망하지 않고 그에 대항하는 면역성을 갖는다. (예를 들어 위에서 언급한 상대의 반응에 대해 "넌 이미 나를 사랑하고 있어. 넌 그걸 아직 모를 뿐이야. 그리고 그게 바로 너의 사랑스러운 점이지"라고 반박하는 경우.)

요즘 확산되는 현상인 편집증과 편집증적 상상을 보면 에픽테토스 유형의 오래된 철학적 개입이 현재에도 여전히 유효할 듯하다. 사실에 대한 접근이 완전히 차단된 상태에 빠지지 않으려면 '상상' 또는 '생각'을 다스리는 것이 필수적이기 때문이다.

이 지점에서 마침내 에픽테토스가 상상을 손 봐야 한다고 했던 주장이 어째서 퇴행적이거나 주관주의적인 것이 아니며, 심리적으로 세상을 외면하는 행위가 아닌지가 설명된다. 우리를 혼란에 빠뜨리는 것은 사실이 아니라 상상—상상은 늘 사실이 우리를 혼란에 빠뜨린다고 믿게 하려 하지만—이라는 이 지적은 편집증에서 대상에 대한 허상을 벗겨내기 위한 것이다. 에픽테토스는 우리에게 시기를 받는 대상이 사실에 있어서는 대상이 아니라는 것을 상기시킨다. 이 점을 잘 이해한 후에야 비로소 우리는 현실의 대상으로 향할 수 있게 된다.

에픽테토스적인 스토아학파의 특징은 상상의 나르시시즘적이고 관념적인 요소와 그 위험성을 인식했다는 데 있다. 하지만 마지막에 가서는 수정주의로 기울고 또한 관념론에 의해 왜곡되었을 것으로 추측되는 귀족적 스토아학파가 권장했던 방법, 즉 물질적 욕망을 제거하기 위해 노력하는 것으로는 이런 위험을 해결할 수 없다. 이렇게 물질적인 모든 것을 경시하기 위한 훈련은 시기심의 경우와 마찬가지로 자아가 자기 자신과의 거리를 전혀 두지 못하는 태도로 이어지기 십상이다. 그렇게 되면 자아는 세계와의 실제적 관계를 상실하고, 그러면 그럴수록 더 공황상태에 빠져 자기 생각에서 대상으로 보이는 것을 찾으려 다녀야 한다.

관념론적 스토아주의는 시기심과 같은 관념론의 악습으로부터 사람들을 지킬 수 없다. 아니 그 이상으로 관념론적 스토아주의는 사람들의 나르시시즘을 강화하고 대상에 대한 건전한 애착을 파괴하여 사람들이 관념론의 나쁜 습관에 빠지게 하는 데 직접적인 역할을 한다. 관념론자들이 얻고자 하는 덕성은 찰거머리같이 집요하고 음울해서 결국 집요하고 음울한 열정으로 이어지고 만다.

반면에 덕성을 "친절하고 쾌활한 자질"로 특징지은 근대 스토아주의자 미셸 드 몽테뉴의 유물론적 온건함은 이와는 전혀 다르다. 그것은 "아름답고, 승리에 넘치며, 다정하고 매력적이면서도 용감할" 뿐만 아니라 "불만, 불쾌, 강박에 대항하는 단호하고 물러섬이 없는 군대, 행복과 쾌와 연합하여 자연적 본성을 따르는 군대다."(Montaigne 1996: 77 및 28) 몽테뉴는 결론적으로 이런 덕성은 너무나 "풍성하고 막강하다"고 한다. "그것은 교육될 수 있고 향기 나는 침대에서 잘 수 있다. 그것은 삶을 사랑하고 아름다움, 명성, 안녕을 사랑한다. 하지만 이 덕성의 특별하고 고유한 점은 이러한 좋은 것들을 질서 있게 사용하고 그것들을 잃어버린다 해도 평정심을 유지할 수 있다는 데 있다."(Montaigne 1996: 28)

IV

편집증적 상상의 승리

9
미신, 신조, 편집증
삶을 기피하게 하는 상상의 세 가지 형태

"당신이 3천 년을 살고 또는 심지어 그것의 10배를 산다 해도 이것을 기억하라. 누구도 그가 사는 삶 외의 다른 삶을 잃어버리는 사람은 없다는 것을, 잃어버리는 것 외의 다른 삶을 사는 사람은 없다는 것을. (…) 누구도 과거 또는 미래의 삶을 잃어버릴 수는 없기 때문이다. (…) 그가 갖고 있는 것이 다만 현재뿐이고 갖고 있지 않은 것은 잃어버릴 수 없다고 할 때, 그가 빼앗길 수 있는 것은 오직 현재뿐이다." (Marcus Aurelius 1948: 18)

안전, 건강, 환경보호, 비용효율성과 같은 목표 앞에서 요즘 서구 사람들은 놀라운 희생 자세를 보여주고 있다. 이들은 기본적인 삶의 질에서 상당한 손해를 감수하면서까지 정부와 당국—다른 일에서는 하는 것도 없이 손 놓고 있는—이 이래라저래라 사사건건 굴욕적 지시를 내리는 것을 받아들인다. 그러면서도 최소한 관련 정책을 직접 겨냥해 불평을 하거나 구시렁대는 일조차 없다.

이런 모습들은 먼저 이 책의 주요 주제이자 책 도입부에서 강조한 현대의 특징적인 현상을 잘 보여준다. 그것은 곧 세계에서 제일 잘 사는 인구가 산다는 것이 왜 가치 있는 일인지 질문하는 법을 대부분 잊었다는 점이다. 이들이 이 질문을 끈질기게 붙들고 이 오래된 유물론적 질문을 다시 던질 수 있다면, 저 명령조의 새로운 우선순위 주장에서 벗어나 대부분 큰 불이익을 초래할 게 뻔한 관련 정책들을 순순히 받아들이지 않을 수 있을 것이다.

서구 세계의 인구가 기본적 요구를 주장하는 데 있어 유별나게 소심한 태도를 취하는 것이 처음 있는 일은 아니다. 하지만 요즘의 고정관념과 사고 패턴에는 새로운 특징이 눈에 띄는데, 그것은 극도의 긴박함과 강력한 교조주의다. 달리 말해 요즘의 고정관념과 사고 패턴은 몇몇 사안에 절대적 우선권을 매기고서 그것 외에는 어떤 것도 용인하지 않는다. 이런 사고방식은 일부 환경 문제처럼 재앙의 위협이 항상 있는 것이 아님에도 모두에게 자발적이고 무조건적인 복종을 요구하는 데서도 드러난다. 즉 반대 의견을 제시하고 차분히 논의하거나 얼마간 회의적 거리를 견지하는 것은 거의 불가능하다. 또한 이 사고 패턴은 바로 행동에 나설 것을 촉구한다. 아니나 다를까 이런 식의 사고는 특히 나이 어린 사람들에게 큰 영향을 끼치고 있다. 부르주아 중산층마저 '하르츠 IV'*의 소용돌이를 피할 수 없게 된 현실이긴 하지만, 이와 무관한 총명한 25세 대학생조차 이런 문제를 계급관계 속에서 파악할 능력을 거의 잃어가고 있다. 이에 반해 5세 아동의 다수는 벌써부터 민감한 '환경 의식'을 가지고서 부모 세대를 힘들게 하는 경우도 드물지 않다.[1] 생각이 장착되는 시기가 빨라졌을 뿐만 아니라 거의 종교 현상에서나 볼 수 있는 배타성으로 인해 이런 사고들은 의식에 끈질기게 달라붙어서 나중에 다른 관점과 다른 방식으로 사물을 보는 것을 거의

* 2002년 구성된 독일 노동시장개혁위원회에서 제시한 노동관계 법안으로 위원장 페터 하르츠(Peter Hartz)의 이름을 따서 '하르츠 I~IV'로 불린다. 2005년 발효된 '하르츠 IV'는 이전의 실업급여와 복지혜택을 통합, 장기 실직자에 대해 더 낮은 수준의 급여를 책정하면서 큰 반발을 불러일으켰다.

불가능하게 만든다. 이러한 자기만의 상상은 세계로 향하는 다른 모든 통로를 가리는 눈가리개, '인식 장애물'로 작용한다.

무엇이 가장 중한가에 대한 요즘의 생각이 긴박하고 교조적인 특징을 띤다는 것은 '사회적 상상'에 관한 이론들이 주목하고 관심 가질 만한 부분이다. 현 시대를 특징짓는 이러한 동인의 독재적 성격은 어디에서 나오는가? 그리고 이 독재는 왜 그렇게도 잘 수용되는가? 삶에 대한 우리의 태도는 과연 어떻게 달라졌나? 현재 우리의 상상력이 선호하는 주제나 접근법이라는 것이 어떤 반대 의견이나 사려 깊은 고민, 행동의 유예도 전혀 허용하지 않는 그런 것이라면, 우리의 상상에는 대체 어떤 새로운 형태가 추가된 것일까?

요즘의 사회적 상상력이 지닌 '눈가리개' 기능은 사회적 상상 이론에 흥미로운 화두거리를 던져준다. 이 기능은 쾌에 대한 혐오 및 문화 전리품의 포기에 관한 앞서의 설명에 완전히 모순되는 것은 아니지만, 기존 공식에 새 요소를 추가해서 볼 수밖에 없는 새로운 현상이다.

1990년대부터 나는 상상 이론을 통해 금욕주의적 이상이 현대 문화에 침투한 현상을 분석하고자 했다.[2] 이 과정에서 나는 정신분석학자 옥타브 마노니가 제시한 상상의 두 가지 유형 즉 '미신'과 '신조'*의 구분을 분석의 바탕으로 삼았다.[3] 신조란 매우 개인적이고 선언적인 상상의 형태로서, 개인이 자신의 신념으로 자랑스럽게 내세우는 것이다.

* 마노니는 믿음(croyance, 英 belief)과 신앙(foi, 英 faith)이라는 일반 용어를 썼지만, 저자는 두 가지를 더 확실히 구분하기 위해 미신(Aberglaube)과 고백(Bekenntnis)이라는 번역어를 채택하고 있다. Bekenntnis는 영어의 'creed' 또는 'confession'에 해당하는 단어로 일반적인 의미의 고백보다는 '신앙고백' 내지 '신조화된 믿음'을 뜻하므로 이하에서는 '신조'로 옮긴다. 아울러 이하에서 '신념'으로 옮긴 단어는 'Überzeugung'으로, 영어의 'conviction'에 해당한다.

신조는 이를 통해 자기 존중감(self-respect)을 구축한다. 정신분석학적으로 봤을 때 신조는 '자아 리비도'에 봉사한다.

이에 반해 미신을 믿는 사람은 그것을 자신의 신념으로 인정하거나 주장하지 않는다. 오히려 이 주체는 신념에서보다 더 많은 것을 알고 있기에 신념과는 거리를 둔다. 그래서 마노니에 의하면 미신을 믿는 사람들은 예컨대 이렇게 말할 수 있다. "매우 어리석은 일인 줄 알지만, 그럼에도 여전히 나는 지금 당장 별자리 운세를 읽고 싶어." 미신을 믿는 사람은 자기 존중감을 가질 수는 없지만 그 대신 쾌감(pleasure)을 얻는다. 그는 '대상 리비도'를 조직한다.

상상의 이 두 가지 형태는 각기 다른 사회에서 매우 다양한 방식으로 나타날 수 있다. 미신은 어느 사회에서건 볼 수 있다. 그것은 말하자면 사회적 상상계의 '근간'이다. 이에 비해 신조는 상당히 최근에 나타난 결과다. 서구 근대 사회에서 보듯이 그것이 나타날 때는 미신과 중첩되어 나타난다. 즉 신조로서의 신앙은 처음에는 미신을 은폐하고 변형하고 심지어 부분적으로 그것을 파괴하며 등장한다. 이런 점에서 신조는 사회적 상상계의 '상부구조'로 기능한다고 할 수 있다.

이렇게 미신을 은폐한 결과, 소위 '원시' 문화와 달리 '문명화된' 문화는 자신이 마법적 행위를 행하고 있다는 사실을 스스로 인식하지 못하게 되었다(루트비히 비트겐슈타인도 이 점을 먼저 자신에게 상기시켜야 했다).[4] 결과적으로 문명화된 문화는 원시 문화에서의 미신이 신앙적 믿음이 아니라 단지 미신이었을 따름이라는 것을 이해할 수 없게 되었다. 이 때문에 그들은 다른 문화에 속해 있는 사람들—구시대 사람들, 어린이, '미개인' 등—이 마법을 곧이곧대로 믿었을 것이라고 생각한다.

"예전에는 사람들이 많은 것을 믿었습니다. 하지만 이제 우리는 그런 모든 것들을 더 이상 믿지 않습니다." 이는 신조 문화에서 흔히 들을 수 있는 말이다. 하지만 신조 문화는 '원근법적 환영' 속에서 자기 자신과 타자를 잘못 인식하고 있다. 마노니는 이에 대해 예전 사람들은 지금 사람들이 생각하는 것보다 믿는 것이 훨씬 적었다는 탁월한 인식을 보여주었다. 신조로서의 믿음이야말로 나중에 생긴 믿음이기 때문이다. 후대에 가서야 비로소 사람들은 스스로 특정한 것을 실제로 믿기 시작했다. 그전까지 그들은 보이지 않는 제3자의 시선을 의식한 환영을 연출하는 것으로 만족했다.

신조화된 신앙에 의한 미신의 파괴는 미신적 문화 요소들에 대한 다양한 형태의 적대감에서도 드러난다. 몇몇 종교들에서 주기적으로 나타나는 미신적 요소에 대한 파괴욕이 그 예로, 심지어 이런 일이 부분적으로는 자신들의 의식과 신화로 향할 때도 있었다.* 막스 베버 또한 '세계의 탈마술화'는 계몽적이거나 과학적이거나 철학적인 이성의 결과물이 아니라 신조화된 종교의 전형적 결과물이라고 보았다.[5] 하지만 미신 파괴의 이 같은 경향은 종교 밖에서도 나타난다. 요한 하위징아는 문화 속에도 미신 파괴에 비견되는 유희 요소의 말살 경향이 있다는 것을 확인했다.[6] 이는 1990년대부터 문화에서 나타난 쾌에 대한 혐오를 상당 부분 설명할 수 있는 첫 번째 단서를 제공한다. 소위 '긴축법'으로 인해 고통을 겪는 사람들이 이를 우호적으로 수용하는 것을 넘어

* 가령 1950년대에 프랑스 디종에서 기독교의 설화적 인물이자 유아적 쾌락의 상징인 산타클로스를 기독교 지도자들이 공개적으로 화형에 처한 사례(레비스트로스, 「산타클로스의 처형」)나, 동방교회에서 있었던 성상파괴운동을 그 예로 들 수 있다.

쌍수를 들고 환영하는 현상, 사회적 부를 아래에서 위로 가장 많이 재분배한 인물들이 대중의 환호를 받는 경우, 특히 미국에서 갑자기 넓은 층의 관심을 산 성적 괴롭힘과 기타 문화적인 괴롭힘, 유년기에 성적으로 학대받았다는 확신이 한 번씩 유행처럼 도는 현상, 그리고 바로 얼마 전까지 성 해방을 주장하던 사회의 기묘한 변화에 화룡점정을 찍는 '저욕구증후군'(Low Desire Syndrome)과 이른바 '포스트섹슈얼리티'[7] 현상에 이르기까지, 많은 문화적 현상에 대한 설명의 단서를 여기서 얻을 수 있다.

이 모든 현상은 일단은 점점 더 세가 강해지고 있는 신조 문화와, 문화에서 쾌락원칙을 구축했던 미신 사이의 갈등으로 설명할 수 있을 것 같다. 한때 더 새롭고 강화된 '신조 바람'이 불었음을 보여주는 여러 본보기들이 있다. 먼저 포스트모던 이데올로기가 유포시킨 상대주의가 있다. 상대주의에 의하면 모든 것은 다만 '이야기'일 뿐이다. 또 다른 예로는 이러한 상대주의에 발맞추어 나타난 정체성 정치, "너 자신이 돼라!"라는 명령이 있었다. 이 명령은 더 무자비해진 신조의 특징을 분명히 보여준다. 즉 자기만의 것, 자기가 믿는 것만을 용인하고 그 밖의 다른 모든 것은 외부에 의해 결정된 것으로 거부하고 싸우겠다는 결심이 그것이다. 그런데 더 이상 어떤 '거대한 이야기'도 믿지 않는 최초의 시대에 살고 있다는 이 느낌은 정신분석학적 관점에서 볼 때 '원근법적 환영'의 산물, 즉 "예전에는 사람들이 많은 것을 믿었지만…"이라는 말의 한 변주일 뿐이다. 아무것도 믿지 않는 사람이 그처럼 믿지 못하는 이유는, 자기 자신만을 너무 믿는 나머지 아무리 존경스러운 것일지라도 모든 믿음은 결국 자기 외부의 것이기에 그 어떤 외부 질서에도 종속되고 싶지 않아서 그러는 것뿐이다. 이와 관련해 신화와 의식(儀式)을 적대시하는 종교적 '오만'에 대한 파스칼의 분석은 거꾸로 세속의 포스트모더니즘 현상을 이해하는 데도 대단히 시사적인 열쇠를 제공해준다.[8]

이렇게 해서 우리는 쾌를 만들어내던 미신적 문화 요소들이 포스트모더니즘에서 어떻게 그토록 혐오를 받게 되었는지 이해할 수 있게 되었다. 여기서 혐오의 대상이 되는 것은 섹스, 흡연 문화이고, 더 일반적으로는 모든 형태의 화려함, 우아함, 예의, 성적 긴장감, 매력 등이다. 왜냐하면 이것들은 '마치 ~인 것처럼'이라는 미신적 요소를 전형적으로 갖고 있기 때문이다. 그러나 개인은 늘 최소한 아주 작은 범위일지라도, 대개는 스스로도 깨닫지 못한 채 환영을 연출하며, 그것도 다른 사람을 위해 그렇게 한다. 즉 그들은 일정 부분에서 로런 버콜과 험프리 보가트,* 또는 제우스와 가니메데스,** 아니면 델마와 루이스*** 와 비슷하게 행동하고 싶어 한다. 반면에 오로지 자기 자신만을 믿는 형태로 구축된 상상계가 쾌를 만들어내는 저 문화 요소들을 거부하는 이유는 건강에 위협이 되어서라기보다는 그것들이 자아에 이질적인 차원을 가지고 있다는 것, 즉 나는 믿지 못하지만 다른 누군가는 믿을 것 같은 차원을 가지고 있다는 것이 더 결정적이다. 이렇게 하여 위에서 열

* 험프리 보가트가 25살 연하의 여배우 로런 보컬과 네 번째 결혼을 하면서 큰 관심을 모은 것을 가리킨다.

** 제우스가 트로이의 미소년 가니메데스에게 연정을 품고 독수리로 변하여 그를 납치한 신화를 말한다.

*** 여성주의 로드무비의 두 주인공으로, 가부장적 남편에 억눌려 사는 가정주부 델마와 식당 웨이트리스 루이스가 둘만의 여행을 통해 해방을 꿈꾸다가 불운한 사건을 겪는 줄거리이다.

거한 (대부분 비종교적인) 일상의 마법 같은 행위들은 신조 문화가 가하는 탈마술화의 압력을 받게 된다. 하지만 탈마술화의 과정은 늘 쾌락원칙에 유용한 것들을 파괴하기에, 결국에는 사회가 얻기 위해 분투해온, 삶을 가치 있게 해주는 모든 것을 포기하는 '전리품의 포기'로 이어지게 된다.

이렇듯 두 가지 유형의 상상에 대한 마노니의 구분과 이 둘의 관계 변화에 대한 이론에 힘입어, 이제 서구 문화에서 갑작스럽게 일어난 쾌에 대한 혐오와 그것이 가져온 정치적 영향에 대해 설명이 가능해진 듯하다.

그러나 이상의 설명이 현재 서구 사회의 기본적인 이데올로기적 기류와 서구 사회를 지배하는 반-쾌락적이고 자아 고착적인 나르시시즘의 이유를 적절히 포착하고 있다 해도, 현재의 이 기묘한 상황을 밝히기 위해서는 여전히 또 하나의 이론적 단계가 필요하다. 왜냐하면 현재 일반화된 상상에서 가장 특징적인 점은 앞서 말했듯이 사이렌을 울려대는 긴박함, 즉각적 행동에 대한 요구인데, 긴박함은 신조라는 상상 형태가 가진 특징은 아니기 때문이다. 오히려 그 반대다. 미신에 매인 사람들은 항상 즉각적으로 강박적 의례 행위(말한 것이 곧바로 이루어지도록 나무 표면을 똑똑 두드리거나, 즉시 주문을 중얼거리거나, TV로 스포츠 생중계를 보면서 운동선수들에게 행운을 빌기 위해 엄지손가락을 주먹으로 꼭 쥐는 등의 행동)를 하는 데 반해, 신조 문화에 속한 사람들은 이런 강박 앞에서 훨씬 느긋하게 행동할 수 있다. 아침 미사를 빼먹은 사람은 오후 미사에 참석할 수 있고, 아니면 그냥 집에 있으면서 성경 구절을 읽거나 자기 양심을 탐구할 수 있다. 신조는 기본적으로 순수한 내적 태도로 생각되기 때문에 의례라는 물질적 외형이 가진 '지금 그리고 여기'라는 특징이 휘발된다. 그래서 예컨대 여성이 외투를 입으려고 할 때 도와주거나 모르는 사람에게 순서를 양보할 필요가 없다. 왜냐하면 중요한 것은 그들을 마음으로 사랑하거나 진정성 있게 존중하는 태도이기 때문이다. (심지어 이렇게 배려 깊은 행동을 하지 않는 것이 오히려 마음의 진정성에 대한 증거라고 생각되기도 한다.)

요컨대 현대 문화에 만연해 있는 긴박함을 고려할 때 우리는 신조와는 다른 형태의 상상에 주목할 필요가 있다. 9·11 테러 이후 미국 국회의원들이 시민 기본권에 대한 광범위한 침해를 허용하는 법안을 서둘러 통과시켰을 때, 또는 유럽연합이 민주 정치상 극히 미심쩍은 절차[9]를 통해 대학 구조조정 정책을 통과시키거나 술과 담배에 대한 포괄적인 제한 조치를 발표했을 때, 그리고 흡연 문화가 일반적이던 19세기에 시민적 공공영역을 확보하기 위해 얼마나 힘들게 싸웠는지를 기억하자는 사람이 나오기만 해도 호전적인 비흡연자들이 나서서 아무 논리도 없이 즉각 융단폭격을 가할 때, 우리는 여기서 신조 문화로는 설명이 안 되는 새로운 무언가가 작동하는 것을 느낄 수 있다. 그것은 지금까지 이론적으로 포착된 적이 없는 상상의 형태로, 우리는 이것을 '편집증적' 상상이라 부를 수 있을 것이다.

편집증적 상상은 미신과 신조에 이은 사회적 상상의 세 번째 형태다. 흥미롭게도 그것은 미신과 일부 특징을 공유하고 신조와도 일부 공통된 특징을 갖지만, 둘 중 어느 것과도 동일하지 않다.

1. 즉각적으로 행동해야 한다는 강박

편집증적 상상의 첫 번째 전형적 특징은 앞서 언급했듯이 조금도 지체 없이 바로 행동에 옮겨야 한다는 것이다. 이것은 편집증의 기본 특징이며 심지어 임상적 진단 기준의 하나이기도 한데, 이 특징은 달리 말하면 '확신'이라 할 수 있겠다. 정신분석학의 견해에 따르면 편집증은 절대적 확신을 특징으로 하며, 어떤 주장이 참인지를 규정하는 조건이나 회의(懷疑)의 계기가 전혀 존재하지 않는다. 편집증 환자에게 확실한 것으로 보이는 것은 '만일'이나 '하지만' 등의 논리적 조건들과 상관없이 무조건 참이다. 예를 들어 다른 사람에게 아무리 터무니없이 들릴지라도 "외계인들이 내 뇌를 가지려고 한다"고 확신하는 경우가 그러하다.(Fink 1997: 84 참조)

편집증적 확신은 이 같은 절대적 확실성에 근거하기 때문에 행동에 조금의 유예도 망설임도 없다. 이런 점에서 편집증 환자의 행동은 미신을 믿는 사람, 강박성 신경증 환자, 성도착증 환자와 비슷하고, 이밖에 병리적이지 않은 일상의 차원에서는 행복하게 놀이하는 사람이나 축하파티를 하는 사람과 비슷하다. 편집증적 상상은 긴박성이라는 점에서는 미신과 그 특징을 공유한다.

2. 자아와의 거리 결핍

하지만 그렇다고 해서 편집증적 상상과 미신적 상상이 똑같은 건 아니다. 두 가지를 분명하게 구분해 주는 것이 있다. 마노니에 따르면, 미신에서 특징적인 것은 미신을 믿는 사람의 상상과 그 주체 사이에 좁힐 수 없는 거리가 존재한다는 점이다. 이 거리는 주체가 그의 상상보다 더 많은 것을 알고 있기 때문에 생기는 거리로서 "잘 알지만 그럼에도"라는 문구로 잘 표현된다.(마노니 1985: 9ff. 참조) 다시 말해 미신을 믿는 사람들은 항상 더 많이 알고 있다. 즉 그들은 그들의 상상이 환상이라는 것을 정확히 안다. 이 때문에 그들은 스스로 그 환상이 약간은 어리석다고 느끼고 환상이 마치 실제인 듯 행동하는 것도 어리석다고 생각한다. 그래서 "나도 이런 행동이 정말 어리석다는 걸 잘 알지만, 그럼에도 지금 당장 신문의 스포츠 기사를 읽고 싶다"는 태도가 가능하다. 더 많이 아는 것에 의해 생겨나는 이러한 거리는 편집증적 상상에는 전혀 낯선 것이다. 편집증적 상상은 자기가 상상하는 것을 결코 어리석거나 가치 없다고 생각하지 않는다. 편집증적 주체는 자기의 상상에 대해 조금의 거리도 두지 않으며 오히려 그것과 완전히 하나라고 느낀다. 그런 한에서 편집증적 상상은 다시금 신조와 중요한 특징을 공유하는 것으로 보인다.

하지만 이런 자아와의 합일과 관련해 편집증적 상상과 신조 사이에는 또다시 한 가지 차이가 발견된다. 신조화된 믿음에서는 주체가 상상에 대해 가지는 관계가 이상에 대해 가지는 관계와 비슷하다. 주체는 상상에 경탄하고 상상을 통해 성장한다. 이로부터 리비도는 자기 존중감을 획득한다. 상상의 담지자가 이 상상으로 인해 아무리 많은 상실과 실패를 맛본다 할지라도, 이 형태의 상상에서는 항상 자기 존중감과 같은 이득을 얻을 수 있다. 그리고 이 경우 상상과 상상 담지자 사이의 자아 합일은 담지자가 움직임으로써 일어난다. 즉 신조를 따르는 사람이 그 신조의 내용에 다가가 그것을 자기 것으로 만든다. 이때 신조 내용으로 다가가는 길은 종종 힘이 들고, 어쩌면 한때 소중하게 여겼던 예전의 다른 신조를 포기하는 희생을 감수해야 할지도 모른다.

편집증적 주체 역시 자신의 상상을 통해 성장하고 확대되고 말하자면 부풀어 오르는 듯 보인다. 그러다가 마침내 그 주체는 생각(또는 상상) 속에 세계 전체를 감싸 넣고, 이 세계에 대해 빈틈없는 설명을 갖게 된다. 그런데 자아와 편집증적 상상의 합일이 이루어지는 것은 단계적인 접근을 통해서가 아니다. 주체는 신조나 이상에 다가가듯 점진적으로 상상에 다가갈 수 없다. 선량한 기독교인이나 불쌍한 죄인 또는 항상 자아비판을 하며 노력하는 공산주의자가 그러하듯이 때로는 이상에 못 미치거나 때로는 이상을 초과하는 식으로 상상에 차츰차츰 다가서지 못한다는 말이다. 편집증 환자에게는 '모 아니면 도'만 있을 뿐이다. 그 상상을 가지거나 안 가지거나 둘 중 하나다. 그리고 둘 중 하나에 속한 경우, 다른 쪽에 속한 상대방을 이해하지 못하고 절레절레 고개를 젓는다. 그런데 이와 같이 중간 단계도 없이 갑작스럽게 일어나는 움직임은 주체에서 나오는 것 같지 않다. 신조의 경우처럼 위대한 상상을 자랑스러워하고 그 상상을 소유하고 있는 것에 대해 스스로를 대견해 하는 것은 주체가 아니라는 얘기다. 오히려 여기서는 상상이 주체를 소유하고 있는 것으로 보인다. 다시 말해서 편집증적 주체가 상상에 사로잡혀 있는 것으로 보인다.[10] 따라서 주체는 상상을 그만둘 수 없다. 상상이 주체를 그냥 내버려 두지 않기 때문이다. 신조의 경우 주체는 결국 목표에 완전히 도달하지 못하고 근사적으로만 가까이 갈 수 있기에, 자신과 다른 사람에게 완전한 기독교인이나 비판받을 게 전혀 없는 공산주의자로 보일 수 없는 반면, 편집증적 상상과 주체는 항상 완전한 일치를 이룬다.

결코 이상에 이르지 못하는 신조와 이미 이상 속에 늘 자리 잡고 있는 편집증적 상상의 이러한 차이는 정신분석학적으로는 나르시시즘과 관련된 둘의 태도 차이로 설명된다. 신조에서는 주체가 이상을 이상으로 인식한다. 이 말은 신조가 이미 나르시시즘에서 빠져나온 주체를 상정하고 있다는 뜻이다. 그렇기에 이 주체의 자아이상(Ich-ideal)은 더 이상 자아와 일치하지 않는다.[11] 자아이상은 충족시키기 어려운 요구를 함으로써 자아와 충돌한다. 이것이 바로 신조의 전형적 특징이며, 결코 이상을 완전하거나 영구적으로 성취할 수 없음에도 그것을 향해 움직이는 이유이다. 이와 동시에 자아이상은 신조의 내용이 현실에 부합하는지 검토하는 과제를 수행한다.(Freud [1921c]: 107 참조) 이때 신조는 미신에서처럼 더 나은 현실 부합적 지식에 의해 반박을 받을 수는 있지만 그로 인해 자아로부터 버림받지는 않는다. 하지만 그럼에도 이런 과정을 통해 신조에도 앎의 순간이 존재한다는 것을 알 수 있다. 즉 신앙과 지식은 별개라는 앎이다. 신조를 따르는 사람은 그의 믿음이 지식이 아니라는 것을 인정한다. 믿음은 측정하고 따지고 순차적 단계를 밟는 지식의 길을 통해서는 얻을 수 없다는 것, 오히려 그것을 위해서는 이러한 지식의 차원을 뛰어넘는 결심에 찬 도약, '믿음의 도약'이 필수적이라는 것을 안다. 자아 외부에 성취하기를 요구하는 이상이 있다는 것, 그와 동시에 단순한 욕망조차도 순순히 이루어주지 않는 현실 앞에서는 믿음만이 아닌 지식을 습득할 필요가 있다는 것, 이 두 가지는 상호 연관된 것들로서 나르시시즘에서 이탈함으로써 얻은 성과물이다. 이 단계는 이제 자아가 자아 리비도와 대상 리비도를 구분—이것은 신조와 미신 사이의 구분이기도 한데—함으로써 스스로를 형성하는 단계에 해당한다.

이에 반해 편집증적 상상은 나르시시즘에 뿌리박고 있다. 여기서는 자아가 여전히 자신의 이상이다. 따라서 자기가 원하는 것을 모두 자기 앞에 투사할 수 있지만, 자아에게 결여된 것처럼 보이는 기대치 높은 이상은 투사하지 않는다. 이것은 편집증적 상상에서 주체가 왜 이상을 향해 접근하려는 움직임을 보여주지 않는지 설명해준다. 동시에 여기서는 이상이 현실에 부합하는지 검토하는 기능도 멈춰 있다. 이로 인해 편집증적 상상에는 전형적으로 '눈가리개'라는 특징, 즉 이상을 상대화하고 완화해주는 현실의 맥락은 차단하고 세부적인 것은 지나치게 부각시키는 특징이 나타난다. 결국 이것은 신조에 비해 편집증에서는 왜 그토록 두드러지게 쾌감의 결핍이 나타나는지도 설명해준다.

신조로서의 믿음은 자아 리비도에 근거한다는 점에서 미신의 반대편에서 금욕적 상대역을 맡고 있지만, 그럼에도 최소한 자아의 어떤 부분이 잠시나마 자아이상과 일치하는 순간에는 어느 정도 승리감을 맛보기도 한다.[12] 하지만 편집증은 이러한 승리감을 모른다. 편집증은 극도의 증오심으로 대상으로 여기는 것을 응시하지만, 그 속에서 만나는 것은 스스로는 알아채지 못하지만 결국은 자기 자신이다.[13]

마지막으로, 미신이나 신조와는 다른 편집증적 상상이 출현하는 이유도 나르시시즘에 대한 입장 차이로 설명할 수 있다. 미신은 이미 약간의 나르시시즘과 함께 작동한다. 이때 약간의 나르시시즘이란 '그럼에도 불구하고'(quand même)라는 태도로서, '(현실을) 잘 알지만'(Je sais bien)이 그 앞에 옴으로써 자아와의 거리가 유지된다. 미신을 믿는 사람이 상당히 어리석은 일임을 '잘 알지만', '그럼에도 불구하고' 대단하다고 생각하는 그것은 과거에 포기된 나르시시즘적 자아에 속하는 것이다. 그것은 나르시시즘적 자아의 '욕망에 부응하는' 대상으로, 순진하거나 어리석은 사람, 또는 옛날에 살았던 사람, 어쨌든 내가 아닌 다른 사람은 그 존재를 믿었을 것 같은 대상이다. 예컨대 그것은 물신 숭배자들의 물신적 대상 같은 것이다. 프로이트의 관점에서 말하자면, 주체가 이미 극복했지만 그의 유치한 자아는 어리광을 피우며 매달려 있는 유아 성이론의 증거가 바로 그런 대상이다.[14]

'quand même'을 더 이상 믿을 수 없게 된 사람은 아직 그것을 믿을 수 있는 사람이 무한히 행복하다고 생각한다. 즉 '그럼에도'를 믿지 않는 사람은 미신을 믿는 사람 곧 타자만이 그런 믿음과 행복을 가질 수 있고 자신이 그것을 다시 믿는 것은 불가능하다고 생각한다. 하지만 미신을 믿지 않는 사람도 자신은 포기했지만 미신을 믿는 사람은 여전히 가지고 있는 상상에 적극적으로 참여함으로써 큰 행복을 느낄 수 있다. 예를 들어 어른이 아이들과 즐겁게 술래잡기 놀이를 하거나 산타클로스 분장을 하고 나설 때가 그런 때이다. 이때 이들이 환상과 현실을 구분할 수 있다는 것은 쾌를 만들어내는 중요한 조건으로 작용한다. 그리고 그것은 어쩌면 어린아이들에게도 마찬가지다.[15]

신조는 나르시시즘을 포기하고 타자에게 그것을 투사하는 미신적 상상 형태와는 달리 나르시시즘을 재탈환하려는 시도이다. 환상을 믿는 것은 곧 행복이므로 이제 다시 자아에 자리 잡아야 한다는 것이다. 자아는 자신을 환상과 동일시함으로써 잃어버린 나르시시즘적 완전성을 되찾으려고 노력한다. 하지만 자아는 그 사이에 어른이 되었기 때문에 유감스럽게도 어리석은 것을 더 이상 믿을 수 없고 매우 진지해 보이는 것이나 진정성 있는 것만을 믿을 수 있다. 따라서 신조에서는 자아가 무엇인가를 믿는다고 해도 행복은 타자에게 있게 된다. 자신이 믿을 수 있는 것은 쾌를 만들어내는 데는 거의 적합하지 않기 때문이다.

그런데 이제 신조를 가진 자아는 자신이 행복하다고 가정한 타자가 그냥 행복한 것만이 아니라 자신과 달리 행복과 믿음이 분열되어 있지 않는 행운도 가졌다고 생각한다. 즉 타자는 행복과 더불어 순진한 믿음(naiver Glaube)* 도 갖고 있을 게 틀림없다고 생각하는 것이다. 이런 '원근법적 환영' 속에서 타자는 분열 없는 동질적 존재가 된다. 그러므로 타자는 온전한 향유가 가능한 반면, 신조를 가진 자는 유감스럽게도 믿음을 위해 행복은 포기해야만 한다고 생각한다. 이렇게 해서 자아는 자신에게 불가능한 것을 타자는 가지고 있다고 믿는다. 즉 타자는 분열되지 않은 존재이고, 순진한 미신적 행복을 누린다고 생각한다. 타자는 환상과 완전한 합치에 이를 수 있고 그리하여 그것을 온전히 향유할 수 있다고 생각하는 것이다. 그 결과 동질화된 타자는 자아 리비도와 대상 리비도의 분열을 지양한 존재로 표상된다.

이렇듯 타자는 환영과 합치된 존재이므로, 신조를 가진 자아는 더 많은 지식, 사실을 보는 능력, 미신적 환영으로부터 거리를 두는 것이 결코 타자가 느끼는 행복의 필요조건일 리 없다고 본다. 하지만 타자가 이 조건 없이 행복을 느끼는 것은 불가능하다. 신조를 가진 자아는 바로 이 점을 간과한다. 그는 원근법적 환영 속에서 이런 행복의 필요조

* '순진한 믿음'이란 앞의 '잘 알지만 그럼에도'에서 '알지만'이 빠져 있는 믿음을 말한다. 예를 들어 산타가 없는 것을 알지만 그럼에도 산타를 위해 양말을 걸어 놓는 것과 달리, 순진한 믿음은 산타가 진짜로 있다고 믿는 것을 말한다.

건이 자신에게만 부과된 것이라고 인식하고 타자 모두에게도 해당하는 보편적 조건이라고 보지 않는다. 구조적으로 불가피한 것이 타자에게는 불가피하지 않다고 생각될 때, 즉 환상과 현실의 불일치가 행복의 필요조건임에도 타자에게는 그런 필요조건이 작동하지 않는다고 여기는 순간, 타자의 자리에는 나르시시즘이 꽉 차 있는 것처럼 보이게 된다. 이때 나르시시즘은 어떤 것을 포기해야만 했던 사람에게 그것이 다시 나타날 때의 모습으로, 즉 과거의 절대적이고 무한한 행복으로 나타난다. 하지만 여기서는 파스칼의 말을 빌려 이렇게 말하고 싶다. "신을 찾고 있다면 당신은 이미 신을 찾은 것이다." 왜냐하면 어딘가에서 꽉 찬 나르시시즘을 본다는 것 자체가 이미 나르시시즘이기 때문이다.

이렇게 해서 편집증을 특징짓는 타자와의 나르시시즘적인 관계, 즉 '너 아니면 나'라는 태도가 형성된다. 상대방이 이런 행복을 갖고 있다면, 그것은 자신이 행복을 갖지 못했다는 뜻이 된다. 상대방이 행복을 갖지 못한 때라야 나는 그것을 가질 수 있다. 여기에 둘 다 갖고 있거나 둘 다 가지지 못한 제3의 가능성은 존재하지 않는다. 자아와 더불어 타자라는 또 다른 자아가 나르시시즘 세계 전체를 형성하기 때문이다. 타자는 이렇게 하여 '향유의 도둑'이 된다.

편집증적 상상은 이렇게 생겨난다. 여기에는 미신에서 얻을 수 있는 쾌도 없고, 신조를 가진 사람이 가질 수 있는 자아 존중감이라는 자아 리비도의 상대적 이득도 없다. 이제는 자신의 대척물이라 생각되는 것은 모두 파괴하려는, 과도하고 광기에 찬 파괴욕으로 부풀어 오른 자아만이 유일하게 존재할 뿐이다.

요약하자면, 미신에 맞서 신조가 유지하는 끊임없는 긴장감과 적대감은 임계점을 넘기 쉽고, 그 시점부터 신조는 변형되어 편집증으로 이행하기 시작한다. 그리고 이렇게 변형된 편집증적 형태가 현재 사회적 상상계의 지배적 유형을 형성하고 있다.

그런데 이러한 깨달음은 새로운 질문을 제기한다. 그 임계점은 어디일까? 그리고 신조로서의 믿음이 편집증으로 이행하는 것을 어떻게 막을 수 있을까? 다음 장에서는 이러한 질문에 처음으로 답하기 위해, 신조와 편집증의 경계를 나누는 '이중화'라는 메커니즘에 대해 설명하기로 한다.

10
이성을 이성적으로 다루기
이중화의 능력

> "성인 남자가 다시 아이가 될 수는 없다. 다시 아이가 되려고 한다면 그는 유치해진다. 하지만 아이의 순진함은 그를 즐겁게 하지 않는가? 그는 더 높은 단계에서 아이의 진실을 재생산하기 위해 또 노력해야 되지 않는가? (…) 버릇없는 어린아이도 있고 애어른인 어린아이도 있다. 고대 민족들 중 다수가 이 범주에 속한다. 그리스인들은 평범한 어린아이였다." (Marx [1857]: 641f.)

한 가지 분명한 것은 삶이라는 이름에 걸맞은 삶을 살고 싶다면 초지일관 이성적이거나 어른스럽기만 해서는 안 된다는 것이다. 오히려 약간의 미친 짓이나 유치한 어리석음에도 빠질 수 있어야 한다. 하지만 여기서 어른스러움과 이성을 상대화하고 제한하는 주체가 그 자신과는 다른 어떤 것일 필요는 없다. 바로 이 점이 그것들의 특징이다. 즉 어른스러움과 이성을 제한하는 것은 그것들 자신이며, 또한 오로지 그것들만이 자기 자신을 제한할 수 있다는 얘기다. 어른스러움과 이성은 스스로를 제한할 때만 본래의 그것이 될 수 있기 때문이다. 그런데 어른스러움과 이성이 자기 자신을 제한하기 위해서는 스스로를 이중화해야 한다.

이렇게 생각하면 이해하기 쉽다. 즉 자신의 어른스러움을 보여주는 데 그치지 않고 그런 어른스러움에 대해 어른스러운 태도를 취할 수 있어야만, 즉 어른스러운 방식으로 어른스러워야만 진정으로 어른스러울 수 있다는 것이다. 이에 반해 이중적이지 않은 일면적 어른스러움은 전혀 어른스러운 것이 아니다. 이중화의 능력 없이 단순하게 어른스러운 것은 오히려 일부 어린아이들에게서 전형적으로 볼 수 있는 특징이다. 예를 들어 자기 부모를 나무라면서 "플라스틱 용기에 든 음료수는 절대 사면 안 돼요"라고 말하는 잘난척쟁이 환경론자 어린이가 여기에 해당한다. 잘난척쟁이 아이가 보여주는 어린애 같은 어른스러움의 특징은 항상 모든 면에서 어른인 사람이 되고 싶어 한다는 데 있다. 이 아이들은 모든 것에 대해 딱 부러지는 규칙과 금지 사항을 준비해놓고 있다. 그러다 자신이 그토록 열심히 본받으려고 하는 어른들이 자기들끼리 애교스러운 농담을 주고받거나 사랑에 빠지거나 거나하게 술을 마시는 등 매우 비이성적인 행동을 하는 것을 보고는 황당해 한다. 요컨대 진짜 어른스럽다는 것은 모든 면에서 어른스러워지는 것이 아니라, 이따금 자신에게 어린애 같은 비이성적 순간을 허용할 수 있는 것을 의미한다.[1]

어른스러움의 철학적 자매라 할 수 있는 '이성' 또한 마찬가지다. 이성이 정말로 이성다워지려면 그냥 이성적인 것을 넘어 자신을 이중화하고, 자기 자신에 대한 이성적 태도를 발전시켜야 한다. 다시 말해서 이성적인 방식으로 이성적이 되어야 한다. 이러한 이중화를 통해 이성은 자기반성 능력을 키울 수 있을 뿐만 아니라 무엇보다도 지나침이 없는, 온건한 무언가를 발전시킨다. 반면에 이런 이중화가 없다면 이성은 과도하고, 무자비하고, 비이성적인 것으로 쉽게 변질하여 자신과 다르다고 상상되는 타자는 가차 없이 가혹하게 박해하고 완전히 지워버리려고 할 수 있다. 이런 예는 요즘의 흡연금지 운동이 보여주는 도를 넘은 행태에서 발견할 수 있다. 이들은 사회 모든 집단들이 그럭저럭 받아들일 수 있는 규칙을 세우려 하기보다는, 완전한 무결함을 목표로 세우고 그들이 혐오하는 불결한 문화적 요소들을 남김없이 박멸하려고 한다.

따라서 어른스러움과 이성은 진정으로 그 이름에 걸맞으려면 자신을 이중화해야 한다. 어른스러운 방식으로 어른스러워야 하고, 이성적인 방식으로 이성적이어야 한다. 그렇지 않으면 어른스럽지도 못하고 이성적이지도 않게 된다. 각각의 형용사('어른스러운', '이성적인') 앞에는 해당 부사('어른스러운 방식으로', '이성적인 방식으로')가 와야 하며, 그렇지 않으면 형용사는 의미를 잃게 된다. 이중화가 없다면 어른스러움은 유치해지고 이성은 비이성적인 것이 된다.

그런데 이중화되어야 하는 것은 어른스러움과 이성만이 아니라 예컨대 취향의 경우도 마찬가지다. 이것은 비근한 경험으로 확인할 수 있다. 우리는 가끔 지인의 새 아파트나 새 주택을 구경할 기회를 갖곤 하는데, 그 중에는 모든 면에서 세련된 취향을 보여주려고 애쓴 흔적이 역력한 집들도 있다. 그럴 때 우리는 구석구석 조금의 빈틈도 없이 선택된 흠잡을 데 없는 조형미를 만나게 된다. 보통 이런 집은 매우 인상적이지만 얼마간 시간이 지나면 답답한 느낌을 주기 시작한다. 세련된 취향은 유감스럽게도 그것이 모든 면에서 전적으로 세련된 취향일 경우 소화하기가 쉽지 않다. 세련된 취향이 받아들여질 수 있으려면 오히려 그 취향을 이중화하여 스스로를 절제해야 한다. 다소 몰취향적이거나 최소한 그리 수준이 높지 않은 수수한 것도 허용할 필요가 있다는 얘기다. 결국 진정한 세련됨은 오로지 세련된 것만을 받아들이는 데 있는 것이 아니라, 세련된 것과 세련된 관계를 맺는 데 있는 것이다. 여기서도 중요한 것은 형용사 앞에 부사가 온다는 점이다. 즉 우리는 세련된 방식으로 세련되어야 한다.

1. 이중화와 부정의 부정

어른스러움, 이성, 취향에서 볼 수 있듯이, 이중화를 통해 자신의 원칙을 자기에게도 적용함으로써 스스로를 제한하거나 부분적 또는 전체적으로 자신을 부정하는 것을 철학자들은 '변증법'이라고 부른다. 원래의 그리스어에 따르면 이 단어는 이미 이중화의 의미를 지니고 있으며, 문자 그대로는 이중의 화자(話者) 즉 두 사람의 담화를 가리킨다.* 그렇기 때문에 이 단어는 어떤 일이나 논리가 갑자기 반대로 뒤집힐 가능성을 의미하기도 한다. 그런데 이러한 반전이나 자기 부정에서 이중화가 어떤 역할을 하는지에 대해서는 두 가지 상반된 입장이 있다. 즉 이중화는 모순으로 이어지는가, 아니면 모순을 피하기 위한 것인가?

첫 번째 입장을 대표하는 이가 버트런드 러셀이다. 그는 "그 자신을 원소로 포함하지 않는 모든 집합들의 집합"이라는 역설을 발견했다. 이 역설은 곧바로 이율배반을 일으킨다. 만약에 이 집합에 해당 집합 자신이 포함되지 않는다면, 정의상 그 집합에 포함되어야 할 원소가 빠진 것이기 때문에 불완전한 집합이 된다. 반면에 이 집합이 자신을 원소로 포함한다면, 정의에 맞지 않는 원소를 가진 것이기 때문에 모순에 빠지게 된다. 러셀은 이 역설을 그의 생각에 더 쉬워 보이는 예인 '이발사의

* '변증법'(Dialektik)의 그리스 어원은 *dialogos* 곧 *dia*(across) + *logos*(talk)이며, '대화' 또는 '문답법'을 뜻한다.

역설'을 통해 설명했다. 어떤 마을에 이발사가 있는데, 그는 스스로 면도하지 않는 모든 마을 남자들을 면도해주는 임무를 맡고 있다.(Russell 1956: 261) 여기서도 같은 의문이 일어난다. 이발사는 스스로 면도를 해도 되는가? 이에 대한 대답은 이중화에서 전형적으로 볼 수 있는 역설적 구조를 띤다. 스스로 면도를 한다면 (스스로 면도하는 사람이기에) 자신에게 면도를 받아서는 안 되고, 스스로 면도하지 않는다면 (스스로 면도하지 않는 다른 남자처럼) 자신에게 면도를 받아야 한다. '예'라고 하면 '아니요'가 되고, '아니요'라고 하면 '예'가 된다.

이 이율배반에 대한 러셀의 해결책이 이른바 '유형이론'(Type theory)이다. 이 이론의 의미는 이렇다. 면도를 하는 이발사와 면도를 받는 이발사는 두 개의 서로 다른 논리적 층(또는 '유형')에 속하므로, 둘을 동일시해서는 안 된다는 것이다.(Russell 1956: 59-102 참조) 즉 이발사 1과 이발사 2는 동일 인물이 아니라는 것이었다. 이런 해결책을 따르는 한 이중화는 발생하지 않고 따라서 어떤 모순도 일어나지 않는다. 물론 일상의 현실에서도 '이발사의 역설'이 풀지 못할 문제는 아닐 것이다. 이발사가 집에서 스스로를 면도할 때는 사적 신분으로 하고, 이발소에서는 직업 이발사로서 아마도 집의 면도기와는 다른 전문가용 도구로 자기를 면도하면 되기 때문이다. 하지만 집합과 논리함수는 한 번은 사적으로, 한 번은 직업적으로 그 신분을 바꿀 수 있는 이발사처럼 운이 좋지는 않기 때문에 유형이론은 더 엄격해질 필요가 있었다. 이 때문에 유형이론은 집합과 함수를 자기 자신에게 적용해서는 안 된다고 결정했다. 그러한 이중적 자기 관계는 모순으로 귀착되기 때문이다.

이와는 반대되는 입장을 대표하는 이가 헤겔이다. 그의 견해에 따르면, 우리가 모순에 빠지는 것은 오히려 해당 개념을 그 자신에 적용하기를 소홀히 했기 때문이다. 무한성을 예로 들면, 헤겔에게 있어 무한성이 유한성의 반대인 것은 유한이 시작되는 바로 그 지점에서 무한이 끝나기 때문이다. 하지만 그처럼 무한에 끝이 있다면 무한은 그 정의와는 반대의 것이 되어버린다. 즉 무한은 이제 그 자체로 유한한 것이 되고, 유한에 의해 제한된 것이 된다는 얘기다.[2] 헤겔에 따르면, 이런 '악무한'(惡無限)의 늪에서 빠져나오기 위해서는 무한을 이중화하여 무한이라는 속(屬) 안에 무한과 유한이라는 두 가지 종(種)이 들어있는 것으로 이해해야 한다. 그래야만 우리는 더 이상 열등한 대립물에 제한되어 유한해지지 않는 '진무한'(眞無限)에 대해 사고할 수 있다. 따라서 이중화는 필수적이다. 모순을 피하기 위해 종은 그 자신의 속이 되어 스스로를 포함할 수 있어야 한다.

물론 헤겔이 가정한 것처럼 무한성 자체가 무한한 것인지는 충분히 의심해볼 수 있다. (왜냐하면 스피노자가 언급했듯이 원은 둥글지만 원이라는 개념은 둥글지 않은 것처럼, 무한한 것이 있을 수는 있지만 무한성 자체는 무한하지 않을 수 있기 때문이다.)[3] 하지만 적어도 헤겔의 논증 구조를 뒷받침하는 것으로 보이는 사례는 꽤나 많은 듯하다. 그러한 사례 중 하나로 들 수 있는 것이 블레즈 파스칼의 지혜로운 언급이다.

> "인간은 반드시 어리석을 수밖에 없고, 따라서 어리석지 않은 경우가 있다면 그것은 다른 식으로 어리석기 때문에 어리석다는 뜻이다."(Pascal 1997: §412)

인간이 '반드시' 그리고 필연적으로(필연적이란 법칙적이고 합리적이라는 의미이기도 하다) 어리석을 수밖에 없다면, 어리석지 않다는 것은 훨씬 더 어리석은 것이다. 즉 가장 큰 어리석음은 어리석지 않거나 현명한 것이다. 그러므로 여기서 그냥 단순히 현명하기만 하다는 것은 극도로 어리석은 것을 의미한다. 이런 모순에 빠지는 것은 이중화의 과정이 없기 때문이다. 우리는 헤겔에게서 볼 수 있는 것처럼, 오직 이중화를 통해서만 모순을 피할 수 있다. 즉 일면적으로만 현명해서는 안 되고 충분히 현명해야만 한다. 다른 말로 하자면 이성적인 방식으로(즉 이성을 제한하는 방식으로) 이성적이어야 한다는 것이다. 하지만 파스칼의 논지는 얼핏 보기에 정신줄을 놓는 것 말고는 다른 선택지가 없는 막다른 골목으로 이끄는 것처럼 보이기도 한다. 왜냐하면 우리는 다른 사람들과 똑같이 미쳤거나 아니면 미치지 않았거나 둘 중 하나인데, 미치지 않았다면 오히려 제대로 미친 것이 되고, 심지어 남들보다 더 미친 것이 되기 때문이다.

레싱이 비슷하게 언급한 "어떤 상황에서도 정신을 잃지 않는 사람은 잃어버릴 정신이 없는 것이다"[4]라는 말은 (정신이 없었거나 그냥 잃었을 뿐이므로) 모순 없이 이해할 수 있는 데 반해, 파스칼의 언급은 외견상 모순으로 귀결되는 폐쇄성을 보여준다. 그것을 압축적으로 표현하면 이러하다. "그렇다면 그렇다. 그렇지 않다면 더욱 그렇다." 즉 어리석다면 어리석은 것이고, 어리석지 않다면 그 때문에 더욱 어리석은 것이다.

언뜻 보기에 이것은 변증법적 사고의 가장 위험한 측면, 즉 사고를 편집증적 폐쇄성으로 이끌어가는 위험성을 보여주는 듯하다. 비밀요원의 편집증을 예로 들어 보자. 비밀요원은 알다시피 직업상 적의 스파이가 존재하는지 여부에만 촉각을 곤두세울 위험성에 빠지기 쉽다. (그렇지 않으면 그의 생명이 위태로울 수 있기 때문이다.) 요원은 스파이가 보이면 경계를 하고, 스파이가 보이지 않으면 더욱 경계태세를 취해야 한다는 신호로 받아들인다. 그들이 더욱 교활한 방법으로 숨어있거나, 심지어 비밀요원 자신의 조직에 숨어있을 확률이 크기 때문이다.[5]

그러나 파스칼의 언급은 편집증적인 것이 아니라 완전히 정당한 발언이며, 그 정당성은 그의 언급에 경험적 조건이 붙어있다는 점에서 나온다. 인간이 그토록 어리석다면, 그런 경우와 또한 오로지 그런 경우에만* 그는 어리석은 것이 틀림없다. 그러니까 파스칼의 논리가 작동하는 곳은 러셀과 헤겔이 논리학의 전사로 멋지게 출격하는 논리학의 전쟁터 같은 곳이 아니라는 얘기다. 파스칼의 논리는 추상적이고 보편적인 의미에서 '아니오라면 예'라고 하는 것이 아니라, '어떤 특별한 조건에서는 아니오도 예이다'라고 말하는 것이다. 그것은 말하자면 경험적으로 모순되는 상황, 즉 경험에서 마주치는 '딜레마' 상황에 대한 묘사라 할 수 있다.[6]

논리적 이중화로 인해 일어나는 모순과 경험적 조건에 따른 모순 사이의 차이는 회의의 문제에서도 발견된다. 지그문트 프로이트는 『새로운 정신분석 강의』에 수록된 '서른 번째 강의'에서 다음과 같이 언급한다.

> "자기 자신을 회의론자로 생각하는 사람은 이따금씩 자신의 회의에 회의를 품는 것이 좋다."(Freud [1933a]: 492)

* 'dann und nur dann'. 필요충분조건을 나타낼 때 흔히 쓰는 표현으로 영어의 'if and only if'에 해당한다.

여기서도 다시 이중화라는 형태를 볼 수 있는 동시에, 부정의 부정이라는 문제도 나타난다. 프로이트의 견해에 따르면 자기 자신을 제외한 모든 것에 회의하는 회의주의는 진정한 회의주의, 정말로 회의적인 회의주의가 아니다. 그렇다면 이것 역시 '아니오라면 예' 유형의 논리일까? 다시 말해서 "의심하면 의심하는 것이다. 하지만 의심하지 않는다면 더욱 의심을 하는 것이다. 왜냐하면 의심에 대해 의심하는 것이기 때문이다"라는 뜻일까? 프로이트에 따르면 진정한 회의는 결국 그것의 지양인가? 이것을 올바르게 이해하기 위해서는 회의에 관한 비트겐슈타인의 언급을 떠올릴 필요가 있다.

> "끝이 없는 회의는 회의일 수조차 없다."(Wittgenstein 1982: 161)

비트겐슈타인의 주장은 언어란 도구와 마찬가지로 특정한 사용 영역, 특정한 기능 영역에서만 작동할 수 있다는 인식에 근거하고 있다. 이 영역 밖에서 사용할 경우 그것은 자기 기능을 상실한다. 비트겐슈타인에 따르면 회의는 의심할 수 없는 것, 확실한 것이 이미 주어져 있는 그런 영역에서만 제 기능을 한다.

> "즉 우리가 던지는 질문, 그리고 우리가 가지는 회의의 전제조건은 확실한 명제들은 회의의 대상에서 제외된다는 것이다. 흡사 그것들을 움직이게 해주는 경첩처럼."(Wittgenstein 1982: 89)

그렇기에 다음 원칙은 타당하다.

"문이 회전되기를 원한다면 경첩을 고정시켜야 한다."(Wittgenstein 1982: 89)

비트겐슈타인에게 있어서 회의는 모든 대상에 다 적용할 수 있는 것이 아니다. 모든 것을 회의하는 것은 불가능하다. 회의는 확실성에 기초해 수행될 때에만 성공적으로 작동될 수 있기 때문이다. 그럴 때라야만 회의는 대상에 적용될 수 있고, 그럴 때라야 회의는 말하자면 '예리해진다'. 그리고 그럴 때라야 회의는 문과 같은 대상(가령 어떤 주장의 진릿값)을 허공에 고정시켜 이리저리 움직이게 할 수 있다.

결론적으로 회의가 제 기능을 다할 수 있기 위해서는, 즉 합리적인 의심으로 작동하여 무언가에 대해 진정으로 의문을 제기할 수 있기 위해서는, 어떤 방식으로든 제한을 받아야 한다. 이것이 프로이트가 말한 의미이다. 프로이트에게서 '회의를 회의한다'는 것은 비트겐슈타인과 마찬가지로 이 작업이 예리하게 작동할 수 있도록 그것의 보편적 사용 가능성에 대해 의문을 제기하는 것을 의미한다. 그리고 이 같은 이중화는 경험적 조건의 뒷받침을 받을 때 비로소 가능하다. 이중화가 결과적으로 아무런 소득도 없이 끝나지 않으려면 경험적 조건은 필수적이다.

이것은 논리적 이중화가 아니다. 비트겐슈타인과 프로이트는 진정한 회의라면 모든 것에 대해 회의해야 한다고 주장하지도 않았고, 따라서 자기 자신에 대해서 회의해야 한다고 하지도 않았다.[7] 예컨대 다른 사람들을 다 면도해주고 난 마지막에는 자신도 면도를 해야 한다고 하지 않았다. 즉 일관성을 지키려면 회의도 마지막에는 필수적으로 자기 자신을 향해야 하고 결국 자신을 지양해야 한다고 주장하지는 않았다는 얘기다. 여기서 말하는 이중화는 규칙을 보편적으로 적용해 결국 자기에게까지도 적용하는 '부정의 부정'이 아니다. 오히려 프로이트와 비트겐슈타인의 이중화는 보기에만 일관되게 보이는 기계적 일반화를 막기 위한 것이다. 기계적 일반화는 사실에 있어서는 전혀 일관적이지 않은데, 왜냐하면 결국 회의의 효과를 상쇄시켜 버리기 때문이다. 회의는 이중화되어야 한다. 그렇지 않고 회의를 보편적으로 적용할 경우 회의는 단지 회의의 반대로 역전되고, 그 결과 전방위적으로 회의하는 포스트모던 이데올로기와 똑같이 '모든 고양이가 회색으로 보이는 밤'이 찾아와 제 기능을 하는 회의조차 설 자리를 잃게 될 것이기 때문이다.

2. 예리함을 위한 이중화

프로이트와 비트겐슈타인이 추구한 것은 예리함을 벼리기 위한 이중화다. 회의의 경우 예리하게 이중화한다는 것은 회의적 방법으로 회의하는 것을 말한다. 그것은 회의로써 회의를 제한하여 회의의 효력이 지속되도록 하고, 회의의 원래 사용 목적, 자기 기능에 맞게 사용되도록 하는 것을 뜻한다. 에피쿠로스가 언급한 절제의 이중화에 대해서도 똑같이 말할 수 있다.[8] 즉 절제는 절제 자신에도 적용되어야 한다. 그렇지 않으면 자기 기능을 상실하는 방식으로 일반화되어 심지어 절제의 반대로 역전될 수 있기 때문이다. 요컨대 지나치게 절제를 행하는 사람은 절제가 피하고자 했던 바로 그 과도함에 빠지게 된다.

예리함을 벼리는 이중화의 이 윤리적 측면은 정신분석학적 관점에서도 생각해 볼 수 있다. 절제를 너무 일반화하면 그것을 예리하게 만드는 경험적 조건들이 상실되는데, 이는 현실원칙의 상실과 똑같다고 할 수 있다. 이 때문에 절제의 무분별한 적용은 현실감각을 잃어버리게 하고 나르시시즘에 빠지게 한다. 그 결과 다음과 같이 단지 말장난으로만 끝나지는 않는 역전 현상이 일어난다. 즉 쾌의 포기는 포기의 쾌가 된다.[9] 그런데 이 쾌가 모든 경험적 조건을 상실한 것이라면, 쾌는 더 이상 즐거운 만족감으로 경험될 수 없다. 그런 경우 쾌는 신경증적 불쾌로서 신경증 환자를 괴롭히는 나르시시즘적 애착이 된다.

자크 라캉은 이런 애착을 즐거운 만족감으로 경험될 수 있는 '쾌'(plaisir)와 구분하기 위해 '주이상스'(jouissance)*라고 불렀다. 우리가 철학적 또는 종교적 금욕주의자와 성자를 광신자와 구분할 수 있는 것은 이 둘이 가진 차이 때문이다. 금욕주의자들은 에피쿠로스처럼 적절한 선에서 절제를 지키고 그것에 기쁨을 느낀다. 이에 반해 광신자들은 그들의 격렬한 포기를 기쁨으로 경험하지 못한다. 그들은 포기 때문에 침울해지고 그들이 가지지 못했다고 생각하는 향유를 다른 사람이 갖고 있다고 생각해 그 사람을 시기하고 그 시기하는 사람에게 향유를 투사한다.

결국 예리함을 버리는 이중화는 정신분석학적 시각에서 볼 때 그 기능을 현실원칙이라는 경험적 조건에 연결시켜주는 것이기도 하다. 이

* '주이상스'는 독일어의 '향유'(Genießen, 英 enjoyment)에 해당하지만 라캉에 의해 특별한 의미를 얻은 개념이다. 프로이트에 따르면 '향유'는 원래 자아가 쾌락원칙을 통해 얻고자 하는 것인데, 현실원칙의 제한이 없으면 충동 에너지를 모조리 방출함으로써 오히려 쾌가 사라지는 역설에 빠질 수 있다. 프로이트는 이런 과잉의 충동을 '죽음의 충동'이라고 부름으로써 쾌가 불쾌를 낳는 역설을 해결하려 했다. 이와 달리 라캉은 쾌락원칙에서 비롯되는 이런 '고통 속의 쾌락'을 '주이상스'로 번역하여, 쾌 자체와 쾌가 자신을 초과하여 누리려는 병리적 향유를 구분했다.

것은 현실원칙이 쾌락원칙에서 나온 것이라는 점을 보여준다. 왜냐하면 현실원칙이야말로 쾌의 만족감을 실제로 경험할 수 있게 해주는 것이기 때문이다. 이에 반해 현실원칙이 쾌락원칙의 무절제한 남용에 의해 효력을 상실하면 당사자는 향유의 고통에 빠지게 된다.

3. 유머로서의 이중화

프로이트는 이중화 기능에 대해 그것만의 멋진 이름을 발견했는데, 유머가 바로 그것이다.(Freud [1927d] 참조) 유머는 자신을 이중화하는 데서 성립한다. 즉 한 단계 더 높은 위치에서 자신을 내려다보고, 자신의 어리석음, 우스꽝스러움, 미숙함, 잘못된 행동, 나쁜 취향 및 기타 자기 원칙에 대한 위반을 바라보며 사랑스럽게 미소 지을 수 있을 때 성립하는 것이다.[10] 이렇게 자신을 자비로운 미소로 바라볼 수 있는 이런 위치는 프로이트가 인식한 바에 따르면 초자아의 관점이다.(Freud [1927d]: 280 참조)

이 발견은 다소 놀라운 것이다. 왜냐하면 프로이트에게서 일반화의 무자비한 대리인으로 등장했던 것이 바로 이 초자아이기 때문이다. 질투, 시기, 분노, 사소한 것에 대한 지나친 집착, 섣부른 아는 체 등 사람들이 가진 모든 불쾌한 정념과 더 이상 놓아버릴 수 없게 된 침울한 열정 뒤에는 초자아가 원동력으로 자리하고 있다. 이 때문에 자크 라캉은 초자아의 이런 기능을 "향유하라!"(Jouis!)라는 명령으로 특징지었다.[11]

이 지점에 오면, 초자아에 관한 정신분석학 연구에서 지금껏 많은 부분 미제로 남은 질문들이 분명하게 드러난다. 어떤 조건일 때 초자아는 프로이트가 발견한 온화한 관찰 심급, 곧 유머가 되는가? 반면에 어떤 다른 조건일 때 초자아는 모든 것에 가차 없이 작동하는 힘이 되어, 라캉이 특징지은 것처럼 '향유하라!'라는 끝없는 명령으로 자아를 괴롭히고 유머라고는 전혀 모르거나 허용하지 않는 힘으로 작용하는가? 확실히 여기서는 하나의 동일한 심리적 심급이 한 번은 이중화의 쾌활하고 온화한 힘으로, 다른 한 번은 무자비하고 일방적인 강제적 힘의 대리인—즉 이중화와 유머를 방해하는 힘—으로 나타나고 있다. 여러 정신분석학파들은 프로이트가 발견한 이 두 가지 심급을 '초자아'와 '자아이상'이라는 용어를 사용해 구분하려고 했다.[12] 하지만 이 관찰 심급이 왜 서로 상반되는 두 가지 형태 중 하나만 취하고 다른 하나는 취하지 않는지 그 조건과 이유에 대해서는 아직 충분히 해명이 되지 않은 듯하다.

초자아의 이 두 가지 기능 방식의 차이는 철학에서는 변증법적 이중화와 경험적이면서 예리함을 벼려주는 이중화 사이의 차이에 상응할 것이다. 폭압적이고 무절제한 초자아는 (어른스러움, 이성, 취향, 절제 등과 같은) 하나의 원칙을 전방위적으로 적용하려는 충동을 자아에게 불어넣는다. 반면 유머 가득한 초자아는 제한적 이중화를 가능하게 해준다. 이 이중화는 원칙을 예리하게 적용할 수 있게 함으로써 무절제한 일반화로 인해 원칙의 의미를 상실하지 않도록 해준다.

바로 이런 점에서 유머를 가진 초자아는 개인에게 일상적이고 범속한 문화 규칙들을 위반하라고 명하는 문화적 명령의 대리인이 될 수 있다. "이제 축하 파티의 시간이니 하던 일을 멈추고 우리와 함께 한 잔 합시다!" 이러한 명령은 문화의 무절제한 이면에서 비롯된 것이 아니다. 오히려 그것은 평상시의 범속한 문화 규칙들이 일반화로 인해 그것과의 반대되는 것으로 변질되어 그 자체로 과도한 집착에 빠지지 않도록 절제하고 예리하게 예방해주는 것이다.

위반하라는 명령은 그 명령이 쾌락원칙에 봉사하는 한 상징적 질서에 봉사하는 것이다. 이 명령은 상징의 왕국에 적당한 한계를 긋고, 이를 통해 이 왕국이 향유의 불쾌에 이르지 않도록 해준다.[13]

11
이상과 역할을 합치시키려면

"발리 섬 사람들은 이렇게 말하곤 한다. '우리에게 무슨 특별한 예술이 있을 리 가요. 다만 우리는 모든 것에 최선을 다할 뿐이지요.'" (McLuhan 1994: 111)

1.

스토아학파의 에픽테토스는 강조하기를, 인생이라는 연극에서 중요한 것은 좋은 역할을 맡는 것이 아니라 그 역할을 잘하는 것이라고 했다.[1] 앞 장 서두에서 살펴본 것처럼 여기서도 먼저 눈에 띄는 것은 이중화라는 형태다. 즉 부사가 형용사보다 우위에 있다는 것, 잘하는 것이 중요하지 좋은 역할을 하는 것이 반드시 중요한 건 아니라는 것.

그의 언급이 설득력 있는 것은 스트레스 해소 효과가 있기 때문이다. 현재 모든 성별 및 두 성별 사이에 있는 동시대인들이 자신에게 맞는 좋은 역할을 '구성'하거나 '수행적으로 재구성하기' 위해 필사적으로 노력하고 있지 않은 경우는 얼마나 될까? 그리고 만족스런 결과에 도달하는 사람은 또 얼마나 될까? 물론 에픽테토스의 발언이야말로 모든 정치적 변화 가능성을 체념하고 거부하는 태도가 아니냐는 반론도 가능하다. 하지만 앞서 시기심을 다룬 장에서 우리가 살펴본 것처럼, 체념은 오히려 그 반대쪽에 있는 것 아닐까? 자기 정체성에 대한 집요한 몰두야말로 자신의 울타리를 넘어서 더 폭넓은 행복을 원할 수 없는 나르시시즘의 깊은 무능력의 표현 아닌가?

2.

늘 그렇듯이 에픽테토스가 말하고자 한 것은 (관념론적 스토아학파에서와 같은) 안분지족이 아니라 유물론적 각성이다. 즉 에픽테토스가 강조한 것은 더할 나위 없이 훌륭한 역할이라 하더라도 중요한 것은 그 역할을 잘해야 한다는 것이다. 이것은 그 사람과 그가 하는 역할 사이에는 항상 틈이 있다는 것을 뜻한다. 아무리 좋은 역할이라 하더라도 그 자체로는 아직 소원이 성취된 게 아니다. 그 역할을 하려다가 망신을 당할 가능성이 있으니까. 이런 점이 우리를 정신 차리게 한다.

우리가 언젠가는 우리의 사회적 역할에 여전히 남아있을 수 있는 모든 타율적 요소를 다 떨쳐버리고 우리 자신에게 '딱 들어맞는' 새로운 역할을 가진다 할지라도, 우리는 먼저 그 역할을 배우고 연습해야 한다. 이렇듯 자신에게서 소외되어 있는 부분 곧 역할의 물질적 측면은 '영원하고' '비역사적'인 것이므로 타율적 요소와 함께 제거될 수 없다. 연습을 장애물로 생각하는 것은 어리석으며, 맞닥뜨려 대결해야만 비로소 득이 되는 것과 맞닥뜨릴 수 없는 무능함만을 폭로하는 것이다.

3.

그러나 모든 물질은 저항성뿐만 아니라 이 저항성을 동력으로 삼아 우리 자신에게 유리하게 이용될 수 있는 가능성도 품고 있다. 역할을 잘 수행하는 법을 배우면 그 역할의 도움을 받아 그것 없이는 할 수 없었던 일을 하게 된다. 하지만 이를 위해서는 연습이 필요하다. 이에 반해 현재와 같은 나르시시즘 문화에서는 연습을 필요로 하는 것이라면 전부 눈살을 찌푸리는 것이 특징이다.[2] 초중고 학교에서는 실습이 폐지되고, 예술대학에서는 아틀리에가 문을 닫고, 인문자연계 대학의 커리큘럼에는 매 학기마다 새로운 강좌를 열도록 규정함에 따라, 학생들은 한 번 배운 내용을 다시 들으면서 새로운 눈으로 그 내용을 살펴볼 기회를 전혀 갖지 못한다. '똑같은 것 반복 절대불가'는 소위 볼로냐 개혁 추진자들이 가장 많이 외운 만트라 중 하나였다. 이 때문에 학과에서는 이론 '구성'이 난관에 봉착할 때마다 기존 구성을 더 잘 운용하면 문제를 더 쉽게 해결할 수 있지 않을까 고민하는 대신 성급히 새로운 구성에 착수한다.[3] 이른바 '인문학' 분야 학생들은 지성의 기민함을 키우고 기존 이론을 새로운 주제에 적용시켜 보는 기회를 갖기보다는 끊임없이 새로운 콘텐츠들을 급하게 제공받곤 한다. 예술 교육에서는 이른바 '지성화'라는 명목 하에 표현 형식과 표현 매체에 대한 고민이 이론적 고민으로 대체되고 있고, 그 이론이란 것도 그냥 지식이 아니라 훈련을 통해 자유롭게 구사해야 하는 매체라는 사실이 간과되고 있다. 정체성 정치가 그러하듯이 예술과 학문의 수련 및 운용에서도 모든 것을 오로지 한 가지 요소로 축소하려는 시도가 이루어지고 있다. 즉 모든 노력을 지식을 쌓는 데 쏟을 뿐, 아직 알려지지 않은 것에 그 지식을 적용하는 지혜에는 초점을 맞추고 있지 않다. 여기서 간과되는 것은 유물론 철학자들이 가르쳤듯이[4] 학문적 작업 역시 물질적 실천이며,* 따라서 숙련이나 능숙함 같은 것이 중요한 변수로 작용한다는 사실이다. 하지만 사람들은 오로지 하나의 요소에만 신경을 쓰고, 예를 들어 스포츠카의 중량 대비 성능과 같이 두 가지 요소의 효율적 비율에는 신경을 쓰지 않는다.

이에 반하여 몽테뉴는 이중화 모델을 따라 "현명함 역시 과도해지는 경향이 있으므로 어리석음만큼이나 절제가 필요하다"(Montaigne 1996: 77 및 1998: 105ff.)고 말했다. 현명함에서도 부사가 형용사에 앞선다. 즉 독일어에서는 이상하게 들릴 수도 있지만, 우리는 현명한 방식으로 현명해야 한다.** 대학은 학생들에게 바로 이것을 가르쳐야 한다. 학생들이 이것을 깨닫고 형용사 앞에 부사를 놓는 훈련을 할 수 있는 기회를 주어야 한다.

그렇게 하지 않는다면, 몽테뉴의 표현대로 뭔가 "잔뜩 들었는데" "잘 여물지는" 않은, 걸어 다니는 머리통만을 생산할 것이다.(Montaigne 1996: 21f. 참조) 그 슬픈 결과가 요즘의 문화연구 및 예술이론 잡지에서 전형적으로 볼 수 있는 글들이다. 이 잡지들은 지적인 우둔함으로 터지기 일보 직전이다. 니체의 다음 지적은 마치 오늘날의 이런 처참한 상황을 직접 보고 쓴 것 같다.

> "생각하는 법을 배우는 것. 학교는 더 이상 그것을 가르치려고 하지 않는다. (…) 독일어로 쓰인 책은 어떤가? 생각을 하기 위해서

* 여기서 말하는 '유물론 철학자'는 특히 알튀세르를 가리키는 것으로, 알튀세르는 실천과 현실만을 중시하는 낡은 마르크스주의를 '실용주의'라 비판하면서 이론화 작업도 하나의 실천이라고 보았다.

** 독일어에서 '현명한'은 weise, '방식'도 Weise이므로 똑같은 단어를 반복하는 것처럼 들릴 수 있다는 말.

는 테크닉, 교수계획, 통달에 이르려는 의지가 필요함을 조금이라도 상기시키는 책은 찾아보기 힘들다. 춤을 배워야 하는 것처럼 사고하는 법도 배워야 한다. 사고하는 것은 마치 일종의 춤을 추는 행위와 같은데 (…) 춤을 출 수 있으려면 두 발이, 이해력이, 언어가 필요하지 않은가? 그처럼 생각도 펜으로 할 수 있어야 한다는 것, 생각하기 위해 쓰는 것을 배워야 한다는 것, 그런 것까지 내가 굳이 언급해야겠나? 어차피 이런 내 말을 이해할 독일 독자들도 없을 테지만….”(Nietzsche 1888: 434f.)

4.

잘하는 방법을 모르는 한 모든 행위는 괴로움만 더하기 마련이다. 끈적거리는 액체를 닦아내는 일이나 절망에 빠진 친구를 위로하는 일도 마찬가지다. 하지만 잘하는 방법에 대한 아이디어를 얻게 되면 그 행위는 바로 즐거움을 주기 시작한다. 이를 위해 그 행위를 완벽하게 마스터할 필요도 없다. 할 수 있는 만큼 잘하고 실력이 향상되어 다음번에는 조금 더 능숙하게 하리라는 희망을 가질 수 있다면 이미 즐거움을 느낄 수 있다.

문예이론가 빅토리아 그리핀은 『정부』(*The Mistress*)라는 연구서에서 문학적 범례들에 기초해 정부(情婦)의 역할을 하나의 삶의 모델로 규정하고 그 이상적 모습을 제시하고자 했다. 그가 이상에 대한 설명이 필요하다고 생각한 이유는, 많은 여성(과 남성)이 이런 삶의 모델을 반복하면서 살아가지만 결국 불행해지는 것을 경험을 통해 보아왔기 때문이다. 그들에게는 자신의 삶에 대한 이상이 결핍되어 있고, 그래서 결혼 생활을 하는 여성이나 남성의 이상을 기준으로 자기 삶을 평가함으로써 불행에 빠지곤 한다는 것이다.(Griffin 1999: 3 참조) 에피쿠로스에 따르면, 사람들은 실제 모습에 일치하지 않는 '공허한 상상'을 기준으로 자기 현실을 비교할 때 불행해진다고 한다.[5] 하지만 이것이 단순히 이상을 그냥 지울 수 있다거나 지워야 한다는 의미는 아니다. 그리핀이 정확하게 파악했듯이, 삶에는 그 삶에 기준이 될 만한 이상형을 찾아 세우는 것이 필요하다. 모든 삶에는 이상적 모델이 반드시 필요한데, 첫째로는 부적합한 모델이 그 자리를 차지하지 않도록 하기 위해서이고, 둘째로는 삶의 이상이 뿜어내는 찬란한 빛이 지금의 삶을 비출 기회를 얻기 위해서다.

5.

프로이트는 "자아의 어떤 부분이 자아이상과 일치할 때 우리는 늘 승리감을 느낀다"라고 말한 바 있다(Freud [1921c]: 122) 해방과 평등을 내세우면서 모든 이상을 '규범적'이거나 '획일적인' 기준이라고 폄훼하는 문화는 사실상 바로 이 기쁨을 개인에게서 박탈하고 있는 것이다. 예를 들어 사람들이 자주 접하는 것처럼 미디어에 넘쳐나는 육체적 아름다움에 대한 묘사는 그 수준에 도달할 수 없는 개인을 주눅 들게 하고 스스로를 추한 존재로 느끼게 한다. 하지만 스포츠 분야의 경우에는 흥미롭게도 상황이 역전된다. 미디어에서 완벽한 축구 기술을 점점 더 자주 보여주면서 취미로 축구를 하는 사람들도 자극을 받아 10년 전에는 지단 같은 일류 선수나 구사할 수 있었던 묘기를 이제는 공원에서 열 살짜리가 하는 걸 보기도 한다.

물론 축구를 훈련하는 것이 아름다움을 훈련하는 것보다는 쉬울 것이다. 하지만 잊지 말아야 할 것은 아름다움 역시 하나의 역할이라는 사실이다. 따라서 행복은 언제든 쉽게 얻을 수 있는 것이라는 에피쿠로스의 명제는 여기서도 타당하다. 왜냐하면 역할은 관객을 위한 것이기 때문이다. 그리고 역할은 극장의 실제 관객뿐만 아니라 순진하게 잘 속는 저 시선, 심지어 그 앞에서는 관객조차도 관객을 연기하는 그 시선을 위한 것이기 때문이다.[6] 환상은 누군가가 그것을 진짜로 믿을 정도로 솜씨 좋게 연출될 때 성공한다. 그 환상을 정말이라고 믿는 사람이 아무도 없어도 된다. 다만 자기도 모르는 사이에 가정한 그 존재, 눈에 보이지 않은 순진한 제3자만 그것을 믿으면 된다. 그렇기 때문에 우리가 실제로 엘리자베스 테일러나 폴 뉴먼처럼 보이는 것은 중요하지 않다. 단지 잠시 동안이라도 누군가 그렇게 믿을 수 있을 만큼 멋지게 행동하는 것이면 충분하다. 그러면 그 역할은 잘 수행된 것이고 '승리감'도 성취된다.

이 과정은 이중화와 순진한 관찰자 사이에 존재하는 관계를 보여준다. 즉 중요한 것은 아름다움을 아름답게 표현하는 것이며, 매력은 이로부터 비롯되는 것이지 벌거벗은 해부학적 현실로부터 나오는 것이 아니라는 점이다. 이처럼 쉽게 맛볼 수 있는 행복으로부터 우리가 멀어진 이유는, 행복해지기 위해서는 무엇인가를 사실로 믿어야 한다는 그릇된 생각 때문이다. 즉 행복은 오로지 내적 확신의 문제이지, 그것을 '마치 ~인 것처럼' 능숙하게 표현하는 문제가 아니라는 잘못된 생각 때문이다.

V

소진으로서의 삶

12
봄, 더럽지만 성스러운 것
삶은 탕진해야 하는 선물이다

새로운 시작과 활력의 신호인 봄은 나이와 성별이 그러하듯 문화적으로 만들어진 것이다. 역사에서도 봄과 같은 시대가 나타나서 그 시대 사람들은 자신들이 갑자기 젊고 힘이 넘치며 과거로부터 벗어나 새로운 시작에 나설 준비가 된 것처럼 느끼곤 했다. 그런데 그들처럼 우리도 한 세기의 초입에 들어와 있지만 특이하게도 봄 같은 기분은 전혀 느끼지 못하고 있다. 우리가 늙고 쇠약해져서가 아니라고 한다면 그것만큼은 반가운 일이지만, 그렇다고 해서 우리가 넘치는 활력을 갖고 있다는 뜻도 아니다.

20세기 전환기에 봄이 '베르 사크룸'*과 같은 문화적 은유로 등장했던 사례는 주목할 만하다. 1900년경의 예술가들은 반항아들이었다. 그들은 야만과 파괴의 이미지를 즐겨 사용했다. 미래주의자 필리포 토마소 마리네티와 그 동료들은 전통의 상징인 박물관들을 불태우고 지겨

* *Ver Sacrum*. 1898~1903년에 빈 분리파가 발행했던 예술문학 잡지의 이름으로 '성스러운 봄'이라는 뜻이다.

운 스파게티를 금지하기를 원했다. 예술가들은 범법자들과 그리 다르지 않았고, 그들의 힘찬 기세는 법을 위반하고 모든 형식들을 무시하고자 하는 태도에서도 드러났다. 이에 반해 오늘날의 예술가들은 사회의 모범생들이다. 그들은 사회 주류보다도 훨씬 온순하다.

'베르 사크룸'과 그 비슷한 용어인 '사크르 뒤 프랭탕'(Sacre du Printemps, 봄의 제전)은 우리를 또 다른 고찰로 이끈다. 성스러운 것은 왜 하필 봄과 결부되어 나타나는가? 이 책 1장에서 언급했듯이 언어학자 에밀 뱅베니스트는 거의 모든 언어에는 신성한 것을 가리키는 두 개의 용어가 있다고 했다. 라틴어를 예로 들자면 '사크룸'(*sacrum*)과 '상툼'(*sanctum*)이 그것이다. '사크룸'은 성스러움의 악한 측면이다. '상툼'은 죄가 다 씻어져서 더 이상 어떤 유혹도 두려워할 필요가 없는 성자들의 영역인 데 반해 '사크룸'은 위험한 것, 직접 접촉해서는 안 되는 것이다. 즉 신성한 것이 지닌 더러움이라 할 수 있다.

이러한 차이는 조금 더 과거로 거슬러 올라가면 마법과 종교의 차이로 나타난다. 마법은 사크룸에, 종교는 상툼에 연결시킬 수 있다. 이때 신성함에 들어 있는 저 모순적 악과 더러움은 우리를 젊고 활력적으로 유지시키는 기능을 한다. 활력이란 더러운 신성함과의 어떤 짜릿한 관계를 가리키는 말인 것이다.

그런데 지그문트 프로이트 또한 신성한 것의 더러운 면을 발견한 바 있다. 그는 폴리네시아어에서 '금기'라는 말이 '숭고함'과 '불순함'이라는 기묘한 이중적 의미를 가진다는 것을 발견했다. 여기서도 신성한 것은 접촉하지 않는 편이 더 좋은 것이다. 정신분석학적으로 다시 표현하자면 성스러운 것의 더러운 면은 자아에 일치되지 않는 것이라고 할 수 있다. 우리는 자아에 불일치하는 그것을 이상적 자아에, 즉 우리가 바라는 대로 만들어낸 자아 이미지에 아무런 장애 없이 조화시킬 수는 없다. 자아에 일치되지 않는 그것은 항상 얼마간 위험한 측면을 내포하고 있어서 우리를 우리 자신으로부터 벗어나게 만들고, 우리 정신을 사로잡아 우리가 평소 옳다고 생각하는 것과 다르게 행동하도록 만들기 때문이다.

나르시시즘이 자아와 외부 세계 사이를 구분하기 위해 제일 먼저 하는 일은 쾌감을 주는 모든 것은 자아에 속하고 그것을 순수하다고 생각하는 것이다. 또 모든 불쾌함은 외부 세계에 속하고 그래서 불순하다고 생각한다. 그런데 이제 무언가가 나타난 것이다. 그것은 문화에서 가장 중요한 경험 중 하나로, 불순하지만 그럼에도 커다란 쾌감을 주는 어떤 것이다. 이것을 우리는 아마도 문제적 쾌감이라 부를 수 있을 것이다.

유아적 경험은 단순하게 쾌와 불쾌 둘로 나뉘는 반면, 어른들에게는 제3의 쾌인 문제적 쾌감이 가능하다. 어른들만 느낄 수 있는 이 느낌은 이상적 자아의 조건하에서는 즐길 수 없는 것이지만, 그럼에도 승리의 쾌감을 느낄 수 있게 하는 무엇이다. 위스키로 인해 우리는 하루 저녁 의기양양한 쾌감을 맛볼 수 있다. 그러나 다음날에는 그것의 냄새는 커녕 쳐다보기도 싫고 누가 위스키에 대해 말하는 것조차 듣기 싫을지 모른다.

미학에서는 문제적 쾌감의 특성을 '숭고함'(das Sublime 또는 das Erhabene)으로 표현한다. 그것은 해로운 특성을 가지고 있지만 그럼에도 탁월한 쾌락을 만들어낼 수 있다. 그리고 그것은 결코 자아에 완전히 일치되지 않는다. 우리는 마음속으로 "원래는 술을 마시지 않는 것이, 담배를 피우지 않는 것이, 섹스를 하지 않는 것이 맞는데…"라고 중얼거린다. 그런데 문제적 쾌감은 우리로 하여금 자아에 직접적으로 관계된 것을 넘어서게 한다. 다시 말해 살림살이에 관계된 이성—즉 자원을 잘 관리하여 다음날에도 여력이 남아있도록 계산하는 이성—을 넘어서게 한다. 적당한 예산 배분은 경제적이지만, 또한 세속적인 것이기도 하다. 음주와 파티가 주는 문제적 쾌감은 이런 경제적 계산의 규칙을 깨뜨리는 것을 의미한다. 그것은 소진하는 질서다. 이러한 관대함에서 승리감이 생겨난다. 축하파티를 할 때 샴페인을 몇 병이나 땄는지 따지지 않는 것이 그런 것이다.

봄 같다 함은 자기 삶을 대하는 한 방식으로 그러한 소진을 인정하는 자세이다. 이고르 스트라빈스키의 발레음악 〈봄의 제전〉에는 봄을 축하하는 의식을 거행하는 노인들과 봄의 신에게 바치는 제물로 간택되어 죽도록 춤을 추는 소녀에 관한 기묘한 이야기가 나온다. 하지만 이 기묘한 이야기에는 많은 문화에서 모티브로 사용되었던 요소가 변형된 형태로 보존되어 있다. 이 요소는 심지어 그것이 자기들 삶에서 여전히 어떤 역할을 하고 있는지 전혀 눈치채지 못하는 사람들의 행동방식에서도 확인된다.

삶을 증여받은 것으로 이해하는 사람들이 있다. 그런 사람들은 이 증여물을 일정한 의무가 따르는 선물처럼 다룬다. 선물을 받은 사람은 그중 일부를 다른 사람에게 다시 선물해야 할 의무를 진다. 누군가 로또가 당첨되어 적은 금액이라도 받게 되면 그는 친구들에게 맥주 한 잔을 살 것이다. 그는 이 선물을 아무렇지도 않게 가계에 보탤 수는 없다고 느낀다. 그는 이 신성한 선물에 대해 그에 맞는 경의를 표하고 이를 세속적인 살림살이 질서에 편입시키지 않기 위해 얼마간 그것을 소모해야만 한다고 느낀다.

우리를 행복하게 만드는 제스처는 바로 이런 것이다. 담배를 피우고 친구들과 술을 마시고 쓰러질 때까지 춤을 추면서 우리는 삶을 소진한다. 우리는 삶을 선물로 이해하기에 이런 식으로 얼마간을 되돌려주는 것이다. 이렇게 하는 동안 우리는 커다란 기쁨을 맛본다. 이 순간은 우아함의 순간이다. 반면에 삶을 예금 잔액으로 이해하는 사람들도 있다. "내 통장에는 얼마가 있어." "너무 많이 써대지 않는다면 95세까지는 먹고 살 수 있지." 이것이 우리 문화에서 점점 더 깊숙이 자리 잡고 있는 생명정치적* 사고방식이다. 이런 사고방식으로 인해 사람들은 삶을 통장 잔액으로 생각하고 누가 거기서 조금이라도 빼갈까 싶어 겁에 질린 채 신경을 곤두세운다. 축하하고 기념해야 할 특별한 상황에서 삶을 한바탕 소진하고 그것을 승리로 경험하는 일은 더 이상 문화적으로 장려되지 않는다. 삶을 통장 잔고로 보는 순간 우리는 삶을 대함에 있어 이미 죽은 사람과 비슷해진다. 그것을 삶에 대한 조심성이라 부르기도 하겠지만, 이 조심성이 삶을 죽인다. 이에 반해 낭비한다는 것은 생명력을 뜻한다. 봄을 그처럼 경탄스러운 것으로 만들어주는 생명력 말이다. 철학에서 봄이 의미를 갖는다면, 그것은 이러한 낭비의 문화, 즉 아낌없이 선물하는 문화라는 의미에서다.

* '생명정치'(Biopolitik)는 미셸 푸코의 용어로, 과거 권력이 금지와 처벌을 통해 지배력을 행사했다면, 현대의 권력은 안전과 돌봄을 제공하는 방식으로 생명 전체를 관리하고 있음을 가리키는 말이다. '생명관리정치'라고도 한다.

13
예술과 사랑의 유사성
해독이자 독풀기로서의 선물

1. 사랑의 선물로서의 예술작품

예술가 아닌 사람들이 예술작품을 만드느라 애쓰는 모습을 지켜보노라면 그 일을 하게 만든 조건 하나가 금방 눈에 띈다. 그것은 사랑이라는 조건으로, 그 사랑이 어떤 강도와 어떤 의미를 지니는지는 여기서 중요하지 않다. 예를 들어, 사랑에 빠진 사람은 연인에 대한 사랑의 표시로 콜라주를 만든다. 어른들은 친구의 생일날 그에게 불러주기 위해 노래를 짓고, 아이들은 부모나 할아버지, 할머니에게 드릴 크리스마스 선물로 그림을 그린다.

이 모든 경우에 공통적인 것은 예술에 대해 거의 관심이 없고 직업적으로도 무관한 사람들의 일상생활에 특별한 조건이 만들어졌을 때 갑자기 예술이 나타났다는 점이다. 그 이유는 언제나 사랑하는 사람에게 사랑을 발송하려는 동기 때문이다. 요컨대 특정 인물을 떠올릴 때 일어나는 강렬한 감정이 예술창작의 필수 조건이자 촉진제로 작용한 것이다.

물론 직업적으로 예술 분야에 종사하는 사람들은 그런 특수한 조건에 구애받지 않아야 하며, 적어도 누군가를 사랑하는 마음에서 예술작품을 만드는 아마추어 예술가보다는 덜 영향을 받아야 한다. 하지만 직업 예술가라 할지라도 과연 그런 감정적 움직임의 순간과 그 감정을 일으키는 대상에 대한 생각으로부터 완전히 벗어날 수 있는지는 의문이 든다. 비록 그 생각이 특정한 개인이나 사적 관계에 대한 것이 아니라 집단(예컨대 관람객 같은)이나 공적 관계에 대한 것일지라도 말이다. 다시 말해서 비전문가들의 경우는 모든 예술 생산에 해당되는 필수 조건, 즉 예술을 하기 위해서는 사랑해야 한다는 것을 단지 좀 더 분명하게 보여주는 사례 아닐까?

2. 소유 불가

이제 우리는 이 사례를 통해 예술의 생산 조건에 관한 유물론적 사고를 살펴볼 기회를 가질 수 있다. **예술창작자는 작품 생산을 가능하게 해주는 조건 전부를 결코 그 자신이 소유하고 있지는 않다는 것이다.** (이 책 1장에서 개인이 혼자서 쾌의 조건 전부를 소유할 수 없다고 했던 것을 상기하자.) 물론 그는 필요한 재료와 도구, 필요한 지식과 기술을 가지고 있을 수도 있고, 새로운 아이디어를 떠올리는 방법도 알고 있을 것이다. 하지만 그밖에도 필요한 것이 더 있는데 이것은 혼자 해결할 수 있는 것이 아니다. 그에게는 욕망하는 누군가가 있어야 한다. 자신에게서 뭔가 특별한 것을 보고 싶어 한다고 상상되는 존재, 자신의 욕망에 지표가 되어줄 그 누군가가 필요하다. '뮤즈의 입맞춤' 신화*와 같은 여러 신화들은 비록 이론적 설명을 해주지는 않더라도 이러한 사실을 명확하게 보여준다. 정신분석학에서 말하는 사랑은 일반적으로 전이(轉移)** 의 관계이기 때문에 이 상황은 다음과 같은 이론적 공식으로 설명할 수 있다. 예술창작자가 예술을 생산하기 위해서는 **전이 관계**에 있어야 한다. 즉 예술가는 누군가가 자신에 대해 무언가를 기대한다는 생각과, 그런 기대를 하는 대가로 기꺼이 자기를 사랑해줄 것이라는 느낌을 가져야 한다. 정신분석 이론으로 보면 뮤즈의 입맞춤 신화는 새로운 해석이 가능하고, 예술창작의 사회적 차원을 이해하게 해주는 좋은 텍스트라 할 수 있다. 즉 우리는 혼자 저절로 예술가가 되거나 원래 천재이기 때문에 예술가가 되는 것이 아니다. 오히려 우리는 사회적 차원의 무언가가 우리를 사로잡기 때문에 예술가가 된다. 이는 천재성이 우리 자신의 고유한 본성이 아니라 우리에게 완전히 낯선 어떤 것, 악령에 홀리듯 기껏해야 순간적으로만 우리를 사로잡는 어떤 것이라는 뜻이다. 뮤즈의 입맞춤 신화는 실제로 이것을 매우 정확하게 표현해준다.(Agamben 2005: 8f. 참조)

이러한 전이 관계가 없다면, 그리고 그로부터 비롯되는 열정이 없다면 예술창작자들의 작업은 불가능하다. 이때 그는 그런 조건을 자기 자신에게서는 스스로 만들어낼 수 없다. 여기서 우리는 예술창작의 첫 번째 측면인 임의처리 불가 또는 **소유 불가**(Nichteigentum)라는 특징을 만나게 된다.

* 뮤즈(Muses) 또는 무사이(Mousai)는 제우스와 '기억'을 뜻하는 므네모시네(Mnemosyne → Mneme → Meme) 사이에서 난 딸들로, 예술과 학문을 관장하는 여신들이다. 시인과 예술가들이 잠든 틈에 입맞춤을 함으로써 어머니 므네모시네의 연못에서 길어온 기억과 영감을 불어넣는다고 한다.

** 이 책 46쪽 옮긴이 주 참고.

두 번째 측면은 프랑스 사회학자 마르셀 모스가 쓴 '증여'에 관한 저술에서 중요하게 다뤄진 것이다. 두 번째 측면 또한 첫 번째와 마찬가지로 주의를 기울일 필요가 있다. 이 두 번째 측면도 예술의 전형적 특성을 이루기 때문이다. 모스는 현실에서 그다지 유용하지 않은 것들만이 선물이 될 수 있다고 지적한다.(Mauss [1925]: 16 참조) 물론 여기에는 다양한 경우가 있고, 우리는 아마도 누군가에게 그가 꼭 필요로 하는 셔츠를 선물한 적도 있을 것이다. 하지만 그렇다 하더라도 그것은 아마 그가 매일 입는 종류의 셔츠이기보다는 파티와 같은 특별한 경우에만 입을 수 있는 독특하고 화려한 셔츠였을 것이다. 따라서 아무리 격의 없는 형태를 띤 선물이라도 위반해서는 안 되는 예절의 경계선이 있다. 가령 친구 오토에게 "오토, 이 불쌍한 녀석. 이제 곧 크리스마스가 와서 그러는데, 내가 선물로 1월분 월세를 대신 내줄게"라고 할 수는 없는 노릇이다. 그렇게는 안 된다. 선물이 받아들여지기 위해서는 아무리 적은 부분일지라도 쓸모없음의 특성이 있어야 한다.

따라서 우리는 일상생활의 관행 한가운데서 그에 대한 추상화(抽象化)가 어떻게 등장하는지, 즉 예술작품의 특징이라 할 수 있는 일상적 사용가치의 회피가 어떻게 나타나는지 볼 수 있다. 모든 것이 그 용도와 기능을 가져야만 하는 너무도 물질주의적인 관행이, 선물을 할 때는 갑자기 사치스러운 태도로 바뀌어 아무짝에도 쓸모없는 것을 정성들여 준비하고 만드는 수고를 마다하지 않는다. 그것을 받은 사람 역시 다른 소유물처럼 일상적인 방식으로 그 물건을 대해서는 안 된다. 요컨대 사랑의 선물로 특별히 만든 예술작품을 비롯해 선물 일반에 적용되는 이러한 쓸모없음에는 임의처리 불가, 소유 불가의 측면이 내포되어 있다.

세 번째 측면은 앞서 언급했던 쌍방, 즉 선물 또는 예술작품을 주는 사람과 받는 사람 모두에 관한 것이다. 선물은 전달되어야 하고, 선물을 받은 사람은 일상적인 방식으로 그것을 사용해서는 안 된다. 먼저, 선물은 받는 사람에게 반드시 전달되어야 한다. 그렇지 않으면 상당히 곤란한 상황이 펼쳐진다. 친구에게 멋진 우산을 선물하고 싶은데, 그 친구가 이미 똑같은 우산을 가지고 있다고 해보자. 선물하려던 우산을 그냥 내가 가질 수도 있겠지만, 다소간 기분이 찜찜할 수밖에 없다. 좋은 와인 한 병을 사서 결혼식에 가져가고 싶었는데 안타깝게도 당일 몸이 아파서 결혼식에 못 가게 되었다고 하자. 이 와인은 갑자기 집에 덜뚱히 놓여 있게 되고 우리는 그것을 어떻게 처리해야 할지 고민스러워질 것이다. 이 와인을 그냥 다른 와인들 옆에 두었다가 나중에 함께 즐기기란 쉽지 않다.

증여에는 그 물건을 받을 사람에게 물건이 꼭 전달되어야* 한다는, 거의 강박과도 같은 측면이 존재한다. 또한 선물은 그것을 증여받은 사람이 그냥 그대로 가지고 있을 수 없다는 특징이 있다. 이런 특징은 예술 분야에서 가장 잘 확인되는데, 대규모 컬렉션을 가진 예술품 수집가가 갑자기 이 컬렉션을 사회에 기증하려는 충동을 느끼는 경우가 그러하다. 종교학자 클라우스 하인리히는 이 점을 예리하게 지적하고 있는데, 그에 따르면 거의 모든 수집가들이 언젠가는 자신의 컬렉션을 처분하고 싶어 한다.[1]

* 저자는 여기서 '전달한다' '양도한다'라는 표현을 쓸 때 앞서 말한 정신분석학적 의미의 '전이'(轉移, Übertragung)와 동일한 동사(übertragen)를 사용하고 있다.

왜 무언가를 반드시 양도해야 하는가? 선물에 어떤 나쁜 점이 있기에 그것을 그냥 우리 소유에 편입시키지 않는가? 여기서도 선물을 주고받는 일상의 사례를 참조하면 답을 얻을 수 있다. 선물은 언제 주어야 하는가? 무언가를 받았을 때다. 따라서 준다(geben)라는 말은 항상 전한다(weitergeben)라는 의미를 갖는다. 18세의 나이에 1차 세계대전에서 자살특공대로 투입되었다가 살아남아 용맹훈장을 받은 한 남자의 경우를 예로 들어보자. 그는 이에 대한 보상으로 오스트리아 정부로부터 1년에 한 번씩 은행계좌로 소액의 금액을 받았다. 하지만 그는 평생 동안 이 돈을 조금도 건드리지 않고 항상 자선단체에 기부했다. 우리는 일상생활에서도 똑같은 현상을 관찰할 수 있다. 정기적으로 만나 함께 식사하는 친구 모임에서 어느 날 한 친구가 갑자기 음식값을 전부 계산한다. 모두가 놀라며 궁금해 하는데 그 친구는 "어, 있잖아 내가 방금 스포츠 내기에서 돈을 좀 땄거든. 그러니까 좀 써야지"라고 하는 경우다. 내기에서 돈을 딴 사람은 그렇게 번 돈을 그냥 평범한 소득처럼 취급할 수 없다. 조르주 바타유는 이와 관련해 게임에서 돈을 딴 사람은 "손톱에 불이 붙은 것처럼" 딴 돈을 급히 처리하려 한다고 표현했다.(Bataille 2001: 34 참조)

인생에서 운이 잘 따르는 사람과 게임에서 이긴 사람은 그 돈을 인심 좋게 다른 사람에게 베풀든지 게임에 다시 걸든지 해서 그 이익을 다른 사람에게 전해야 한다. 말하자면 일하지 않고 얻은 것은 일을 통해 얻은 소득처럼 간단히 처리할 수 없다. 선물 받을 때와 똑같이 그것을 다른 사람에게 베풀어야 한다. 우리는 여기서 그런 소득을 일상적이고 쓸모 있는 용도로 사용하는 것을 금지하는 어떤 금기 같은 게 작용하는 것 아닌가 하는 인상을 받는다.

따라서 일상에서 예술가 아닌 사람들이 자주 그러듯이 자신이 만든 작품을 선물로 주는 것은 아마도 예술창작을 하는 능력도 하나의 선물로, 말하자면 선사받은 것으로 생각하기 때문일 것이다. 이는 'Begabung'(英 gift)이라는 단어가 독일어에서 '재능'과 함께 '선물'이라는 이중의 의미를 갖고 있는 것과 비슷하다. 일반적으로 예술창작자가 사회적 전이 관계를 통해서만 작품 제작이 가능한 것이 사실이라면, 친구들에게 한턱내는 저 행운의 게임 승자처럼 사회에 무엇인가를 돌려줘야 한다고 느끼는 건 당연한 일이다.

선물이 가진 이런 측면은 예술창작에서 특징적으로 나타나는 강박적 순간 또한 잘 설명해준다. 예술창작자는 영감이 오는 그 순간 무슨 수를 써서라도 창작 행위에 들어가야 한다는 느낌을 받는다. 이 때문에 생계나 사회생활, 가정생활, 심지어 건강을 망칠지라도 그러하다. 예술창작이 바타유의 의미에서 찬란함과 탁월함의 장엄한 순간을 가진다는 것을 인정하지 않는 사람은 기존 예술의 중요한 측면을 놓치는 것이고 미래의 예술을 하찮고 뻔한 자기만족적 행위로 격하시키는 것이다. 그리고 그런 사람은 이 행복한 승리의 순간을 통해 큰 성취감이 온다는 것을, 즉 겉보기에는 충동적이며 종종 고통스러워 보이기도 하는 이 행위가 엄청난 성취감을 준다는 것을 모르고 있는 것이다.

예술창작 능력에서 소유할 수 없는 부분이 존재하는 것은 바로 이런 전이 관계가 있기 때문이며, 이것은 반대급부로 자아가 부재하는 창작을 요구한다. 그리고 이러한 창작의 결과물 역시 조건부로만 소유할 수 있기 때문에, 이로부터 예술작품의 쓸모없음과 일상에서 떠난 추상성이 나오며, 예술 컬렉션을 사회에 다시 돌려줘야 한다는 강박적 욕구도 생겨나는 것이다.

3. 가지고 있지 않은 것을 주기

따라서 자크 라캉이 불안에 관한 세미나에서 내렸던 사랑의 정의는 예술창작에도 그대로 적용될 수 있다. 그것은 "가지고 있지 않은 것을 주는 것"이다. (여기서 우리는 라캉처럼 이 문구 앞에 '그것을 가지려고 하지 않는 사람에게'라는 말을 추가할 수 있겠다. Lacan 2004: 166ff. 참조.) 사랑의 선물로 주는 예술작품은 모든 사랑에 있어 정말로 전달되는 것이 무엇인지를 대표적으로 보여준다. 사랑의 동기로 예술을 창작하는 사람들은 자신이 소유하고 있지 않은 것, 즉 비-소유를 예술에 투여한다. 사랑을 하는 거의 모든 사람들은 어떤 의미로든 예술창작자이기 때문에, 우리는 이로부터 자기에게 없는 것을 줄 때 그것은 필연적으로 물질적 형태를 취할 수밖에 없다는 결론을 내릴 수 있다. 사랑의 선물로 제작되어 전달되는 인공물은 사랑하는 사람 자신이 가지고 있지 않은 것을 물질화하여 주는 것이다.

라캉의 관점에서 볼 때, 이 결론은 그러한 대상들이 항상 뭔가 안 좋은 것, 섬뜩한 것을 내포하고 있다는 것을 의미한다. 누군가 자신이 가지고 있지 않은 것, 다시 말해 그의 '결핍'을 다른 사람에게 주면, 그는 더 이상 그것을 가지고 있지 않게 된다. 왜냐하면 라캉이 기술했듯이, 사랑을 받는 타자가 그의 결핍이 되었기 때문이다.(Lacan, ibid. 참조) 사랑의 예술 선물이 체현하고 있는 것은 바로 이것, 즉 사랑을 하는 사람은 이제 '결핍을 결여'하게 되었다는 사실이다. 우리가 사랑의 예술 선물에서 그 수준과 관계없이 확인할 수 있었던 특징, 즉 그것을 소유하기 어렵다는 특징이 여기서 나온다. 사랑의 선물은 마치 손에 오래 쥐고 있을 수 없는 뜨거운 감자처럼 계속해서 전달되어야 하는 곤란함이 있다. 그런데 결핍의 결여는 결핍을 특징으로 하는 우리들 성인의 쾌락 감각에 항상 근본적인 문제를 일으킨다. 가령 한낱 저주를 퍼부었을 뿐인데 단번에 그 사람이 죽는다거나, 단지 말 한마디로 날씨나 시간이 바뀐다거나, 모차르트의 돈 조반니에서처럼 우리가 장난으로 말을 건 동상이 갑자기 대답을 하는 것이 그런 경우다. 한때(어린 시절에) 그랬듯이 그냥 바란다고 해서 그대로 이루어지는 것이 아니라는 것을 깨달은 이후로 우리는 늘 이런 '결핍'을 의식하며 살고 있다. 이것이 의미하는 바는, 우리에게 쾌감을 줄 수 있는 것은 모두 이런 결핍의 조건하에서 일어나야 한다는 것이다. 그래서 결핍이 갑자기 사라질 위험에 처해 세상이 단번에 우리가 바라는 대로 다 이루어지는 것처럼 보이면, 우리는 결코 마냥 기뻐하며 놀랄 수만은 없다. 오히려 우리는 우리의 과도한 소원대로 이루어진 현실을 매우 불안하게, 프로이트의 의미대로 '섬뜩함'으로 경험한다.

따라서 사랑의 전달이라는 동기로 만들어진 예술에서 우리는 항상 어떤 과잉을 만날 수밖에 없다. 즉 예술을 창작할 때나 받아들일 때나 우리는 모두 정상적인 쾌락의 경제*를 위협하는 과잉을 만난다. 그런데 이 과잉은 두려움을 야기한다. 이런 점에서 예술적 형상화의 중요 과제는 두 가지라 할 수 있다. 첫 번째로는 이 과잉을 생산하는 것이고,

* 이 책 75쪽에서 언급한 프로이트의 '리비도 경제'를 참조.

두 번째로는 그것을 견딜 만하거나 받아들일 수 있게 만드는 것이다.

4. '해독'으로서의 선물하기

과잉을 수용 가능한 것으로 만드는 한 가지 방법은 과잉의 물건을 타인에게 주는 것이다. 앞서 말했던, 내가 가지고 있기가 어쩐지 불편했던 우산이 어떻게든 선물 받을 친구에게 전달된다면 그것은 즉시 기쁨의 물건이 될 것이다. 다른 사람에게 줌으로써 대상을 이렇게 '해독하는 것'(Entgiften)—마르셀 모스는 랠프 월도 에머슨이 그에 앞서 지적했던 것처럼 영어의 'gift'와, 같은 음가를 가진 독일어 'Gift'가 지닌 이중의 의미*에 대해 언급한 바 있다(Mauss [1925]: 123)—은 예술에서와 마찬가지로 일상 문화의 미적 관행에서 중요한 역할을 한다. 예를 들어 어느 날 내가 집 앞의 대형 쓰레기통을 열어 봤더니 그 속에 사람 크기의 다소 낡은 50년대 마네킹이 있었다고 해보자. 나는 이 물건을 주워올 것이다. 그리고 가까운 시일에 누군가의 초대를 받을 때 이 마네킹을 선물로 가져갈 것이다. 이 키치스러운 마네킹 또는 우리 같은 사람들끼리 하는 말로 "너무 어울리지 않아서 오히려 멋진" 마네킹의 특징은 바로 이런 선물 행위를 통해서 지양, 다시 말해서 '승화된다'(sublimieren). 하지만 선물을 받은 사람은 이제 이 짐을 감수해야 한다.[2] 그들은 그것을 버려서는 안 된다. 선물이기 때문이다. 그래서 그들은 손님이 올 때마다 가능한 한 빨리 그것이 선물임을 설명하려고 조

* 영어의 gift가 '선물'과 '재능'을 동시에 의미하는 것과 달리, 독일어 Gift는 선물 외에 '독'이라는 뜻이 있다. 저자는 이 점에 착안하여 '해독한다'는 뜻의 독일어 'entgiften'을 '선물(Gift)을 준다(ent-)'는 의미로 해석하고 있다.

바심을 낼 것이다. 마네킹을 발견한 나 역시 가까운 시일 내에 그것을 선물하지 못하고 집에 그대로 둔다면 비슷한 상황에 처할 것이다. 손님이 올 때마다 서둘러 그것을 쓰레기통에서 발견했다고 설명하려 할 것이다. 여기서는 '발견'이 선물을 받는 것과 비슷한 역할을 한다. 발견했다고 말함으로써 내가 스스로 원해서 돈을 주고 그 물건을 구입했다는 의혹에서 벗어날 수 있기 때문이다.

이것은 고전적 아방가르드의 일명 '레디메이드' 작품에서 결정적인 미적 측면을 이루는 것으로서, 예컨대 마르셀 뒤샹과 만 레이가 기존의 사물에 약간의 변형을 가해 만든 오브제에서도 볼 수 있는 특징이다. 이 오브제들이 미학적 일관성을 지니고 있고 예술로 수용될 수 있는 것은 오로지 그것들이 발견된 물건이거나 발견된 물건으로 만들었다는 사실에 있다. 반면에 그 예술가들이 이러한 결과물을 얻기 위해 충분한 계획을 세우고 많은 수작업을 기울였다는 것이 알려진다면 이 작품들이 주는 매력은 상당 부분 사라질 것이다. 그냥 발견되었다는 사실로 인해 그 작품들은 의도치 않게 행운으로 얻은 과분한 소득, 즉 선물의 지위를 얻는다. 1921년 만 레이가 제작한 가장 유명한 레디메이드 작품에 프랑스어로 〈cadeau〉(선물)라는 제목을 의도적으로 붙인 것도 이런 이유에서다.* 이에 더해 만 레이와 같은 시기에 활동한 다다이스트 발터 제르너(Walter Serner)가 그의 법학 박사논문 「증여자의 책임」에서 이 주제를 다루었다는 점도 특기할 만하다. 모스가 『증여론』을 집

* 만 레이의 〈카도〉는 흔하게 보는 다리미의 바닥에 압정을 여러 개 붙인 것으로, 실용적으로는 쓸모가 없는 선물의 특징을 잘 보여준다.

필한 것은 그로부터 몇 년 후다.

임마누엘 칸트는 이미 『판단력 비판』에서 의도된 제작이나 애써 얻은 소유와는 상반되는 우연한 발견과 그로 인해 선물이 된 것의 미적 필연성을 예리하게 지적한 바 있다. 우리는 새들의 노랫소리에 (칸트가 미적 감각의 조건이라 본) "어떤 음악적 규칙도 적용할 수 없지만" 그 소리를 좋아한다. 우리가 그것을 좋아하는 이유는 칸트의 설명대로 하자면 "아마도 사랑스러운 작은 동물이 주는 쾌활함에서 느끼는 공감과 그 노랫소리의 아름다움을" 혼동하기 때문인지도 모른다.(Kant [1790]: §22) 하지만 매혹적인 그 노래가 새가 낸 소리가 아니고 능숙하게 그 소리를 흉내 낸 사람의 것임을 알게 된다면, 모든 아름다움은 순식간에 사라지고 그 인공의 소리가 "우리 귀에 너무나 무미건조하게 들리는" 일이 벌어질 것이다.(Kant, ibid.) 이 경우에도 발견된 것, 의도하지 않은 것, 생각지도 않은 것은 알튀세르의 의미에서 '마주침'*의 우연, 즉 서로 부딪히는 요소들로부터 그것과는 완전히 다른 결과가 나오는 우연을 일으킨다. 선물 또한 바로 이러한 특성을 지니며 이는 대상을 미적으로 수용하는 데 있어 매우 중요한 역할을 한다.

5. '독 풀기'로서의 선물하기

그러나 예술을 가능하게 하고 받아들일 만한 것으로 만드는 선물의 차원과는 완전히 반대되는 미적 경험도 있다. 블레즈 파스칼은 그것을 다음과 같이 기술했다.

* 이 책 85~86쪽에서 언급한 '마주침의 유물론' 참조.

> "그렇기 때문에 도박, 여성과의 교제, 전쟁과 고위직이 그렇게 탐나는 것이다. 그것들이 인기 있는 이유는 거기에 진정한 행복이 있기 때문도 아니고, 도박에서 돈을 따거나 쫓고 있는 토끼를 잡는 데 진정한 행복이 있다고 생각하기 때문도 아니다. 오히려 그것들을 선물로 받는다면 아무도 그것을 가지려 하지 않을 것이다."(Pascal 1997: 96)

의도적이고 계획적인 추적을 통해 잡은 사냥감으로서의 토끼는 얼마나 멋진가. 하지만 그런 토끼를 거저 준다고 하면 그것은 즉시 가치를 잃고 심지어 견딜 수 없는 것이 될 것이다. 선물로 받은 토끼는 '섬뜩한' 과잉의 특징을 띤다. 따라서 앞서 언급했던 경우들과 달리 여기서의 선물은 '해독'의 기능을 하는 것이 아니라 오히려 대상에 대한 기쁨을 망쳐놓는다. 여기서 선물하기는 '독을 푸는 것'과 비슷하다.

6. 미학적 이율배반이 생기는 이유

여기서 우리는 미학에서의 진정한 이율배반을 만나게 된다. 견딜 수 없는 대상을 견딜 수 있게 만드는 적절한 방법이었던 선물하기가 다른 어떤 경우에는 바로 그 대상을 견딜 수 없게 만드는 행위가 된다. 이 양면적 기능은 어디에서 비롯된 것일까? 그리고 어떤 조건하에서 이 행위는 한편으로는 선량한 '호의'로, 다른 한편으로는 불쾌한 '악의'로 나타나는가? 두려움의 관점에서 이 문제를 다시 살펴보면 한 가지 답을 얻을 수 있다.

파스칼의 토끼에서 시작하면 해결이 간단할 듯하다. 토끼를 쫓는 것은 파스칼이 가정한 것처럼 우리 자신과 우리가 처한 가련한 인간 조건에 대한 생각으로부터 주의를 돌리는 역할을 한다. 토끼를 잡을 수 있다는 희망이 있는 한, 우리는 그러한 인간 조건에 대해 생각할 겨를이 없으므로 평안한 마음을 가질 수 있다. 미학적으로 중요한 것은 대상물인 토끼가 아니라 토끼가 제공해주는 주의 분산이다. 이러한 주의 분산이 없다면 두려움이 일어날 것이다. 사냥하지 않고 토끼를 얻게 되면 이 두려움은 더욱 커진다. 그렇게 되면 토끼는 아예 없는 것보다 더 나쁜데, 거저 얻은 토끼는 주의를 돌릴 기회를 막아버리기 때문이다. 토끼를 사냥 없이 거저 얻으면 더 이상의 사냥은 불필요한 것이 되어 주의를 분산하게 해주는 욕망 자체가 완전히 불가능해진다. 토끼는 '결핍의 결핍'이 되고 그 결과 우리는 곧바로 근본적인 실존적 두려움에 빠지게 된다. 이 두려움은 파스칼에 따르면 우리 자신에 대해 생각하는 것을 막아주는 것이 아무것도 없고, 그리하여 우리가 비참한 상황에 처해 있다는 진실을 직시할 수밖에 없을 때 일어난다. 따라서 선물을 받는 일은 여기서 매우 치명적인 것이 된다. 주의를 돌리게 해주는 욕망을 없애버리기 때문이다.

이와 반대되는 경우, 즉 칸트의 새, 마르셀 뒤샹과 만 레이의 레디메이드 작품, 그리고 쓰레기통에서 발견한 키치 마네킹과 같은 경우에 두려움은 다른 곳에서 일어난다. 그 자체로는 아름답다고 할 수 없는 이 양가적 사물들에 대한 미적 경험에서 중요한 것은, 이것들에 대해 순진하게 감탄할 수 있는 사람이 누구이겠냐는 것이다. 물론 이 물건들을 의도적으로 제작하거나 일부러 구입해서 소유하고 있는 사람이라면 조건을 달지 않고 그냥 그것을 아름답다고 생각할 것이다. 그러나 직업 예술가나 예술철학자들처럼 더 복잡한 취향을 가진 사람들이 이런 순진한 입장을 취하려고 할 때는 두려움이 앞설 것이다. 그들 가운데 누구도 이런 세련되지 않은 유치함을 갖고 있다는 걸 들키고 싶어 하지 않기 때문이다. 따라서 여기에서는 앞서 말한 발견하기나 선물하기와 같은 거리두기의 요소가 반드시 필요하다. 그런 사물을 발견한 사람은 그 사물에 대해서만 즐거워하는 것이 아니다. 그는 그 사물이 직접적으로 또는 원래부터 드러내고 있는 취향에 대해서도 사랑스럽게 생각하지만, 그 취향으로부터 거리를 둘 수 있다는 것에도 즐거움을 느낀다. 반면에 그 사물을 선물로 주는 경우, 그는 그것을 받는 사람과 함께 '마치 ~인 것처럼'을 즐겁게 연출하며 일종의 비밀스런 정신 공동체를 형성한다. 이들은 함께 가상의 관찰자 앞에서 정말로 그 대상이 마음에 든다는 듯 연기하고, 관찰자 몰래 내부자들끼리만 아는 이 공동의 비밀을 지킨다. (정신분석학자 옥타브 마노니에 따르면, 이것은 극장에서 마술쇼를 관람할 때 공연자와 관객들이 함께 가상의 관찰자 앞에서 '마치' 초자연적 현상이 일어났다는 듯, 또는 '마치' 그것을 믿는다는 듯 행동하면서 즐거워하는 것과 같다고 한다. Mannoni 1985: 9 참조.)

예컨대 유로비전 송 콘테스트 방송의 경우, 좋은 취향을 가진 사람들끼리 보면 하나의 세련된 행사로 즐길 수 있는 반면, 집에서 혼자 보면 부박하기 그지없게 느껴지는 것도 이 때문이다. 이렇듯 선물하기는 발견하기와 마찬가지로 몰취향적인 대상으로부터 취향을 지키는 거리를 확보해주고, 나아가 서로 연대하는 내부자들끼리 이런 세련된 취향의 원칙을 이따금씩 위반할 수 있는 능력이 있음을 확인하게 해준다. 그럼으로써 그들은 (보통의 교양인처럼) 뛰어난 대상에 대해서만이 아니라 너무 저급해서 되레 좋아 보이는 대상에서도 즐거운 만족감을 느낄 수 있다. 하지만 순진한 취향에 대한 거리감이 소실될 위기에 처하면 두려움이 일어난다. 바로 여기서 결핍의 결핍이 시작되고, 가까움의 결핍인 거리두기가 결핍되기 시작하는 것이다. 그렇게 되면 우리는 마노니가 쓴 것처럼 대상의 미적 특성에 대한 믿음에 "회의를 가지게 되고" 그 결과 두려움에 휩싸이게 된다.(Mannoni 1985: 28 참조) 이런 설명이 의미하는 바는 자명하다. 이런 두려움 없이 그것을 아름답다고 진지하게 믿는 사람은 그냥 단순하고 순진한 것이다. 그리고 이 순진함은 나르시시즘의 징표다. 그것은 욕망과 현실을 구분해야 한다는 것을 아직 이해하지 못한 세계관이다. 하지만 이런 순진하고 나르시시즘적인 세계관으로의 귀환은 어른이 되어 결핍의 조건하에 있는 사람들에게는 섬뜩하게 느껴지며, 따라서 두려움을 주는 일이다.

요컨대 파스칼이 예로 든 토끼의 경우에 선물하기는 저 구원의 거리두기를 제거한다. 반면, 취향 면에서 미심쩍어 보이는 대상의 경우에 선물하기는 거리를 만들어낸다. 이것이 선물하기가 한편으로는 두려움을 유발하고, 다른 한편으로는 이 두려운 상황을 미적으로 즐길 만한 것으로 만드는 이유다.

7. 예술이 싫어서 예술을 한다

따라서 미적 경험이 가진 두려움의 차원을 결코 간과해서는 안 될 듯하다. 그렇지 않으면 최소한 세 가지 이론적 손상이 야기될 수 있기 때문이다. 첫 번째로는 예술의 사회적 차원을 잘못 이해하게 될 것이고, 그로 인해 예술창작자들에게 사회적 전이라는 상황이 필수적이라는 것을 이해하지 못하게 될 것이다. 두 번째로는 미적 쾌감이 어디에서 유래하는지를 잘못 이해하게 될 것이다. 미적 쾌감의 양가적 측면들과 이중의 필요성, 즉 견딜 수 없는 것을 먼저 만든 다음 그것을 받아들일 만한 것으로 만들어야 한다는 필요성을 간과할 것이다. 마지막으로는 왜 나쁜 예술가가 혐오의 대상이 되는지도 설명할 수 없을 것이다. 나쁜 예술가가 혐오의 대상이 되는 것은 예술 분야만의 특징으로, 겉보기에 유사해 보이는 다른 분야와 확연한 차이를 보이는 지점이다. 우리는 저질 예술로 우리를 괴롭게 하는 저질 예술가를 혐오한다. 우리는 실패한 사업가에 대해서는 관심이 없거나 파산한 것에 대해 동정심을 가질 것이다. 또 우리는 운동선수가 성적이 나쁘다고 해서 그를 혐오하지는 않는다. 우리는 고꾸라진 사이클 선수, 넘어진 피겨스케이팅 선수, 간발의 차로 패한 축구팀을 동정한다.[3] 일반적으로 그 종사자들에게 의심의 여지 없이 멋진 것으로 여겨지는 스포츠와 달리, 예술은 (그리고 철학 역시) 그 종사자들에게 대체로 혐오되는 분야이다. 사실 이것이야말로 예술가가 되려는 결정적인 동기이다. 예술 자체가 위대하다고 생각해서 예술을 하는 사람은 아무도 없다. 예술을 하는 사람들은 모두 예술의 상당 부분을 싫어하거나 혐오하고, 그래서 완전히 다른 무언가로 이에 맞서기 위해 예술을 할 수밖에 없다고 느낀다.

이 현상에 대한 설명은 다시금 라캉의 사랑에 대한 정의와, 사랑과 두려움의 관계에 대한 설명으로 연결된다. 우리는 나쁜 예술가를 혐오한다. 왜냐하면 그는 가지고 있지 않은 것을 주어야 하는 과제를 해내지 못했기 때문이다. 그가 우리에게 준 것은 오로지 그가 가지고 있는 것뿐이었다.

14
과잉을 소모하기
반(反)경제와 반(反)예술에 대해

"왜 오른손은 왼손에 돈을 줄 수 없는가?"(Wittgenstein 1980: 148)

"왼손은 오른손이 하는 일을 아는 것만으로는 만족하지 않는다. 왼손은 심지어 오른손이 하는 일을 슬쩍 되찾으려고 한다."(Bataille 2002: 105)

1.

아름다움에 대해 생각할 때 철학자들은 흔히 쓸모없는 것, 무익한 것, 잉여나 과잉된 것을 떠올린다. 그런 다음에는 쓸모없게 여겨지는 것들의 유용성이나, 기능을 갖지 않은 물건의 기능에 대해 자문해본다. 이때 우선적으로 떠오르는 것이 있다. 과잉(Überschuss)이라 함은 무언가에 대한 사격(Schuss)을 넘어선 초과 사격(über-Schuss)을 말하는 게 아닌가 하는 생각이다.* 그리고 그 다음으로는 사격이 리볼버와 같은 총으로 무언가를 쏘는 것이라면, 초과된 무언가를 쏘는 리볼버도 있지 않을까 생각할 수 있다. 즉 과잉을 위한 리볼버 말이다.

이것은 예컨대 20세기 예술에서 두드러진 역할을 한 리볼버, 즉 앙

* 여기서 저자는 독일어의 단어유희를 통해 예술의 특징에 대해 설명한다. 즉 예술은 과잉(Überschuss)을 특징으로 하는데, 이 단어의 어근 Schuss가 '사격'(英 shot)을 뜻하므로, Überschuss는 '과잉의 사격'(over-shot)이라는 것이다.

드레 브르통이 '제2차 초현실주의 선언'에서 말한 그 리볼버일 수도 있다.[1] 브르통은 이렇게 말한 바 있다.

> "가장 간단한 초현실주의적 행위는 양 손에 리볼버를 들고 거리로 나가 가능한 한 많은 군중을 향해 있는 대로 갈겨대는 것이다. 살면서 한번이라도 이런 식으로 굴욕과 우민화라는 오늘날의 비루한 원칙을 없애려는 생각을 해보지 않은 사람은 분명 그 자신이 저 군중의 일원이기 때문이다. 그런 인간은 언제라도 총 맞기 좋은 높이에 배를 내밀고 있다."(Breton [1930]: 56)

이 인용문은 폭력 행위에 대한 다소 이해하기 힘든 이상화를 무시하고 맹목적 소진이라는 동기에 초점을 맞춘다면 어느 정도 이해가 가능하다. 즉 브르통의 리볼버는 조준 사격을 위한 것이 아니라 과잉된 것의 맹목적 소진을 위한 것이다.

이러한 소진 행위는 다음 단계 즉 위 인용문의 뒷부분에 이르면, (프로이트적 의미의) '이차 처리'를 위해 더 사격할 것이 없는지 찾는다. 이 단계에서의 사격은 처음 단계를 넘어선 메타 사격으로, 이 단계에서는 맹목적인 사격을 계속할 것인가 말 것인가를 고민하게 된다. 그래서 사격은 이제 특정 대상을 조준하게 되는데, 그 대상은 모든 맹목적 사격에 반대하는 자들이다. 다시 말해서 맹목적 소진의 선언으로서의 이 사격은 절약과 검소에 젖은 이들, 따라서 그러한 소진을 실행해볼 생각도 그런 쾌락을 느껴본 적도 없는 자들을 조준 대상으로 한다.

2.

브르통은 그의 글에서 이런 목적 없는 총격(이 총격은 미국에서 정기적으로 일어나는, 좌절감을 동기로 한 총격 사건과는 다르다)을 통해 '과잉'이라는 일종의 경제 문제를 풀 수 있는 매우 구체적인 행동 방식을 제시한다. 과잉을 처리해야 하는 상황에서는 살상도 하나의 출구가 될 수 있기 때문이다. 조르주 바타유는 이른바 '일반경제'에 대한 연구에서 이에 대한 명확한 인식을 보여준 바 있다.(Bataille 2001: 58 참조) 바타유는 예산과 자원의 효율적 사용이라는 좁은 의미의 경제 원칙을 '제한경제'라고 부르고, 이런 원칙에 배치되는 반(反)경제 행위까지 포괄하는 경제를 '일반경제'라고 불렀다. 여기서 '반경제'란, 생산과 축적에만 몰두하는 통상의 경제가 항상 그리고 필연적으로 남길 수밖에 없는 잉여를 처분, 소진하는 데 모든 사회의 핵심 과제가 있다고 보는 경제다. 이런 점에서 바타유의 일반경제에서는 "생산보다 부의 소진(또는 탕진)이 우선한다."(Bataille 2001: 35)

나아가 바타유는 잉여와 그것을 탕진하는 문제야말로 모든 생명체와 태양 에너지가 안고 있는 보편적 문제라고 보았다.(같은 책: 289 참조) 유기체는 잉여가 발생하면 그것을 자신의 성장에 투입하고, 성장이 한계에 다다르면 다시 번식에 투입한다. 그런데 번식이 또다시 한계에 이르러 포화가 되면 그때는 다른 유기체를 먹어치우는 일이 벌어진다. 이런 점에서 초식동물은 이미 호사를 누리는 단계라 할 수 있다. 식물에 비하면 초식동물은 이미 에너지를 탕진하는 단계이고, 초식동물의 포식자는 더더욱 그러하다.[2] 바타유는 번식과 탕진에 대한 이런 생각을 통해 "성행위가 시간 속에서 하는 일은 호랑이가 공간 속에서 하는 일과 같다"(Bataille 2001: 38)는 매력적인 논제에 도달한다.

예술과 시에서 성행위와 호랑이는 오래 동안 찬사를 받아온 대상들이고 따라서 인간이 아름답다고 느끼는 대표적 대상이라고 간주해도 무방하므로, 이로부터 다음과 같은 미학에 관한 일반 명제를 이끌어낸다 해도 크게 무리는 아닐 것이다. 아름다움은 소진이 발하는 광채이다.[3] 이 광채는 반경제적인 무언가가 번개처럼 번쩍이는 곳, 다시 말해서 자원 관리의 협소한 경제가 아니라 탕진을 통해 자원 관리의 잉여를 상쇄하는 일반경제가 지배하는 곳이면 어디에서나 볼 수 있다. 바타유는 이러한 아름다움을 '관대함'이라고 불렀다.(Bataille 1986: 207 참조)

(아름다움을 소진으로 보는 생각에 동의할지 여부는 아직 미정으로 두더라도, 여기서 우리는 바타유의 개념이 고전 미학의 난제들—미적 만족감을 '무관심한' 만족으로, 예술을 '자율적인' 것으로, 감정을 '양도 불가능한' 것으로 정의하는 데서 발생하는 난제들—을 해결하는 데 적절하리라는 짐작은 할 수 있다.)

3.

여기서 우리는 반경제에 대해 말할 수 있는 내용을 반예술에도 적용할 수 있을 것이다.(Sontag 1968 참조) 그리고 세 번째로는 반철학도 여기에 추가할 수 있을 것이다.(Badiou 2008 참조) 하지만 모든 분야에 이러한 대립물이나 반대자나 부정태가 존재하는 것은 아니다. 반과학, 반스포츠, 반종교, 반정치에 대해서는 들어본 적이 없으니까 말이다.

이제 우리는 경제, 예술, 철학이라는 이 특별한 분야들에 각기 그것의 부정적 대립자가 존재한다는 사실로부터 다음과 같은 결론을 이끌어낼 수 있다. 각각의 경우에 반실천(Anti-Praxis)이 존재한다는 것은 이 분야들에 초과나 과도함이나 자신에게서 제거해야 할 과잉이 있다는 뜻이기도 하다. 그래서 경제의 경우에는 적절한 예산 관리로 과도한 낭비를 제거하려고 노력하고, 예술에서는 미의 적절한 조화로 과도한 숭고함을 피하려 하며, 철학에서는 합리성에 공을 들임으로써 그런 노력이 아직 밝혀지지 않은 주제에 대한 (정신분석학적 의미에서의) 맹목적 합리화가 아니라는 것을 보여주려고 한다. 따라서 알랭 바디우는 이렇게 말한다. "철학이란 하나의 행위로서, 특히 철학이 '진리'에 대해 꾸며낸 허구적 우화들은 그 장식이자 선전이자 거짓말이다."(Badiou 2008: 8)[4]

그렇다면 각각의 반실천이 하는 일은 각 분야에서 배제된 과잉에 관심을 쏟고, 그렇게 함으로써 경제, 예술, 철학의 긍정적 실천을 확립하는 데 필요했던 저 구성적 배제를 되돌리는 일이 될 것이다. 여기서 조르주 바타유는 일종의 언어유희를 통해 프랑스어로 'penser'(생각하다)와 'dépenser'(소진하다)라는 단어가 가진 대립 관계를 보여줌으로써 이것을 설명하고자 했다.

4.

소진에 대한 이러한 성찰이 언뜻 보기에는 (바타유 자신도 인정했듯이, 2001: 64) 낯설고 모순적이고 기이하게 느껴질 수도 있지만, 우리는 어렴풋하게나마 우리 자신의 경험을 통해 그것을 얼마간 인지하고 있다. 가령 우리는 노동과 비노동의 관계에 대한 현행의 관념을 떠올릴 때마다 더 나은 대안이 필요한 것 아닌가 하는 것을 경험으로 느끼곤 한다.

현행 관념에 따르면, 우리는 (일할 기회가 있는 한) 일을 하는 것이 정상이고, 아주 드문 경우에만 일을 하지 않아도 되는 것처럼 생각한다. 억지로 일하다가 가끔 일하지 않을 자유를 갖는 것, 이것이 자연 현상처럼 받아들여지는 노동 윤리의 공식이다. 하지만 우리의 경험에 비춰 볼 때 이 공식은 매우 잘못된 것이다. 사실상 우리는 그와 정반대로 자주 일을 멈출 수밖에 없다. 일의 중단이 허락에 따른 것이 아니라 명령으로 주어지는 경우도 매우 많다는 것이다. 그것은 즉시 (때맞춰) 이행해야 하는 의무이다.

이것은 프로이트가 『토템과 터부』에서 묘사한 사회에만 적용되는 것이 아니라, 강제적 의례 구조가 강력한 영향력을 행사하는 사회라면 모두 적용되는 이야기다. 이상적인 것과는 거리가 먼 우리의 노동 문화에서도 그러하듯이, 일하지 말아야 할 의무는 작고 잠재적인 흔적으로나마 여전히 남아있다. 예를 들면 직장에서도 새해 전날이나 동료의 생일 등 특정 시간이 되면 일을 멈추고 샴페인 병을 따야 한다. 이때 일을 계속하는 것은 무례하고 체면 깎이는 짓이다. 그런 때는 샴페인 잔을 들고 건배해야 하며, 술을 좋아하지 않거나 의사 처방에 따라 술을 마시면 안 되는 사람도 '건배용'으로 적어도 한 모금쯤은 마셔야 한다. 이와 똑같이 토템 공동체의 구성원들도 원하든 원치 않든 특정한 날에는 토템 동물의 고기조각을 먹어야 한다. 이에 반해 연중 다른 날에는 이 고기를 즐기는 것이 엄격히 금지된다. 마찬가지로 우리 문화에서 전형적인 '행사 음료'로 취급되는 샴페인도 특별한 날 외에는 별반 생각나지 않고 마시고 싶은 기분도 들지 않는다. 파티를 할 때는 축하하고 즐겨라. 이 말은 또한 그런 경우가 아닐 때는 파티를 즐겨서는 안 된다는 뜻이기도 하다.

오늘날 기독교 대표자들의 질시어린 눈총을 받는[5] TV는 아마도 일을 중단하라는 이런 압력을 가장 충실히 이행하는 경우일 것이다. 더구나 특정 스포츠 경기가 중계될 경우, 종업원과 손님은 원하든 원치 않든 생방송을 봐야만 하는 상황에 처하곤 한다. 또한 (가령 지구 반대편에서 열리는 올림픽 경기처럼) 한밤중에 중계방송을 한다고 해도 우리는 잠에서 깨어나 TV를 보곤 하는데, 비디오 녹화기가 아무리 널리 보급되어 있어도 이러한 관행을 막을 수는 없다.

5.

어떤 경우에는 일하지 말라는 강제가 일하라는 강제보다 더 큰 압박이 되는 때도 많다. 일하지 말라는 강제는 바타유가 언급했듯이 종교에서 나온 것이다.

> "종교적 금지는 기본적으로 특정 행위를 대상으로 하지만 그 행위에 다른 가치를 부여할 수도 있다. 때로는 금기를 범하거나 위반하는 것을 허용하고 심지어 명령할 때도 있다."(Bataille 1993: 74)

여기서 바타유가 사용한 종교라는 용어는 더 넓은 의미로 이해해야 한다. 왜냐하면 알다시피 우리 문화에서 샴페인을 마시거나 TV를 시청하는 종교는 (교회와 같은) 제도적 대표성도 없고 대표성을 가진 인물도 없기 때문이다. 오히려 이 종교는 미셸 레리스가 '일상생활에서의 신성함'이라고 불렀던 컬트의 일종이다.(Leiris [1938] 참조)

이런 컬트 전체를 '문화'라 칭한다면, 우리는 바타유의 개념에서 기대치 않은 새로운 통찰을 얻을 수 있다. 바타유에 따르면 문화는 (가령 근친상간 금지 등에서) 흔히 볼 수 있는 것처럼 금지를 기본으로 해서 성립되는 것이 아니다. 그렇다고 해서 미셸 푸코가 지적한 것처럼 장려(incentive)를 일차적 조건으로 하여 성립되는 것도 아니다. 오히려 바타유에 따르면 문화의 결정적인 특징은 명령을 한다는 것, 더 구체적으로는 쾌락을 누릴 것을 명한다는 데 있다.[6] 문화는 '마셔라!', 'TV 중계를 보아라!', '놀아라!'라고 명한다.[7] 문화는 (그 명령의 가차 없음을 염두에 두고 말하건대) 마치 리볼버를 들이대듯 즐길 것을 강요한다. 문화는 소진을 강요하며, 그럼으로써 아름다움을 강요한다.

6.

과잉의 리볼버는 문화의 손에 쥐어져 있다. 이 무기를 우리에게 겨누는 것은 문화다. 가끔 우리는 이 등 뒤에서 리볼버를 아주 분명하게 느낄 때가 있다. 내기에서 약간의 돈을 땄을 때가 그런 때다. 이때 우리는 친구들과 함께 먹거나 마시는 데 그 상금을 써버린다. 그것을 그냥 가계 수입으로 잡는 것은 문제가 있는 행동이고, 수치스럽거나 '개운치 않은' 일이다.

이것은 다른 과잉에서도 마찬가지다. 가끔 우리에게는 행운의 발견물이 나타나는 경우가 있다. 수전 손택은 「캠프에 관한 단상」이라는 글에서, 몰취향적이거나 키치스럽거나 서브컬처에 속하는 것들을 포함해 전혀 꾸미지 않은 물건을 미적 대상의 지위로까지 격상시키는 능력에 대해 분석한 바 있다.(Sontag [1964] 참조) 이런 능력은 현재 대중문화 구성원들 사이에 널리 퍼져 있는 능력인데, 우리는 이런 능력에 힙입어 가령 길거리에 버려져 있는 별난 물건이나 아니면 로고가 새겨진 자동차 휠캡을 주워 집으로 가져오기도 한다. 한때는 시내를 오가는 트램에 비치된 비상탈출용 망치도 대중문화 수집벽이 있는 사람들 사이에서 오랫동안 컬트의 지위를 누린 바 있다. 어쩌다 성지순례지에 가게 된 문화학자라면 집에 있을 동료들을 위해 왕관 모양의 병뚜껑을 한 마리아상 성수병 챙기는 일을 소홀히 하지 않을 것이다.

그런데 이런 사물들을 미적으로 즐길 수 있기 위해서는 결정적으로 '전달'(전이)이라는 과정이 필요하다. 대부분의 경우 우리는 이런 물건을 선물로 준다. 그러지 못하고 그냥 집에 놓아두었을 경우 서둘러 손님들에게 그것을 길에서 주웠다거나 자신도 선물로 받았다고 알려주려 한다. 이 물건들은 말하자면 '뜨거운 감자'의 지위를 갖는다. 그것들은 결코 자신을 위해 만들거나 돈 주고는 사지 않을 물건이다. 이런 점에 볼 때 그것들은 획득이나 생산, 구매라는 일상적 메커니즘에서 벗어나 있다. 우리는 이 곤란하고 심지어 낯부끄러운 과잉의 물건을 이를테면 '순화'시키기 위해 우리와 같은 생각을 가진 다른 사람들이 필요하다. 그것들은 마르셀 모스적 의미에서 '선물'로 취급되어야 하는 것이다.(Mauss 1989 참조) 그것을 다른 사람에게 전달할 때 비로소 그것이 주는 미적 경험이 가능해지고, 키치적 취향을 가진 사람으로 여겨질지 모른다는 두려움에서도 벗어날 수 있다.

마르셀 뒤샹의 레디메이드 물건이 작가의 선택을 받고 의미를 얻게 된 것은 그의 특별한 도상학 덕분이기도 하지만(Zaunschirm 1983 참조) 그게 전부는 아니다. 그 작품들이 예술에 이질적이거나 극히 일상적 물건이라는 데 뒤샹이 전혀 개의치 않았던 이유—이 때문에 다수 평론가들은 '도발 이론'이라는 잘못된 주장을 펴기도 했지만—는 그가 그것을 발견물로 인식할 수 있었기 때문이다. 다른 사람에게서 받은 선사품이라는 특성 덕분에 뒤샹은 그 물건에서 즐거움을 이끌어낼 수 있었다.

7.

바타유는 모든 사회가 잉여를 생산하므로 이를 아낌없이 화려하게 소진할 필요성에 부딪힐 수밖에 없다고 주장했지만, 여기에도 역사적 차이가 있다는 점은 무시하기 어려울 듯하다. 특히 오늘날 우리는 이런 차이를 매우 괴로운 심정으로 목도하고 있다.

예를 들어 나는 '매혹'이라는 요소와 그것의 시대별 인식을 다룬 한 연구를 보다가 현재의 우리 시대가 특히 반세기 전 시대를 특히 매력적이고 스타일리시한 시기로 인식하고 있다는 사실을 발견했다. (자동차 산업에서 미니, 포드 머스탱, 포드 GT40과 같은 1960년대 디자인을 리메이크하거나 피아트 500과 폭스바겐 비틀처럼 큰 인기를 누렸던 60년대 구 모델을 재생산하는 데서 엿볼 수 있는 향수가 그 예다.) 이에 반해 우리 시대는 멋이라고는 거의 찾아볼 수 없는 김빠진 시대로 느껴지는데, 이 느낌은 별로 틀리지 않아 보인다. 현재의 디자인이 50년 뒤에도 각별히 매력적인 것으로 보일 거라 상상이 되는가? 이에 반해 우리가 감탄해 마지않는 1960년대는 그 시대 스스로 자신이 눈부신 광채의 시대라는 것을 잘 알고 있었다. 왜냐하면 그 시대는 우리가 느끼는 것과 같은 다른 시대에 대한 향수를 전혀 느끼지 않았기 때문이다.

나는 이 시대에 관한 자료를 찾다가 자동차 경주 선수인 요헨 린트(Jochen Rindt)를 다룬 TV 녹화필름을 본 적이 있다. 이 녹화필름에서는 사후에 세계 챔피언의 왕관을 쓰게 된* 린트가 훈련 중에 자동차 타이어 더미 위로 솟아있는 피트 벽 위에 앉아 외로이 담배를 피우는 모습을 볼 수 있다. 다른 장면에서는 린트가 경주에서 승리한 직후 다른 사람들과 함께, 아마도 그들을 우승자 시상대로 데려다 주는 화물차 짐칸에 서있는 모습을 볼 수 있다. 눈 밑에 굵게 검정 칠을 한 지저분한 얼굴의 린트는 웃음을 띠고 있다. (그때는 선수들이 아직 풀페이스 헬멧을 쓰지 않던 시절이다.) 내 생각엔 멋에 관한 한 이 소박한 녹화 장면에 버금갈 수 있는 것은 아직 없는 듯하다.

그 시대의 독특한 색감과 패션 등은 제쳐두고 이러한 시대적 멋을 요헨 린트라는 인물과 연결시키는 것은 그리 틀린 일이 아닐 것이다. 그가 보여주는 환희는 그의 외로움과 행복의 위태로움에 대조되어 더욱더 삶에 대한 기쁨으로 느껴진다. 그의 행복이 얼마나 부서지기 쉬운 것인지, 그리고 (하중을 고려해 되도록 가볍게 제작된 스포츠카를 생각해볼 때) 그 행복이란 것이 얼마나 위험한 것인지는 그의 지저분한 얼굴과 이제는 상상하기 어려워진 휴식시간 중의 외로움에서 잘 드러난다. (그리고 우리는 이 선수의 비극적 죽음을 알기에 더욱더 강렬한 인상을 받는다.)

린트가 이 일이 가진 고도의 위험성을 의식하고 있었다는 것은 수많은 진술과 아직도 전해지는 구체적 이야기들로 증명된다. 여기서 철학적으로 흥미로운 점은, 린트의 이런 이미지가 삶의 기쁨이라 부르는 것의 특별하면서도 다소 모순적인 구조를 잘 보여주고 있다는 것이다. 이 빛나는 삶에 대한 사랑은 (관심을 끌기 위한 자살 시도나 맹목적인 무모함

* 요헨 린트는 1970년 이탈리아 그랑프리 대회 중 사고로 사망했으나, 경쟁 선수가 남은 경주에서 충분한 점수를 얻지 못해 최종 우승자가 되었다.

과는 완전히 다르게) 자기 생명을 진짜로 걸 준비가 되어 있는 사람에게만 가능하다.[8] 한계에 대한 끊임없는 시험—그는 어렸을 때부터 이런 모습을 보였는데, 한 예로 물에 띄운 공기 매트리스 위로 점프해 넘어지지 않고 서는 데 성공한 유일한 아이였다고 한다—은 린트에게 살아있다는 사실을 분명하게 느끼게 해주는 역할을 했던 것 같다. 다른 사람들이 예컨대 브레히트의 '차 마시기'*와 같이 덜 무모한 방법으로 잠시 일상을 중단하는 순간에 살아있음을 느끼듯이 말이다. 이러한 본보기들은 삶의 이유(Grund)와 삶의 의미(Sinn)가 어떤 차이를 가지는지를 명확히 보여준다.

삶의 이유가 되는 것들은 사라져버리는 작은 것들, 우리에게 살아있다는 확신을 줄 수 있는 하찮은 것들이다. 가끔은 이러한 이유 때문에 생명을 걸어야 할 때도 있다. 이것과 비교해서 어떤 생각이나 대의에 기꺼이 생명을 걸 수 있는지 묻는 것은 완전히 다른 문제이다. 이때 삶의 이유로 인해 가지게 된 첫 번째 태도가 없다면, 이 두 번째 질문은 삶을 적대시하는 '원한감정'으로 바뀌게 된다. 그렇게 되면 생명과 맞바꿀 수 있을 만큼 가치 있는 것, 그래서 그것이 가진 가치만큼 삶을 가치 있게 해줄 수 있는 것을 찾게 된다. 마치 삶이 그런 교환가치를 필요로 한다는 듯이 말이다. 이런 태도에 비해 차라리 몽테뉴의 발언은 신선하게 다가온다. 몽테뉴는 어떤 사상이라도 자기 목숨을 걸고 지킬 수 없을 만큼 그렇게 어리석은 사상이란 없다고 했다.(Montaigne 2006: 23 참조)

그렇기에 빛나는 모습과는 거리가 먼, 대부분 노력만 열심히 하는 요

* 이 책 49쪽 참조.

즘의 자동차 경주 선수들을 보노라면, 요헨 린트는 그들과 달리 삶에 대한 기쁨으로 질주했다는 것을 느끼게 된다. 학교에서도 린트의 필름을 아이들에게 보여줄 필요가 있다. 아이들은 린트에게서 삶에 대한 어떤 태도를 배울 수 있을 것이고, 그래서 담배만 봐도 오줌을 지리는 우리들처럼 과민하고 수구적인 약골이 되지 않을 수 있을 것이다.

요헨 린트의 영상에서 지금의 우리를 매료시키는 저 멋은, 삶을 일상적인 살림도구로 보는 것이 아니라 선물 받은 것으로 이해하는 태도가 내뿜는 광채이다.[9] 모든 삶의 순간을 누리며 살고, 그에 맞춰 삶을 선사품으로 이해한다는 것은 어떤 대가를 치르더라도 이 선물을 소소한 살림살이용 도구로 전락시키지 않겠다는 것을 의미한다. 여기에는 우정의 경우에서와 비슷한 독특한 변증법이 들어 있다. 우정의 경우에도 우리는 그 우정을 위태롭게 하고 다정한 관계를 희생시켜서라도 심한 말을 해줄 친구, 필요하다면 멱살을 잡고 우리를 꾸짖을 용의가 있는 친구를 진짜 친구로 생각한다. '이중화'라는 저 필수적 법칙(10장 참조)이 삶과 우정 모두에 적용되고 있는 것이다.

8.

이로부터 우리는 왜 오늘날에는 1960년대 후반과 70년대 초반의 세련된 멋에 가까이 다가갈 수 없는지 알 수 있다. 우리 시대는 삶 외에는 아무것도 사랑하지 않기 때문이다. 우리 문화가 포스트모던하고 다원적인 쾌락주의를 성취했다고 믿는 기만적 자기 평가와 달리 (슬라보이 지제크와 페터 슬로터다이크는 그들의 비평에서 이런 시각을 너무 성급하게 받아들였는지도 모르겠다. Žižek 2004; Sloterdijk 2006 참조) 우리는 지금의 문화가 가진, 쾌락과 삶에 대한 근본적인 적대감을 직시해야 한다. 이에 대해서는 지제크 자신도 훌륭한 예를 제시했다. 디카페인 커피, 무알코올 맥주, 무가당 콜라, 무지방 휘핑크림, 신체 접촉 없는 섹스, 열광 없는 종교, 자기 손실 없는 전쟁과 같이, 말하자면 알맹이 없는 사물이 판치는 이 문화는 총체적인 '무-주의'(Non-ism) 문화다.(Žižek 1992, 2004, 2004a 참조)

우리 시대를 특징짓는 삶과 건강에 대한 총체적 염려는 앞서 언급했던 변증법의 정반대편을 보여준다. 즉 목숨을 걸려고 하지 않는 삶은 불가피하게 죽음과 똑같아지기 시작한다. 헤겔이라면 생명이 손상되는 것에 대한 저 과도한 두려움 자체가 과도한 손상이라고 했을 것이다.

9.

포스트모던 문화가 스스로 멋과 관대함에 대한 접근 자체를 거부하고 있다는 것은 탕진을 피하고 소진하지 않는다는 의미일까? 우리는 바타유가 말한 저 중요한 반경제의 과제, 곧 과잉의 처리를 잊은 절약 문화의 옹호자들인가?

바로 여기서 바타유를 따르는 입장이 현대 문화에 대한 다른 비판들—즉 현대의 효율성 숭배에 대한 비판이나, 문화, 아름다움, 삶을 가치 있게 해주는 것들에 대한 신자유주의적 경시를 겨냥한 여러 비판들—과 어떤 차이를 가지는지가 드러난다. 바타유는 바로 이 지점이 우리가 '바보'가 되지 않도록 조심해야 하는 곳이라고 가르친다. (맨더빌도 같은 의미에서 '바보'의 단순하고 순진한 비판과 '악당'의 냉소적 비판을 구분한다. Mandeville 1980 참조) 저 가련하고 경제적이며 효율적인 현실의 존재들에 대해 몽상적이고 이상적이며 자신들이 보기에는 인간적이라고 생각하는 당위를 요구하는 어리석은 주장을 경계해야 한다는 것이다.

프랑크푸르트학파와 이론적 휴머니즘의 철학적 궤도를 추종하는 입장에 따르면, 우리는 소외와 사물화에 맞서 고유의 인간성을 지키고, 도처에 퍼져 있는 도구적 합리성에 맞서 목적 합리성을 수호하고 요구해야 한다고 한다. 결국 이 비판에 깔려 있는 것은 우리가 인간됨과 인간된 느낌을 잊었다는 생각이다. 이러한 비판이 가진 위험성은 우선 이 비판의 대상인 '악당'이 잔인하게 웃으며 이렇게 대답할 수 있다는 데 있다. "나는 그런 건 모르겠고, 마이바흐 차를 타고 액셀을 밟을 때도 나는 당신들이 이해할 수 없을 만큼 인간적인 것을 아주 잘 느끼고 있지." 우리가 존재론적으로 미리 세계를 정확히 둘로 나누고 항상 그 반쪽에 근거해 그것만이 옳다고 주장한다면, 상대편은 그 반쪽에 대해 그것은 자기가 전혀 모르는 세계이고 따라서 필요하지도 않다고 반박할 것이 뻔하다.

그런데 위험은 다른 측면에 훨씬 더 크게 도사리고 있다. 위에서 예로 든 비판은 개탄에 불과하다는 사실이다. 특히 한 목소리로 이런 개탄을 늘어놓기 좋아하는 사람들은 그들이 개탄하는 비참한 상황으로부터 가장 많은 이익을 얻는 사람들이다. 저 비판은 이러한 한탄을 통해 정당성을 얻기도 하지만, 그것은 전체 갈등에 대비해 볼 때 대략 천분의 일 정도의 정당성이다. 그렇게 이 비판은 일말의 정당성을 띠고 이따금 사회의 양심 역할을 하고, 사회는 사회대로 비판의 순간을 제외하고는 계속해서 더욱더 양심 없이 굴 수 있다는 이점을 얻는다.

10.

반면에 바타유는 그와는 상당히 다른 비판적 논지를 펼친다. 먼저 그는 휴머니즘을 내세우는 비판가들과 그들에게 비판 받는 사람들이 똑같이 공유하고 있는 기본 전제, 즉 이 사회는 오직 효율적인 것과 도구적인 것에만 투자를 하고 그에 반해 문화적인 것(문화적인 것은 가끔 인간적인 것으로 이해된다)에는 돈을 아낀다는 생각을 반박할 것이다. 바타유는 이 사회가 절약을 한다거나 도구적 합리성을 지닌다거나 효율적이라는 가정에 동의하지 않을 것이다.

바타유에게 있어 가장 중요한 점은 오히려 탕진이 언제나 있었다는 명제다. 모든 사회는 잉여를 생산하기 때문에 그 잉여를 탕진하지 않을 수 없다.(Bataille 2001: 298 참조) 다만 그 방법이 문제다. 여기서 매우 중요한 차이가 나타나는데, 오늘날 우리는 이 차이로 인해 괴로움을 겪고 있다. 이해를 돕기 위해 탕진을 보편적인 것으로 보는 바타유의 명제와 프로이트의 명제를 비교해 보자. 프로이트는 쾌는 늘 있는 것이라고 가르쳤다. 어떤 것이 무(無)가 될 수는 없다는 데모크리토스의 유물론적 전제에 따르면 쾌는 항상 존재한다. 다만 프로이트가 보여주듯 그것이 늘 쾌락의 형태를 띠는 것은 아니다. 그것은 무의식에서는 쾌이지만 표면상으로는 신경증적 증상이라는 극도로 불쾌한 형태로 나타날 수 있다. 그런 경우 우리는 그 상태를 쾌라고 인지하지 못하는 상태로서 즐기게 된다. 이 경우 우리는 심지어 우리를 괴롭히는 그 증상들에 더욱 집착하고 이를 치료하기 위한 모든 분석적 시도에 저항하며 그 증상을 계속 유지하려 한다. 왜냐하면 바로 그 증상에 우리의 쾌가 들어있기 때문이고, 프로이트가 언급했듯이 바로 그것이 '신경증 환자의 성적 활동'이기 때문이다.

바타유의 관점에서 볼 때 우리 문화에 대해서도 똑같은 것을 말할 수 있다. 우리는 의식하지 못한 채 탕진한다. 소진은 존재하지만 관대함이라는 즐거움을 주는 형태로서가 아니다. 그렇기 때문에 우리 사회는 무의식적 향유라는 신경증적이고 불쾌한 형태로 잉여를 탕진한다.[10] 이런 증상은 두 가지 모습을 세트로 하여 나타나는데, 하나는 더 많은 효율성을 향한 절박한 요구이고, 다른 하나는 인간됨을 망각했다는 한탄이다. 이때 둘은 상호보완적인 동시에 공범 관계를 이루고 있다.

11.

우리 사회의 효율성이 가령 문화인류학자들의 외부관찰자적 시선에는 어떻게 느껴질지 상상해보면, 너무 많은 상상력을 발휘하지 않아도 금세 명확한 그림이 나타난다. (물론 그런 관찰을 한 인류학자들이 이미 나오기도 했다. Power 1994, Strathern 2000 참조.) 이 외부관찰자는 아마 다음과 같이 말할 것이다. 과거에는 생산적이었던 사회가 이제는 세계 공장의 관리부서로만 기능할 뿐이라고. 이 사회는 스스로를 효율적이고 생산적이라 생각할지 모르지만 실제로는 가능한 모든 곳에서 자기 생산성을 마비시키고 있다.

이 사회는 이렇다 할 생산성이 발생하지 않도록 곳곳에 브레이크를 설치한다. 예술 분야를 예로 들어보자. 예술계에는 큐레이터와 에이전트라는 생산성 제동 및 고갈 메커니즘이 있어서 오늘날 모든 예술가에게는 최소 두 명의 큐레이터와 에이전트가 붙는다. 어쩌다 이런 트렌드를 따르지 않는 예술가가 있다면 이 같은 환경 변화 때문에 작품을 하기가 여간 힘든 게 아니다. 그의 작업에서 예술적인 것이 차지하는 비율은 10퍼센트 미만으로 미미한 반면, 큐레이터들과의 소통, 시장 관찰, 셀프 마케팅, 홍보, 브랜딩, 직업상의 사교 활동 등이 막대한 비중을 차지하기 때문이다. 다수의 미술 아카데미 또한 학생들에게 창작 과정이 그 결과물만큼이나 중요하다고 강조함으로써 이런 생산성 제동에 일조한다. 이로 인해 학생들은 결과물을 생산하기는커녕 창작 과정조차 제대로 밟아보지 못하는 일이 흔하게 벌어진다.

이번에는 학문 분야를 살펴보자. 이 분야에서는 연구를 하는 대신 과거 연구에 대한 보고만 하거나 또는 향후 연구 프로젝트에 대한 제안서만 쓰는 연구자들을 볼 수 있다. 또 대학들은 가르치는 데 힘쓰는 대신 강의를 평가하고, 더 많은 홍보로 대중에게 피로감을 주고, 끊임없이 구조를 개혁하고, 새로운 커리큘럼과 학위과정들을 개발하는 데 훨씬 더 큰 노력을 기울이는 것을 볼 수 있다. 이와 동시에 일부 사람들이 관찰했듯이, 대학 교육의 경제성을 높인다는 명분으로 "새로운 정치적 성격의 개혁 위원회가 만들어지고 위원회 위원들은 이 새로운 경제화의 압력을 자신들의 정치 경력을 위한 사업으로 만들곤 한다."(Nitsch 2004) 개혁을 열렬히 반기는 연구 및 교육 분야의 거대한 기생 집단은 연구기관과 교육기관 주변을 에워싸고 이들로부터 연구비를 빼앗아 결국 이들이 거의 아무것도 생산하지 못하도록 만든다.

바타유를 따르자면 이것은 엄청난 탕진이다. 하지만 자신들이 마술을 부리는 것을 아는 사회가 있고 그것을 모르는 사회가 있듯이[11] (이처럼 끊임없이 평가와 감정을 행하는 우리 사회의 관행은 최근의 문화인류학자들에 의해 '감사監査 사회'라는 키워드로 요약되어 현대 마법의 한 형태로 설명되고 있다. Power 1997, Schwarz 2006 참조.) 자기들이 탕진한다는 것을 아는 사회가 있는가 하면 그것을 모르고 인정하고 싶어 하지 않는 사회도 있다. 하지만 스스로를 알지 못하는 사회일지라도 그 사회가 매우 효과적인 탕진 메커니즘을 발전시킬 수 있다는 것을 인정해야 한다. 대규모로 자원을 낭비할 수 있는 메커니즘이 있다는 것을 모르기 때문에, 이 사회는 그것을 통해 마술의 매력, 즉 탕진의 멋을 취할 수 없고 관대함의 느낌도 가질 수 없다.

따라서 효율성 열풍을 지지하는 사람들에 대한 바타유의 비판은 이에 대한 일반적 비판과는 완전히 다르다고 할 수 있다. 바타유라면 "인간적인 면을 잃어버리지 않도록 우리에게 돈을 좀 주시오"라고 하지는 않을 것이다. "보시오, 우리도 가끔은 효율적일 때가 있어서 예상치 못한 이익을 창출합니다만"이라고도 하지 않을 것이다. 오히려 그는 다음과 같이 말할 것이다.

"솔직하게 한번 이야기해봅시다. 지금까지 우리가 충분히 만족스럽게 먹어치우지 않았다는 것을 인정하겠소. 그래서 당신들이 더 효과적인 낭비 기관으로 우리를 대체하려고 했지요. 하지만 이제 시험 삼아서라도 당신들이 스핀닥터, 평가 감사단, 개혁 전도사, 교육 중개업자에게 갖다 바친 돈을 우리에게 한번 줘 보시오. 그러면 즐거움을 선사하는 문화와 문화이론을 위해 우리가 얼마나 멋지게 마지막 1센트까지 이 자원을 탕진하는지 볼 수 있을 것이오. 그때는 지금과는 달리 관대함의 아름다운 광채가 당신들과 우리 주변을 환히 비출 것이오."

15
식인은 숭고하다
기이한 식사 관행이 지닌 가치들

음식은 우리의 생물학적 필요를 충족시키는 아주 단순한 것이지만, 그럼에도 그것은 항상 문화적 요구를 반영하는 복잡한 규칙 체계에 둘러싸여 있다. 이를 입증하는 분명한 증거들이 일상생활의 가장 익숙한 영역에서도 발견되는데, 가령 식사시간은 일정해야 하고, 맛이 있든 없든 차려진 음식은 먹어야 하며, 입에 음식을 가득 넣은 채로 말을 해서는 안 되고, 남의 식사를 방해해서는 안 된다는 등의 규칙이 그것이다.

그러나 문화 이론가들이 지적하듯이[1] 이 상징적 질서의 규칙에는 항상 이면이 존재한다. 그런데 우리를 야만에서 벗어나게 하려는 저 예의범절의 반대편에는 특이하게도 무질서가 아니라 예의범절만큼이나 엄격하면서도 다소 기묘한 또 다른 규칙이 앙상블을 이루고 있다. 그것은 바로 예의범절을 위반하라는 규칙이다. 우리는 이미 일상생활에서 그러한 위반의 규칙을 접하곤 하는데, 이때 이 규칙은 그다지 해로운 것이 아니다. 예를 들어 단것은 절대 먹지 말라는 주치의의 식단 처방이 있더라도 직장 동료가 생일이라면 우리는 이 규칙을 어기고 다른 직원들과 함께 축하에 필요한 케이크 조각을 조금이나마 먹어야 한다. 보통은 일하는 것이 규칙을 따르는 것이라면, 축하하거나 기념할 일이 있을 때 일을 멈추고 축하 의식을 하는 것은 이면의 규칙을 따르는 것이다. 아끼고 절제하는 것이 규칙이라면, 기꺼이 축하를 하는 관대함은 위반 규칙을 따르는 것이며 이 규칙은 비싼 샴페인을 '강물처럼' 흘러넘치게 하라고 명한다.(Bataille 1986: 201 참조)

또한 이러한 이면의 규칙은 종종 다른 인간, 배설물, 자기 생명 등(예절 규정과 일반적 도덕 감정으로는) 결코 먹어서는 안 되는 것을 먹으라고 명하기도 한다. 그리하여 음식 섭취에 관한 예절의 어두운 이면에서는 식인 풍습, 분변 섭취, 의도적인 자기신체 섭취(Thanatophage)가 발견되곤 한다.

꼭 기이한 것과 대비해 보아야만 평범하고 정상적인 것을 알아볼 수 있는 것은 아니지만, 음식 문화에서 나타나는 위반의 규칙은 최소한 세 가지 점에서 중요한 역할을 한다. 첫째로, 이 위반 규칙은 아무리 입맛 떨어지게 보일지라도 사회적, 윤리적 질서의 필수불가결한 버팀목 역할을 한다. 따라서 이것을 치워버린다면 문명화되고 질서 잡힌 삶의 기반이 파괴될 수 있다. 이는 슬라보이 지제크가 예로 든 블라이 선장에게서 잘 드러난다. 1789년 일어난 선상반란으로 잘 알려져 있는 바운티 호의 블라이 선장은 선원들 사이에서는 전통이지만 법에는 어긋나는 처벌 관행과 성년식을 인도적 차원에서 금지함으로써 선원들의 큰 불만을 샀다. 선원들의 관습과 그것이 주는 쾌락에 대한 금지 조치는 결국 선장의 공식적이고 법적인 권위를 훼손하는 결과로 이어졌다.(Žižek 1995 참조) 식사 예절은 이런 사례와 다르다고 하겠지만, 식사 예절의 이면을 보면 집단의 공존과 규칙의 유지를 위해서는 공동의 정기적인 식사 의식, 즉 일종의 '성찬식'이 반드시 필요하다는 것을 알 수 있다.(Smith 1899: 13 참조)

둘째로, 위반 행위는 아무리 문명화된 규칙을 위반하는 야만 행위로 보일지라도 항상 어떤 윤리적 의무감에서 비롯된 행위이지, 그냥 단순히 교양 없는 성향에서 비롯된 행위가 아니다. 따라서 셋째로, 그 행위가 미학적 관점에서 기본적으로 높은 만족감을 준다면 어쨌든 그것은 "감각적 관심에 반하는" 행위로 이해해야 하며, 임마누엘 칸트의 분류에 따라 '숭고미'의 영역에 속하는 것으로 보아야 한다. 모든 현대 예술이 교양 계급의 이른바 '좋은 취향'(Good Taste)이라는 것과 지속적으로 단절을 시도해왔고, 그런 이유로 숭고의 미학으로 분류된다는 점을 생각한다면,[2] 음식이라는 주제와 관련된 예술적 시도가 단순히 즐겁고 장식적인 요리 기술이라는 흥밋거리를 넘어 예술로까지 승화되는 사례는 바로 식사 예절의 어두운 이면에서 만날 수 있다. 혹은 자크 라캉의 말대로, 음식을 상징적 질서의 울타리 저편에서 돌아다니게 함으로써 영양가 있거나 그저 맛있었던 대상이 이제는 숭고한 '사물'(Ding)로 격상된다고 하겠다.(Lacan [1959-60]: 138 참조) 이것이 정신분석학적 관점에서 볼 때 예술창작의 특징인 '승화'가 일어나는 과정이다.

1. 식인

인류학자 윌리엄 로버트슨 스미스에 이어 지그문트 프로이트는 다음과 같은 점을 발견했다. 토템 사회에서 보통 때는 식용이 금지된 토템 동물을 식사 의식에서 먹는 것은 신에게 희생물을 바치는 행위가 아니라 과거 범죄의 재연이라는 것이다. 여기서 토템 동물은 부족 구성원들에게 친족으로 간주되는 동물로, 이전 조상을 대신하는 존재다. 프로이트의 기발한 발상에 따르면, 과거 어느 때인가 형제들이 합세해 조상을 죽이고 함께 그 조상을 먹었다는 것이다.(Freud [1912-13]: 426 참조) 그러나 이때부터 이 최초의 범죄와 그 정기적인 상징적 재연을 통해 적어도 근친상간을 금지하는 규범이 부족에게 공고하게 확립될 수 있었다. 이제 누구도 조상의 자리를 대신하여 여성 구성원에 대한 성적 통제권을 가질 수 없게 된 것이다.

프로이트의 발상이 공상처럼 보일지 몰라도, 위반의 명령(금지된 동물, 말하자면 친족인 동물을 '식인'을 하듯 먹으라는 명령)과 그로 인해 확립된 근친상간 금지 사이의 필연적 연관관계는 많은 시사점을 던져주는 듯하다. 이 연관성에 비추어 볼 때, 오늘날의 서구 사회는 최근까지도 유효했던 위반의 명령(예컨대 술 또는 담배를 축하를 하듯 즐기라는 명령)을 이제는 대부분 이해하지 못하고 오히려 금지로 대체하고 있다. 따라서 이런 사회에서 근친상간이 실제 법적 차원에서는 그렇지 않지만 매료라는 측면에서는 점점 늘어나고 있는 것도 그리 놀라운 일이 아니다.(Berkel 2006 참조) 근친상간을 매력적으로 느끼면서도 그것을 대놓고 받아들이지 못하게 되면, 사람들은 반대로 법과 문명을 유지하려는 모든 노력을 극히 권위주의적이고 심지어 근친상간적인 제스처로 폄훼하게 된다. 그리하여 이제 아버지 역할을 하는 모든 남성 또는 여성은 현대판 원 조상으로 간주된다. 특히 그가 금지된 것과 반대되는 행동—가령 담배를 피우거나 술을 마시거나 그 밖의 저속한 행동—을 하면서 상징적 질서가 명하는 위반의 규칙을 따른다면 더욱 그러하다.

이러한 연관성은 예술에서도 나타난다. 인간의 언어를 정신분석 이론에서처럼 비인격적 법칙의 매개체로 보지 않고 인간관계라는 참아내기 힘든 친밀성을 형성하는 수단으로 보는 예술작품에서는, 원초적 폭력이나 다른 사람에게 잡아먹히는 식인적 상황은 일종의 해방이 되고, 심지어 문명화된 행위가 된다. 리처드 세넷이 지적했듯이, 문명화라는 것이 다른 사람에 대해 "자신의 자아로 부담을 주지 않는" 것을 뜻하는 한 그러하다는 말이다.(Sennett [1974]: 336) 그리하여 작가이자 언어이론가인 오스발트 비너는 다음과 같이 쓸 수 있었다.

> "모든 사람이 침을 뱉는 대신 쌍욕을 퍼붓는다면, 그리고 원수가 저기 서 있을 때 그를 말로 묘사하거나 증오할 필요 없이 그냥 그를 죽이거나 그에게 죽임을 당한다면, 그때 이 세상은 얼마나 아름다운가. 그러면 원수는 내 아내와 붙어먹거나 내 살을 먹어치우거나 내 뼈를 부러뜨리는 게 전부일 뿐, 무슨 겁나는 인상도 남기지 못할 것이다.
>
> 우리에게 젊은 힘이 용솟음치는 때는 이런 때다. 우리는 박수갈채도 없이 돌진하고 죽인다. 너의 언어는 나에게 암을 일으킬 수 없다. 나는 죽을 것이다. 나는 분노도 하지 않고 그냥 죽을 것이기 때문에, 나는 방해가 되기 때문에, 나는 영양가가 있기 때문에 죽을 것이다."(Wiener [1969]: LXII)

여기서 적나라한 식인적 폭력의 형태를 띤 위반 행위는 묘사, 증오, 박수갈채와 같은 근친상간적 시도*를 불가능하게 만든다. 그리고 이것은 상당한 이점을 주기도 하는데, 심지어 자신이 희생자이거나 먹히는 경우일지라도 그러하다. 동족을 먹는 행위에 대해 긍정적 태도를 취하는 아방가르드 예술 그룹은 더 있다. 하지만 이번에 중심이 되는 것은 먹히는 쪽이 아니라 먹는 쪽이다. 그 그룹은 1928년 발표된 「식인 선언문」의 저자 오스왈도 데 안드라데를 중심으로 한 브라질 그룹으로, 선언문에는 이런 말이 적혀 있다. "나는 오로지 내 것이 아닌 것에만 관심이 있다. 인간의 법칙. 식인종의 법칙."

이러한 편 가르기와 자신을 어느 한편에 귀속시키는 태도는 물론 유럽 식민개척자들과의 대립에서 비롯된 것인데, 이 대립은 독특한 변증법의 형태를 띤다. 즉 식민 지배를 당하는 사람들은 자신들을 식인종으로 정의함으로써 식민지배자들에게 자신들이 피지배자가 아니라는 것을 보여주려고 한다.

자신의 것으로만 영양을 섭취함으로써 해방되려고 하는 포스트모던적 정체성 정치와 달리 데 안드라데의 교양 있는 식인종들은 자기들과 다른 것만을 잡아먹는다. 이것이 위 선언문 속의 인간과 식인종의 법칙이 동일한 이유다. 바로 이 지점에서 식인종들의 인간적인 면이 드러난다. 그것은 자기 정체성에 집착한 그런 것이 아니라 인간과 식인종 모두를 아우르는 보편적인 것이다. 동시에 이 식인종들은 인도적이다. 이 자칭 식인종들은 슬라보이 지제크가 언급한 농담에 나오는 등장인물들과는 정반대이기 때문이다. 저 농담 속 인물들은 자기들 근처에는 식인종이 한 명도 없다고, 마지막 남은 식인종은 이미 몇 달 전에 잡아먹

* 묘사, 증오, 박수갈채 등은 가깝든 멀든 이미 형성된 인간관계를 전제할 때 나올 수 있는 행위이므로, 친밀한 관계에서 벌어지는 근친상간적 요소를 그 안에 가지고 있다는 뜻.

었다고 한다.(Žižek 1991: 92 참조) 비식인종과 반대로 식인종만이 비(非)멸종을 보장하는 것이다.

2. 배설물 먹기

데 안드라데의 식인종들처럼 우리의 식사 규범과 꽤나 거리가 먼 행위자들은 또 있다. 스티븐 그린블랫은 『불결한 의식』이라는 연구에서 인디언 비밀결사의 사례를 소개한다. 이 비밀결사의 회원들은 1881년 인류학에 관심이 많은 백인 미국 기병대 장교가 귀빈 자격으로 그들을 방문했을 때 그에게 전례 없는 광경을 보여주었는데, 그것은 어떤 면에서는 기독교의 미사를 연상시키는 의식이었다. 그 의식이 진행되는 동안 그들은 더할 나위 없이 즐거운 모습으로 소변과 심지어 대변을 먹기까지 했다. 그린블랫은 다른 여러 사례들에 근거해 이런 '배설물에 대한 향수'(nostalgie de merde)는 많은 문화에서 나타나는 행위로(구약성서에도 기록되어 있다) 억눌린 자들이 압제자들에 저항할 때 특징적으로 취하는 항의의 제스처임을 보여준다. 그런데 이 저항은 정신분석에서 말하는 '역전이'라는 특징을 띤다.(Signer 1997 참조) 즉 이 제스처는 "당신은 나를 미개인으로 생각하는 것 같은데, 그렇다면 당신이 생각하는 대로 내가 진짜 야만인이 어떤지 연기해서 당신을 놀래켜 주지"라는 반항적 의미를 담고 있는 듯하다. 결과적으로 이 제스처는 양가적 의미를 지니는데, 그린블랫은 이를 잘 인식했다.

> "더러운 것은 상징적으로 백인을 가리키지만 결국 그것을 삼키는 것은 인디언들이다. 욕보이는 제스처는 동시에 자신들의 실패에

> 대한 인정이기도 한 것이다. 왜냐하면 피억압자의 풍자적 유머는 그것이 아무리 정곡을 찌르더라도 항상 억압의 상태를 기본조건으로 전제하기 때문이다."(Greenblatt 1995: 36)

그래서 카를 마르크스가 종교의 양가성에 대해 자주 언급했던 지적은 저 불결한 의식에도 적용된다. "종교에서 말하는 인간의 비참함은 어떤 의미에서는 현실적 비참함의 표현이며, 또 다른 의미에서는 현실적 비참함에 대한 항의다."(Marx [1844]: 17)

예술은 현대 서구 문화에서 사회적 역전이가 나타나는 가장 두드러진 분야 중 하나이고, 아니나 다를까 저 '분변학적 의식'도 지난 수십 년 동안 바로 이 지형에서 주로 나타나곤 했다. 1968년 6월 빈 대학 제1 대형 강의실에서 있었던 행위예술 〈예술과 혁명〉[3] 또는 마이크 켈리(Mike Kelley)의 작업 〈유아시절 순수함에 대한 향수적 묘사〉(1990)[4]와 같은 빈 행동주의 예술 퍼포먼스가 그런 사례다. 대중문화에서도 이러한 현상을 볼 수 있다. 힙합 가수들이 우리가 듣고 싶어 하지 않거나 심지어 입에도 올리고 싶지 않은 것을 노래로 부르는 것이 그 예이다. 그럴 때면 중산층 시민계급의 신문 문예란은 할 말을 잃거나 기가 막혀 할 뿐이다.(Radisch 2007 참조) 하지만 이때 그 신문은 역전이를, 즉 그런 저급한 가사가 나온 이유가 그들 자신의 시각 때문이라는 사실을 망각하고 있다. 사실 힙합 래퍼들이 볼거리를 제공하고 그럼으로써 거리를 두고자 했던 대상은 바로 이런 관찰자들의 시각이었다. 요컨대 앞에서 설명했듯이 청소년들은 무엇인가라도 해서 부모들이 자기들이 가는 콘서트에 가는 것을 막으려고 하는 것이다. 여기서도 위반은 다시금 교양화하는 힘, 즉 숨 막히게 하는 가까움과 친밀한 이해심 내지는 근친상간적 이해심을 멀리하고 피하는 힘으로 나타난다.

물론 배설물에 열광하는 사람이 피억압자나 억눌린 사람들에만 국한된 것은 아니다. 사드 후작의 소설 『소돔의 120일』의 상당 부분은 이러한 열광에 관한 이야기다. 1975년 개봉한 피에르 파올로 파졸리니(Pier Paolo Pasolini)의 동명 영화에서 신사들이 그들의 희생자들에게 배설물을 먹도록 강요하는 장면도 언뜻 보면 이런 맥락에서 나온 것처럼 보인다. 하지만 간과해서 안 될 것은 파졸리니가 그 소설을 영화화한 것은 아니라는 점이다. 그 영화의 주인공들은 오히려 그 소설을 자기들 상황에 맞게 각색한 파시스트들이다. 그렇기 때문에 사드의 방탕아들에게 가장 중요한 것, 즉 대변을 먹는 즐거움은 그들에게 낯선 것으로 남게 된다.

> "판사님, 발기하셨네요." 공작이 말했다. "이야기하시면 항상 그렇게 되시는 것 같아요."/ "내가 발기했다고요?" 판사가 말했다. "그렇지는 않아요. 하지만 그러잖아도 저는 막 소피 양에게 똥을 누게 하려는 참이긴 했지요. 그녀의 감미로운 똥이 저한테 좀 효과가 있으면 좋겠군요."/ "아, 이거예요, 제가 생각한 것 이상이에요!" 퀴르발[판사]은 그 소시지 모양의 것을 허겁지겁 먹은 후 외친다. "빌어먹을 신이시여! 내 좆이 정신을 차리기 시작했어요." (Sade 1979, 2부: 181)

이 신사들이 직접 배설물을 먹는 것, 그것도 그린블랫의 인디언들처럼 열등감에서 저항하기 위해서가 아니라 반대로 드높은 주인의식으로서의 자율성을 느끼며 그렇게 하는 것은 우리에게나 그들을 모방하는 파시스트들에게나 수수께끼처럼 느껴질지 모른다. 하지만 그것은 계몽 시대의 핵심어인 자율성이 파시스트들에게 (그리고 아마도 우리 시대에도) 아무런 역할을 하지 못하기 때문이다.* 이에 반해 사드의 방탕아들에게 가장 중요한 것은 대상으로부터 최대한 독립된 방식으로 성적 만족감을 훈련하는 것이다. 이것이야말로 그들이 자율성을 지킬 수 있는 유일한 방법이다. 그렇지 않을 경우 그들은 스스로 볼 때 대상의 노예가 될 것이다. 따라서 그들은 "우리를 흥분시키는 것은 방탕의 대상이 아니라 나쁜 짓이라는 관념"임을 분명히 보여주는 그런 대상물을 필요로 한다.(Sade 1979, 1부: 214) 그리고 배설물보다 여기에 더 적합한 대상은 없다. 배설물이 사드 소설에서 두드러진 역할을 하는 것은 바로 이런 이유에서다.

따라서 우리는 자크 라캉이 지적했듯이 사드를 윤리의 차원에서 칸트와 동일하게 읽어야 할 뿐만 아니라(Lacan [1963] 참조) 미학의 차원에서도 그렇게 읽어야 한다. 칸트의 숭고의 미학에서 핵심적인 것은 숭고의 감정을 느끼는 계기가 궁극적으로는 대상에 있지 않다는 것이다. 오히려 아무런 미적 감정도 일으키지 않는 대상이야말로 관찰자 자신이 쾌락을 결정짓는 관념의 소유자임을 증명하는 데 적합하다.

* 파졸리니의 파시스트들은 사드의 인물들과 달리 자신이 아닌 타인에게 배설물을 먹게 함으로써 즐거움을 얻는다는 점에서 칸트가 말한 계몽 즉 '타인의 예속에서 벗어나 스스로 판단하고 행동할 수 있는 자율성'을 갖지 못한 주체들이다.

"그래서 폭풍우에 포효하는 광활한 바다는 숭고하다고 할 수 없다. 그 광경은 끔찍하다. 그것을 보면서 스스로 숭고한 감정이 들기 위해서는 우리는 심의(心意)를 이미 어떤 관념으로 채워 놓고 있어야 한다…."(Kant [1790]: 166, §23)

여기서 칸트가 염두에 두고 있는 만족은 대상의 성질이 아니라 기본적으로 '자기 심의'를 채우고 있는 관념에서 점화된 그런 만족이다. 이런 점에서 볼 때 칸트의 '포효하는 바다'는 사드의 탕아의 배설물에 정확히 상응한다.

3. 죽음을 먹기

사드 소설을 충실히 영화화한 것이 있다면 그것은 파졸리니의 1975년 영화(파졸리니 자신도 사드 소설을 영화화한 것이 아니라고 주장하고 있지만)보다는 마르코 페레리(Marco Ferreri) 감독의 1973년작 〈그랑 부프〉(La Grande Bouffe)이다. 이 영화는 흥미롭게도 폭력 장면 하나 없이 사드의 소설을 영화화하는 데 성공했다. 남자 네 명이 조용한 고급 저택을 찾는다. 영화가 진행됨에 따라 서서히 이들이 그곳에 간 이유가 밝혀지는데, 그곳에서 산해진미를 과도하게 탐하다 삶을 마감하려는 것이었다. 네 명의 친구, 폭설 때문에 아무도 떠날 수 없는 외딴 곳, 몇 명의 경험 많은 여성들, 한 무리의 아이들, 에로틱한 이야기, 진수성찬 등 세부적인 요소에서 이 영화는 『소돔의 120일』과 아주 많은 공통점을 보여준다. 그리고 무엇보다 눈에 띄는 핵심적 특징은 사전에 협의된, 세부적이고 정확한 규칙에 의해 이루어지는 거대한 성적 방종이다.

영화 속 난교는 해야만 하는 의무로까지 격상되는데, 이는 사드의 방탕아들이 벌이는 난교와 결정적인 특징을 공유한다. 그것은 칸트 자신은 불가능하다고 생각했고 라캉은 그와 반대로 사드와 칸트의 의무 윤리가 지닌 공통점으로 보았던 것으로(Lacan [1963] 참조), 칸트는 어떤 감각적 경향성도 교수대의 위협을 버틸 만큼 강하지 않지만 도덕적 의무감은 가능하다고 한 반면(Kant [1788]: 140 참조), 라캉은 죽음의 위험에도 조금도 위축되지 않고 (오히려 죽을 위험에 더 자극을 받아) 단호히 열정을 추구한 것이 바로 사드의 방탕아들이었음을 보여준다. 경향성에 몸 바친 그들의 불량한 의무는 칸트가 연구했던, 그리고 아마도 너무 성급히 선(善)으로 규정한 의무와 마찬가지로 죽음도 감내한다.

이보다는 덜 극단적인 페레리 영화의 미식가들도 당당히 죽음에 맞선다. "안 먹으면 죽을 수 없다"며 주인공 중 한 명은 다른 주인공을 격려하며 퓌레를 먹게 한다. 일반적 규칙을 위반하는 이런 모습이 아무리 기묘하게 보일지라도 현재의 우리에게는 어쩌면 그 의미가 더 잘 와닿을 수 있다. 즉 여기에서도 규칙의 어두운 이면은 규칙을 유지하는 버팀목 역할을 하고 있음을 알 수 있는데, 죽음에 당당히 맞설 수 있다는 것은 삶을 위한 매우 중요한 전제조건이 되기 때문이다. 현재 생명을 보호한다는 구실로 모든 즐거움을 건강에 해로운 것으로 악마화하고 금지하는 생명관리정치는 삶을 이미 죽어 있는 것으로, 일종의 조기 사후경직이 되도록 만든다. 마찬가지로 아무 잘못도 없는 비행기 탑승객들에게 신발을 벗고 허리띠를 풀라고 해서 치마와 바지를 흘러내리게 하는 공항들에 대해 우리는 천 번 굴욕을 당하느니 한 번 폭탄에 터지고 마는 게 더 낫지 않느냐고 묻고 싶다. 여기서 낯부끄러운 것은 상징적 질서를 위반하는 행위가 아니라 규칙을 부지런히 지키며 모든 위반을 열성적으로 저지하는 방식이다. 이에 반해 페레리의 주인공들은 죽음의 식도락 모험을 통해 삶에 대한 사랑을 정확히 보여준다. 유베날리스의 원칙에 맞게[5] 그들은 사는 것이 가치 있는 이유를 생생하게 보여준다. 이런 이유가 충분히 주어질 때 그들은 이를 위해 기꺼이 목숨도 내놓으려고 한다.

VI

삶의 이유

16
일인가, 놀이인가?
조르주 바타유를 통해 읽는 요한 하위징아

1. 발견자 바타유

철학자 조르주 바타유(1897~1962)의 빼어난 점 중 하나는 그의 발견에 있다. 그는 거의 알려지지 않은 귀중한 텍스트와 그림 자료를 서고에서 발견해 초현실주의자들과 사회학, 인류학, 철학 분야의 동료들에게 전해주었다.[1] 그는 니체 철학의 중요성을 새롭게 인식했고 그것을 옹호했으며, 나치가 부당하게 자신들의 것으로 만들려고 했던 니체를 바로 그 시점에 좌파에게 돌려주었다. 이로써 그는 프랑스 철학에서 니체에 접근하는 길을 열어 주었고, 그 결과 1960년대 프랑스 철학의 생산성에 결정적인 기여를 했다.[2] 바타유의 또 다른 발견으로는 네덜란드의 문화이론가 요한 하위징아가 있다. 바타유는 하위징아가 1938년 저작 『호모 루덴스—놀이하는 인간』에서 다루었던 주제의 특별한 중요성을 알아차린 후대의 몇몇 비평가 중 첫 번째로 꼽을 수 있는 인물이다.

그 책의 프랑스어판이 발간된 1951년 바타유는 단순한 서평을 훨씬 뛰어넘는 논문을 한 편 발표한다.[3] 그의 정밀한 분석에는 바타유 자신의 표현대로 "여러 시각을 열어줄 수 있는" 이론적 발전에 대한 철학적 통찰이 잘 드러나 있다.[4] 하위징아의 이론과 바타유의 해설이 현대 문화에서 여전히 큰 시사점을 갖는 이유는 그가 강조한 이 시각들 때문이다. 바타유는 동시에 그와 하위징아를 가르는 차이와 문제들에 대해서도 잘 인식하고 있었다. 그런데 이 문제들을 살펴보면 주권, 위반, 소진과 같은 바타유 고유의 중심 테마들이 바타유 스스로 세운 이론에서보다 더 잘 설명되는 듯하다. 발견자 바타유는 그러한 문제들을 통해 자신의 발견을 가능하게 했던 이론적 가정들을 다시 검토해야 하는 과제를 만났던 것이다.

2. 탐닉, 문화, 놀이의 상실

요한 하위징아의 놀이 이론은 기발하면서도 모순적인 두 개의 논제를 담고 있다. 이 테제들은 하위징아 이론이 다른 대부분의 놀이 이론뿐만 아니라 놀이에 대한 보통의 이해와도 커다란 차이가 있다는 것을 보여준다.

(1) 첫 번째로, 하위징아는 놀이가 다른 어떤 행위도 제공하지 못하는 열광을 가능케 해준다고 한다. 예를 들어 놀이를 할 때 아기들이 꺅꺅 소리를 지르고 스포츠 경기를 보는 어른 관중들이 광란에 빠지는 것이 그러하다.[5] 놀이에서 특징적으로 나타나는 이 특별한 열광, 이런 탐닉을 하위징아는 '신성한 진지함'이라고 부른다. 이 진지함은 일상에서 볼 수 있는 온건한 진지함과는 근본적으로 다른 것이다.

여기에서 벌써 첫 번째 역설—하위징아에 따르면 '전적으로 역설적인' 결과—이 나온다. 즉 놀이를 하는 사람은 항상 그들이 놀고 있다는 것을 알아야(또는 최소한 그렇다고 생각해야) 한다. 그들은 이것이 그냥 잠깐의 놀이일 뿐이라는 것을 잊어버렸기 때문에 놀이에 깊이 몰입하고 있는 것이 아니다. 그냥 놀이라는 것을 잊어서 그런 거라면 일상의 일을 처리할 때 느끼는 기분, 즉 적당히 즐겁거나 조금 언짢거나 또는 지루하거나 한 기분만을 느낄 것이다. 즉 놀이중인 사람이 탐닉과 열광에 사로잡히는 것은 놀이인 줄 알면서도 갖는 환상 때문이지, 흔히들 생각하는 것처럼 놀이라는 걸 명확히 알지 못해서 갖는 환상 때문이 아니다.[6]

오직 놀이만이 성스러운 진지함, '열광'(fever, 佛 fièvre),[7] 점차 고조되는 몰입과 축제의 분위기를 만들어 낼 수 있기에 하위징아는 종교, 예술, 스포츠 등 모든 문화의 근원에는 놀이가 존재한다고 추론한다. 다시 말해서 이 모든 문화 분야는 '놀이 영역'에서의 탐닉과 축제적 성격에 기원을 두고 있다는 것이다.[8]

(2) 이 첫 번째 테제에서 시작해 하위징아는 이제 수수께끼에 맞닥뜨린다. 놀이가 모든 문화의 근원임에도 역사에서는 놀이 요소가 퇴조하거나 유실되는 특이한 경향이 관찰되는데, 이는 놀이가 토대가 되는 종교, 예술, 스포츠와 같은 문화 영역에서도 예외가 아니다.[9] 하위징아는 많은 역사적 사례를 들어 이 영역들에서 놀이의 요소가 어떻게 점점 더 사라지게 되었는지, 나아가 왜 '신성한 진지함'이 사라지고 기쁨의 열광이 퇴조하게 되었는지에 대해, 즉 막스 베버의 용어로 말하자면 '세계의 탈마술화'[10]가 왜 일어나게 되었는지에 대해 설명한다.

이를테면 1960년대 건축, 자동차 디자인, 패션, 영화, 예술의 화려함을 갈망의 눈으로 부러워하는 지금의 우리 자신이야말로 하위징아 테제의 좋은 예일 것이다. 우리가 그러한 화려함을 갈망하게 된 것은 그때 이후로 일상인 것을 추구하는 경향이 계속 강해진 탓이다. 그리고 이런 경향 때문에 우리 세계는 불과 몇 십 년 전의 세계보다 훨씬 밋밋하게 느껴지게 되었다. 하위징아가 애석한 마음으로 관찰했던 이 역사적 경향에 대해 설명하기란 무척 어려운 일이다. 하위징아조차도 여전히 탐색 중인 답변을 임시로 제시하거나 설명이 더 필요한 답변만을 내놓는 데 그치고 있기 때문이다. 일례로 하위징아는 "효용 개념", "복지의 이상"을 언급하거나, 과학과 기술의 도약을 통해 "인간은 자신들의 진부한 일상성을 모델로 세상을 낙원으로 만들려고 한다"라고 쓰고 있다.[11] 베버는 비슷한 단어를 사용해 하위징아와 같은 안타까움을 표현하면서도 탈마술화의 원인을 이데올로기 영역에서, 즉 프로테스탄트 윤리가 초래한 내면화에서 찾은 바 있다.[12] 반면에 하위징아는 경제 또는 과학기술의 발달을 모호하게 언급하면서 그것에 책임을 돌린다. 하지만 이 설명은 그 자신이 강조한 놀이의 특징과 비교해 볼 때 전후 인과관계에서 많은 허점을 노출한다. 이 때문에 어째서 인간은 스스로 발전이라고 여기는 상태에 있으면서도 자기가 진심 좋아하는 것을 점점 더 많이 포기하는지를 설명하려는 그의 시도는 실패한 것으로밖에 볼 수 없다. 아마도 이것이야말로 경험적 자료가 차고 넘치는 그의 책, 높은 완결성을 지닌 뛰어난 이 책에 대해 하위징아 자신이 미완성이라고 했던 이유일 것이다.[13]

3. 놀이하기와 선물하기—일상생활에서의 신성함

놀이에 대한 탐닉에도 불구하고 문화가 놀이를 잃어버리는 경향을 지적한 하위징아의 테제는 바타유의 철학적 중심 논제와 맞닿아 있다. 바타유는 특히 하위징아가 보여준 신성함에 대한 관심과 그것의 종교 및 종교외적 관행에 대한 폭넓은 이해에 공명하고 동감을 표시했는데, 이때 그는 동료 미셸 레리스가 1938년 매우 훌륭하게 표현한 개념,[14] 즉 '일상생활에서의 신성함'이라는 개념의 도움을 받았다.* 여기서 '신성함'이란 제도화된 종교의 신성함이 아니라, 함께 한 잔의 와인을 마실 때처럼 사람들이 세속적 일상을 중지하고 축제의 즐거움과 사회구성원 간의 연대감이라는 차원을 일상에 부여하는 크고 작은 체험을 말한다. 바타유는 특히 신성함을 "사회구성원 상호간의 연대와 결속감을 형성케 해주는 모든 행위"로 이해했다.[15] 이 때문에 바타유는 유아적 놀이나 놀이의 요소를 가진 성적 행위들도 신성한 진지함으로 보는 하위징아의 의견에 충분히 동의할 수 있었다.

또한 바타유는 하위징아의 이론을 마르셀 모스의 증여 개념과 연결시킴으로써 가장 큰 분석 성과를 남겼다.[16] 모스는 교환 또는 효용 원칙에 근거하지 않는 인간 사이의 교류 형태를 '증여'라고 칭했다. 선물 증여는 상호 의무의 구조를 띠는데, 이 의무는 자기 자신 또는 자기 집단의 위신을 지키기 위한 것으로 특수한 형태의 상호연대를 구축한다.[17] 이 때문에 모스는 1차 세계대전을 경험한 이후, 북아메리카 인디언들 사이에 존재했던 다양한 형태의 선물 증여에 대한 민족지적 기록과, 서

* 이 책 24쪽 참조.

구 자본주의 사회에 남아있는 그러한 관행의 흔적에 관심을 가졌다. 하지만 서구 사회에서 그러한 관행은 완전히는 아니더라도 대부분 모습을 감추었고, 그와 함께 이익을 목적으로 하지 않는 상호연대의 원칙 또한 사라졌다고 한다.[18]

바타유가 볼 때 하위징아의 놀이와 모스의 증여는 무엇보다도 경쟁이라는 모티브로 연결된다. '포틀래치'*에서 (그리고 그보다 훨씬 완화된 형태이긴 하지만 아마도 자본주의적 사회의 선물주기 관행에서도) 쌍방은 관대함에서 서로를 능가하려고 한다. 하위징아가 묘사한 놀이에서의 탐닉과 마찬가지로 포틀래치에서도 선물을 주는 사람은 그 행위에 사로잡혀 도를 넘는 일이 흔하다. 그들은 선물을 받는 사람 눈앞에서 선물하려고 하는 물건들을 마구 부수기도 하고, 경제적 파탄이나 심지어 자신의 죽음조차 감수한다.[19] 놀이하기와 선물하기는 똑같이 '무관심'** 이라는 행동 원칙, 더 정확하게는 금기와 같은 의무적 명령(이 지점에서 놀이와 선물의 두 행위는 신성함과 연결된다)을 특징으로 가진 듯 보인다. 게임에서 딴 돈을 단순한 수입으로 여겨서는 안 된다.[20] 마찬가지로 기념할 일에 친구들을 초대해 샴페인을 돌리지 않고 혼자서 몰래 샴페인을 마시는 것도 볼썽사나운 짓이다.[21]

하지만 자본주의 사회에서는 놀이가 그랬듯이 선물도 사라지는 중

* Potlatch. 북아메리카 인디언 사회 일부에 있었던 의례로, 결혼식이나 추장 취임식 같은 특별한 행사에서 손님들에게 온갖 음식과 선물을 제공하던 관행을 말한다. '소비한다'는 의미를 갖고 있다.

* Interesselosigkeit(英 disinterest). 유럽어에서 '관심'이라는 단어에 '이익'이라는 뜻도 있듯이, 무관심도 '사심 없음' 또는 '무사무욕'의 뜻을 가지고 있다. 다만 이하에서는 '무관심'을 미학의 주요 개념으로 쓴 칸트의 기존 번역에 비추어 'Interesse'도 '관심'으로 옮겼다.

이다. 이런 과정을 지켜보며 모스 역시 하위징아가 놀이에 대해 느꼈던 안타까움, 아쉬움, 우려를 드러낸다.

4. 선물하기와 놀이하기의 관대함과 주권

바타유는 이러한 연구 결과를 주권(Souveränität)이라는 관점에서 관찰함으로써 선물과 놀이의 행위에 모스의 접근 방식을 넘어서는 차원을 부여한다. 오로지 물질적 관심사만 좇는 사람이 있다면 그런 사람은 바타유가 강조하듯이 실제로는 한낱 사물처럼 행동하는 사람에 불과하다. 바타유의 관점에서 볼 때 기능적인 것은 항상 종속적이기 때문이다. 기능적인 것은 모두 무언가에 '봉사하기 위한' 것이다.[22] 반면 사람들은 신성한 것과 관계할 때 그러하듯이, 자신의 물질적 관심사를 넘어 관대하게 행동하거나 모든 것을 기꺼이 버리려고 할 때 비로소 사람답게, 즉 주권적으로 행동한다.

이런 점에서 볼 때 놀이하기와 선물하기가 가지고 있었던 신성함의 상실은 전적으로 정치적 의미를 띤다. 사람들이 더 이상 놀이하듯 행동하거나 관대하게 행동하지 않는다면 주권적으로 행동하는 법도 잊어버릴 수밖에 없으며, 그들의 삶 전체가 노예적으로 바뀔 수밖에 없다. 이것이 바로 바타유와 그의 동료들이 신성함에 대한 좌파적 해석을 제시하고 일상생활에서의 신성함을 지키기 위해 그토록 노력한 이유이다. 이런 노력마저 없다면, 파시즘이 사람들의 욕망에 진정한 매혹 대신 값싸고 호전적인 대체물을 제공하고 정치적 차원에서는 사람들을 완전히 노예화함으로써 결국 승리를 거둘 수도 있기 때문이다.

1974년 저서에서 리처드 세넷은 바타유와 매우 유사한 결론에 도달했다. 그는 르네상스 이후로 서구 사회에 줄곧 존재했던 사적 행동과 공적 행동의 구분이 사적 행동의 만연으로 인해 사라질 위기에 처해 있다고 지적했다.[23] 세넷에 따르면 '공적 인간'이 존재할 수 있었던 것은 마찬가지로 놀이의 원칙—즉 공적 역할을 연기하는 것—때문인데, 이러한 '공적 인간'의 실종으로 인해 사람들은 더 이상 시투아앵으로 행동할 수 없게 되었다고 한다. 즉 각자의 부르주아적 관심사를 넘어 사회 전체의 문제를 고려하는 의식적인 정치적 주체로서 행동할 수 없게 되었다는 것이다. 현재 우리가 목도하고 있는 신자유주의의 풍경을 보노라면, '사적인 것의 독재'와 모든 공적 태도의 파괴야말로 자본주의 발전의 당연한 짝패라는 말도 설득력 있게 들린다. 민주주의는 그런 자본주의로 가는 불필요한 이행 단계였을 뿐, 자본주의는 이제 그 원조 국가들은 물론 전 세계에 걸쳐 점점 더 '아시아적 얼굴을 한 자본주의'나 '포스트-민주주의적 금지 사회'라는 권위주의 모델로 재조직되고 있는 것으로 보인다.

바타유에 따르면, 이러한 방식으로 노예가 되고 삶의 보편성을 빼앗긴 이들은 사람으로 산다는 것의 가치가 무엇인지 그 이유를 상실할 수밖에 없다. 바타유는 신성함이 무해 무익한 놀이, 비기능적인 것, 위신, 명성, 엄숙한 의식, 화려함, 탕진 등 겉보기에는 '비물질적'으로 보이는 원칙들에 기반하고 있는 듯하지만, 사실 그 안에는 겉으로 보이는 만큼이나 유물론적 원칙이 근본적으로 내재해 있다고 본다. 여기서 물질이란 삶을 가치 있게 해주는 이유를 뜻한다. 그래서 바타유의 말은 유베날리스의 아름다운 문장을 떠올리게 해준다. "사는 데 급급하여 살아갈 이유를 잃어버린다."(*Et propter vitam vivendi perdere causas.*)[24]

예를 들어 현재 많은 공항에서 실시하고 있는 굴욕적이고 과도한 보안 검색을 보자면 우리는 생존을 위해 사는 이유를 포기하고 있는 것은 아닌지 자문하고 싶어진다. (적어도 테러 위험이 매우 낮은 중부유럽이나 그 밖의 나라들에서 행해지는 보안 검색은 이스라엘처럼 그것이 꼭 필요한 곳에 대한 변태적이고 냉소적인 패러디로 보인다.) 어쨌든 정치적 책임자들이, 우리가 당연히 수치심보다 죽음을 더 두려워할 거라 보는 것은 화가 치미는 일이다. 바타유라면 이런 상황에서도 최소한의 선택권은 가져야 한다고 주장했을 것이다. 그는 아마도 비행기 탑승객에게 '비즈니스석'과 '이코노미석' 같은 몰상식한 등급보다는, '보안'과 '자긍심'처럼 보안 통제를 받는 탑승권과 보안 통제 없는 탑승권 가운데 하나를 선택할 수 있게 해줘야 한다고 제안했을 것이다.[25]

현재 유럽 대부분의 나라에서 점점 더 광신적으로 추진하고 있는 흡연 금지도 바타유의 관점에서는 떳떳치 못한 생존을 위해 사는 것을 가치 있게 해주는 이유를 말소하려는 시도로 보일 것이다. 중요한 것은 흡연 문화가 공공 영역에서 멋을 유지하는 매우 중요한 요소일 뿐만 아니라 관대함과 선물 교환의 실천이기도 하다는 점이다. 예를 들어 식료품과 달리 담배는 아무한테나 그냥 건네기도 하고 불을 빌리는 대신 답례하는 선물이기도 하다.

5. 하위징아 비판자들이 틀리고 하위징아가 옳은 이유

대다수 동시대 학자들이나 후대 주석가들과 달리 바타유는 하위징아의 가장 대담한 바로 이 테제들에서 하위징아를 따르고 그 위에서 자신의 추론을 더욱 발전시켰다. 이것은 중요한 철학적 성취라 할 만하다. 특히 그는 하위징아의 결정적으로 중요한 테제, 즉 놀이야말로 종교 문화를 포함한 모든 문화의 기초라는 주장에 한 표를 던진다. 따라서 바타유는 하위징아의 이론을 신성함에 대한 매우 적절한 이론으로 본다. 그런데 이 테제는 특히 신성함의 사회학에 관심을 집중했던 '콜레주 드 소시올로지'*의 동료들 사이에서 상당한 논란을 불러일으켰다.[26] '콜레주 드 소시올로지'의 일원이었던 로제 카유아는 그의 선배 에밀 뱅베니스트와 마찬가지로 하위징아의 의견에 반대하며, 놀이는 무해한 것으로서 세속의 삶 아래에 존재하는 반면, 사람을 꼼짝 못하게 압도하는 특성을 지닌 종교는 세속의 삶 위에 존재한다고 주장했다.[27] 바타유는 이 문제제기를 받아들이고 검토에 들어간다. 그는 카유아에게 불리한 증거가 될 수 있는 강박적 도박 중독 등의 다양한 양태 외에도 하위징아가 언급했던 두 가지 점을 결정적 반박 근거로 삼는다. 즉 종교적 인간은 신을 위한 장난감처럼 행동한다는 플라톤의 말과, 크리스마스 때 쓸 도구를 몰래 준비하던 아빠가 갑자기 아이들이 들어오자 죽일 만큼 화를 냈다는 이야기이다.[28]

이런 점을 보면 바타유는 1950년대 시점에 하위징아의 급진적 테제를 인정할 준비가 되어 있었던 유일한 철학자였던 것 같다. 오늘날 이 입장은 더 이상 논란의 대상이 되지 않는다. 주요 기독교계 대표자들이 약간의 질투어린 눈으로 TV를 새로운 형태의 종교로 보는 것을 생각하면,[29] 이 입장은 심지어 기독교에 의해서도 조용히 인정을 받는 듯하다. 바타유는 사람들을 광란으로 몰아넣는 놀이의 과도하고 매혹적인

* Collège de sociologie. 바타유의 주도 하에 로제 카유아, 미셸 레리스, 장 발, 알렉상드르 코제브 등이 참여하여 만든 지식인 그룹으로, 1937년부터 1939년까지 활동했다.

힘을 간과하지 않았다. 그리고 그는 카유아가 이 점을 보지 못한 이유를 우리가 사는 시대적 조건에서 찾았다. "유용한 것이 주권을 가진 세상에서는 살살 노는 것만이 허락된다."[30]

시간이 더 지난 뒤 테오도르 아도르노는 카유아와 달리 놀이가 불가항력적 측면을 갖는다는 점을 인정했다. 하지만 동시에 그는 놀이가 "실제 삶의 잔영"이라는 점을 하위징아가 간과했다고 비판한다. 아도르노에 의하면, "놀이에서 나타나는 반복적 순간들"은 "부자유한 노동의 잔영"이고, "무엇보다도 신체적 불쾌를 2차적 쾌로 변환함으로써" 현실의 삶이 요구하는 바에 사람들을 적응시키는 기능을 수행한다는 것이다.[31] 아도르노가 제시한 이 성급하고 독단적인 비판은 몇 가지 흥미로운 질문을 제기하는 면도 있지만, 이후 수십 년 간 비판이론 내에서 하위징아 테제에 대한 진지한 철학적 논의를 불가능하게 하는 결과를 초래했다.[32] 어쨌든 놀이가 다른 행위를 모사한 것이라는 아도르노의 주장은 더 많은 설명을 필요로 한다. 그는 원상에서 즐거움을 느끼지 못하는 사람들이 '모상'을 통해 원상의 즐거움을 느낄 수 있다고 했는데, 그것이 어떻게 가능한지에 대해서는 함구했다.

아도르노와 달리 바타유는 놀이와 다른 행위 사이의 결정적인 차이점에 관심을 가졌다. 그는 하위징아와 마찬가지로 놀이가 다른 행위를 모사한 것이라고 해도(모든 놀이가 그렇지는 않겠지만), 어쨌든 놀이에는 다른 행위에는 근본적으로 결여된 특징이 있다고 본다. 즉 광적인 열광이나, 놀이 참가자와 놀이 관객 모두를 꼼짝 못하게 사로잡는 마력이 그런 것들이다. 이런 점에서 놀이는 확실히 그 어떤 것의 모방도 아니다. 또한 아도르노가 가정한 것처럼 놀이의 강제적 마력이 계급사회에 존재하는 억압적 속박과 어떤 관계가 있는지도 여전히 의문이다. 놀이가 가진 이런 특수하고 짜릿한 매혹적 특성은 (예를 들어 라이선스 허가를 받고 하는) 모방적 재연 행위와는 구별되며, 아무런 즐거움 없이 습관적 기능을 익히기 위한 훈련연습 같은 반복적 행위와도 구별된다. 놀이가 주는 환희가 아도르노의 지적처럼 부자유한 사회에서 체제 긍정적 기능을 하는 것이 사실이라고 하더라도, 그 기쁨은 더 자세히 연구할 가치가 있다. 왜냐하면 그러한 기쁨은 새로운 사회를 만드는 데 결정적 요인으로 기여할 정도까지는 아니더라도, 전혀 다른 사회에서는 완전히 다른 역할을 할 수도 있기 때문이다. 아도르노와 달리 바타유는 이러한 불굴의 비타협적인 주권적 힘이 놀이 안에 작용하고 있다고 본다.

6. 바타유의 놀이 주권 이론

하위징아 이론에 대한 바타유의 탁월한 이해는 방대한 이론적 기초 위에 선 것이었다. 하위징아에 대한 그의 선구적 수용은 헤겔 철학과 그에 대한 알렉상드르 코제브의 독특한 해석에 힘입은 바 크다. 알렉상드르 코제브는 1930년대 프랑스 철학계에 큰 족적을 남겼고,[33] 바타유뿐 아니라 다른 프랑스 철학자들(사르트르, 메를로퐁티, 라캉 등)에게도 지대한 영향을 준 인물이다.[34] 코제브의 헤겔 해석에서 중심이 된 것은 『정신현상학』에 나오는 '자기의식의 자립성과 비자립성—지배와 예속' 이라는 장이다.[35] 그 장에서 헤겔은 인정받고자 하는 '욕구'에 이끌린 두 개의 자기의식이 생사를 건 싸움을 벌인다고 말한다. 한쪽은 죽음을 무릅쓰고 싸우지만, 다른 쪽은 삶에 매달리며 복종한다. 이렇게 하여 이 우화에는 주인과 노예라는 존재들이 등장한다. 그 결과 주인은 노예를 자신과 물질세계 사이에 밀어 넣고 자신을 위해 일하게 한다. 그러나 코제브의 헤겔 좌파적 독해에 따르면, 노동하는 노예는 노동수단을 계속 발전시킴으로써 『정신현상학』에 서술된 역사의 계속적 진행을 가능하게 한다.[36]

이 같은 헤겔 해석은 바타유에게 와서 그의 중심 테제를 발전시키는 이론적 틀이 되었고, 바타유는 그 좌표 안에 하위징아의 이론을 기입하고 맞추려는 시도를 하게 된다. 그는 유용한 것, 타자에 봉사하는 것, 노예적인 효용만을 추구하는 세계와, 주인의 관대함과 쓸모없는 소진이 존재하는 주권적 세계를 구분한다. 바타유는 후자의 세계에 놀이가 속한다고 본다. 이렇게 해서 그는 '놀이의 주권 이론'이라 부를 수 있는 것을 세우게 된다.[37]

이제 놀이는 사물과 행위가 어떠한 효용에도 종속되지 않는 영역, 즉 신성한 세계, 예외 상태, 세속의 공리적 질서를 위반하는 세계에 속하며, 여기서 바타유는 찬란하게 빛나는 인간의 광채를 본다.[38] 이 주인된 세계의 위대함은 어떤 사소한 제한에도 굴하지 않고 돈과 다른 자원뿐만 아니라 자신의 생명까지도 위험 앞에 내던지는 데서 오는 것이다.[39]

이 같은 생각에 근거하여 바타유는 비로소 하위징아의 테제에 공감하고 그것을 인정할 수 있었다. 놀이는 실제로 신성함의 영역을 가능하게 하는 근거인데, 그 이유는 놀이의 열광에 깃들여 있는 '신성한 진지함'이야말로 세속의 온건한 질서를 위반하는 데서 오는 것이기 때문이다. 바타유는 또한 놀이가 놀이하는 사람을 엄청난 힘으로 사로잡는 기묘한 상황에 대해서도 설명할 수 있게 되었다. 즉 주권은 통제를 유지하는 일에 사소하게 신경 쓰는 데 있는 것이 아니라, '자기 놀이의 노리개'가 될 정도로 놀이의 충동에 과감히 자신을 내맡기는 데 있다는 것이다.[40] 마지막으로 바타유는 하위징아가 역사적 사례를 들어 강조했던 것, 즉 놀이가 왜 때때로 삶과 죽음의 문제가 되는지에 대해서도 잘 (아마도 지나치게 잘) 이해할 수 있었다. 주인의 보편적 관대함으로 보면, 그의 생명도 예외 없이 관대하게 내줄 수 있는 것이 되기 때문이다. 헤겔의 주인과 마찬가지로 놀이에서 주권을 행사하는 사람은 자신의 목숨을 가벼운 마음으로 거침없이 위험에 빠뜨린다. 왜냐하면 소진 곧 '데팡세'(dépenser)는 합리적 사고를 뜻하는 '팡세'(penser)와는 반대되는 행위이기 때문이다.[41]

7. 여전히 모호한 부분

바타유는 헤겔 철학 덕분에 하위징아의 테제들을 이해하고 많은 부분 그것과 의견을 같이할 수 있었다. 하지만 바로 그 때문에 그는 하위징아 이론의 또 다른 측면들을 이해하는 데 어려움을 겪게 된다. 헤겔 철학의 영향으로 인해 바타유는 먼저 다른 놀이 형태에 비해 '시합'이라는 특정 형태의 놀이를 특별하게 취급할 수밖에 없었다. 여기서 시합이란 선수들이 (내기나 포틀래치에서처럼) 주권적인 방식으로 그들의 소유물을 걸거나, (헤겔이 놀이로 전혀 생각하지 않은 주인과 노예의 싸움처럼) 자기 생명을 거는 시합을 말한다. (물론 바타유는 하위징아와 마찬가지로, 이익을 노리는 세속적 목적으로 치러지고 이 때문에 놀이의 무관심하고 사심 없는 원칙에 위배되는 시합은 놀이와 유사한 것으로 취급해서는 안 된다고 했다.)[42]

하위징아의 관찰에 따르면, 신성한 진지함은 예를 들어 스포츠를 관람하거나 아이들이 의자들을 줄지어 놓고 '기차놀이'를 할 때에도 나타난다. 하지만 바타유의 놀이 주권 이론에서 보면 하위징아의 이런 주장은 많은 부분 이해가 가지 않는 주장이다. 그의 입장에서 놀이는 목적 지향적이지 않은 행동이라는 모호한 개념으로만 간단히 포괄할 수 있는 것이 아니기 때문이다. 물론 놀이하는 사람이 항상 죽음 또는 재정적 파탄에 맞설 용기를 갖는 것은 아니다. 그냥 놀이를 하며 시간을 허비하기도 한다. 하지만 놀이하지 않는 (따라서 신성한 진지함의 자세를 갖고 있지 않은) 백수도 특정한 목적 없이 시간을 허비하기는 마찬가지다. 따라서 놀이 주권 이론은 이 두 경우를 구분하는 기준을 정할 필요가 있었다.

8. 바타유의 첫 번째 반론—놀이만이 아니라 노동도 문화를 생산한다

이러한 문제 때문에 바타유는 놀이를 모든 문화의 근원으로 보는 하위징아 이론에 대해 첫 번째 비판을 가한다. 바타유는 『정신현상학』에 대한 코제브의 헤겔 좌파적 독해법에 따라 문화는 놀이뿐만 아니라 그에 못지않게 노동에 의해서도 만들어진다고 주장하며 하위징아를 반박한다. 위험을 무릅쓰고 놀이하는 주인만이 아니라 노동하는 노예 또한 문화를 생산한다는 것이다.

이러한 두 번째 원칙의 도입이 바타유 자신이 생각하듯 변증법적 발전 방식을 보여주는 것인지,[43] 아니면 오히려 하나의 원칙에서 두 개의 서로 배타적인 하위원칙들이 모순을 일으키는 것인지는 (바타유 자신도 더 뒷부분에서 이 문제를 헤겔과의 관련 하에 구체적으로 언급하고 있지만)[44]

우리의 현안에서 벗어나는 문제다. 어쨌든 바타유가 원래 두 가지 다른 원칙이 있다고 가정하고 내린 결론에 대해 우리는 의문이 든다. 바타유는 (자기 전후에 있었던 많은 헤겔주의자들이 그랬듯이) 그의 생각에 하위징아가 보여준 것 같은 '엄격하고 경직된 설명' 대신에, 운동에 대한 '역사적(변증법적) 설명'을 제시할 수 있게 되었다고 생각했다.[45] 그 결과 바타유는 하위징아에게 핵심적이었지만 풀지 못한 문화사의 수수께끼, 즉 모든 문화의 기초가 되는 놀이가 왜 우리 문화에서 점점 사라지고 있는가에 대한 답을 얻었다고 믿었다. 바타유는 '변증법적' 고찰이 그에 대한 해답을 제시한다고 보았다. 즉 문화에서 놀이가 사라지고 그것과 결부된 관대함, 주권, 매혹이 사라진 이유는 문화를 규정하는 두 번째 원칙인 노동이 놀이를 거부하기 때문이다. 바타유는 "이 이원성이 현대 문화 내에서 소모적인 모순을 유지하고 있다"[46]는 것을 인정해야 한다고 말한다. 매혹의 상실과 매력적인 것의 소실에 대해 흘리는 눈물은 모두 헛된 것이다. 왜냐하면 "놀이를 거부하는 노동의 세계에 대한 비판은, 그 세계가 실수로 놀이의 세계를 거부한 것이 아니라 오히려 그러한 거부가 그 본성이기 때문이라는 것을 인정할 때만 유용하기" 때문이다.[47]

이 단언적인 대답은 언뜻 보기에는 인상적으로 보일 수도 있다. 하지만 그것은 설명이라기에는 너무 개괄적이어서 오히려 하위징아가 제기한 문제를 해결하기는커녕 봉쇄하는 효과만 낳는다. 그렇기 때문에 바타유의 '답'은 전혀 답이 아니다. 이 답은 오히려 모순이라는 논리적 범주가 역사적 변화를 설명할 수 없다는 것을 예시적으로 잘 보여준다. 왜냐하면 이 답이 그 질문에 대한 제대로 된 답이라면, 즉 놀이가 소실된 이유가 노동에 의해 놀이가 거부된 데 있다면, 놀이는 왜 일찍이 전성기를 구가할 수 있었는가라는 질문이 제기될 것이기 때문이다. 놀이와 노동이라는 두 개의 원리가 똑같이 근본적이라면 왜 하나가 다른 하나보다 점점 더 강해지는가? 놀이의 세계를 거부하는 것이 노동 원칙의 본질이라면 노동은 왜 처음부터 즉시 그렇게 하지 않았는가? 왜 이 본질은 역사적으로 시간이 흐르고 나서야 작용하는가? 바타유와 하위징아가 확인했던 상황, 즉 놀이의 엄숙함이 침침한 세속의 일상성 속에서 쇠락해버린 상황을 왜 우리는 처음부터 겪지 않았는가? 그러니까 노동 원칙이 놀이를 거부하는 힘을 행사하고 있다고 가정하는 것은, 기껏해야 놀이가 사라졌다는 것을 다시 한 번 말하고 있을 뿐 놀이가 왜 사라졌는지를 설명해주는 것이 아니다. 논리적 시간(변증법의 단계들이 전개되는 데 필요한 시간)은 현실의 시간이 아니다. 현실의 시간이라는 요소는 결과로만 나타날 수 있지 과정으로 나타날 수 있는 것이 아니기 때문이다. 따라서 역사적 과정은 논리적 모순의 결과로 이해할 수 있는 것이 아니라, 현실적 모순의 결과로만 이해할 수 있다. 즉 스스로 성장하고 확산되고 다양한 조건(예컨대 제3의 힘이 영향을 끼치는 등의 조건) 하에서 서로 충돌하는 현실적이고 물질적인 힘들의 대립으로만 이해할 수 있는 것이다.[48]

노동을 문화를 형성하는 원리로 인정한 바타유의 주장에 (프로이트처럼) 동의를 하든 하지 않든 간에, 그의 입장은 왜 놀이가 문화에서 그 역할을 상실했는가의 문제를 풀지 못한다. 어쨌든 '변증법'의 방법으로는 풀 수 없다. 만일 놀이가 억눌리게 된 것이 정말로 노동 때문이라면, 그것은 필시 그 밖의 다른 요인이 함께 작용했기 때문일 것이다. 예를 들어 (막스 베버가 설명하듯 노동이 이른바 직업에서 이른바 소명이 됨으로써) 노동이 놀이의 기능을 대신하기 시작한 것과 같은 요인이 작용했을 것이다.

9. 바타유의 두 번째 반론—놀이는 질서일 뿐만 아니라 그것의 위반이기도 하다.

바타유의 두 번째 비판은 놀이가 하나의 질서라고 하는 하위징아 명제에 대한 것이다. 질서를 세속적인 것, 유용한 것의 영역에 귀속시키는 바타유는 하위징아에 반대해 놀이는 매우 탐닉적이며 '탈규칙의 규칙'이라고 주장한다.[49] 이 점에 있어서 바타유는 정당하고도 정밀한 분석을 하고 있으며, 심지어 놀이가 질서라는 명제보다 하위징아 자신의 원래 테제에 더 잘 부합하기까지 한다. 놀이에는 명령하고 강제하는 힘이 있으며, 놀이하는 사람은 그 마력에 빠져 세속적 현실과의 질서 잡힌 일상적 관계를 포기하고 꺄악 소리를 지르거나 '광란'에 빠진다고 지적한 사람이 바로 하위징아 자신이었기 때문이다. 놀이의 영역은 그러니까 사실상 탈규칙의 영역인데, 이 탈규칙은 그에 상응하는 규칙에 의해 규정된다. "놀이를 망치지 말라!" 이것은 놀이의 보편적 명령이다. 이 명령은 다음과 같이 이어진다. "… 그리고 함께 놀이하라. 그것이 아무리 당신에게 어리석게 보이고 당신의 일상적 삶의 원칙들을 거스른다고 해도."

이 점에서는 바타유와 하위징아가 같은 의견이다. 그들은 공통적으로 문화를 금지의 질서로 파악하지 않았고, 오히려 명확하게 주어져 있는 금지의 이면에서 문화의 또 다른 명령을 발견하는 공을 세웠다. 일례로 바타유는 근친상간 금지 아래에는 관대한 탕진의 명령이 있다고 해석했다.[50] 이런 해석에는 놀이가 문화의 토대를 이룬다는 하위징아의 첫 번째 테제가 아마 영감을 주었을 것이다. 왜냐하면 놀이는 어떤 것을 금지하는 것이 아니라 함께 놀기를 명하는 것이기 때문이다.

10. 걸림돌—동물에게도 놀이가 있는가?

바타유는 세 번째 지점에서 하위징아와 불일치하는 점을 발견한다. 그것은 동물의 특정 행동에 대해서도 놀이라고 할 수 있는지에 관한 문제이다. 코제브에게서 얻은 주권 개념에 따르면, 놀이는 인간에게만 특별히 있는 것이라고 가정하는 것이 합리적이다. 왜냐하면 자연에 있는 모든 것이 법칙의 지배를 받는다면, 그런 자연을 갖고 있지 않다고 여겨지는 인간에게서만 위반, 화려함, 관대한 소진 같은 비자연적인 행동이 나올 수 있기 때문이다. 이 때문에 바타유는 그의 글 서두에서 짧게 하위징아의 책 제목인 『호모 루덴스』가 놀이를 통해 인간의 본질을 정의하려고 한 것은 아닌지 확인하고자 한다. 하지만 바타유는 하위징아가 전혀 그런 정의를 내리려고 한 것이 아니었음을 확인했고 그것은 옳았다.[51] 그렇다면 동물도 놀이를 한다고 말할 수 있을까? 바타유는 하위징아의 주장을 모두 거부할 수는 없다고 말한다. 개가 놀 때 하는 행동은 다른 때와 다르고, 싸울 때처럼 아래턱을 닫아 꽉 물지는 않는 것이 사실이기 때문이다.[52] 하지만 바타유에게는 이외에도 또 다른 중요 조건이 충족되어야 한다. 즉 동물의 노동이 존재할 때에만 그것을 놀이라고 할 수 있다는 것이다. 하지만 비틀스의 노래 〈정말 힘들었던 날 밤〉(A Hard Day's Night)* 이나 여러 관용구와 달리, 바타유는 동물들은 일하지 않는다고 (또는 예컨대 밭을 갈거나 수레를 끄는 등 인간에게 이용될 때만 일을 한다고) 결론짓는다.[53] 동물들이 먹고살기 위해 하는 동작은 인간이 이해관계에서 하는 행위와는 공통점이 전혀 없다. 동물의 노동은 또한 "축제나 신성한 행위와 같은 보상을 필요로 하지 않는다."[54] 즉 동물은 사냥이나 채집을 할 때 이미 주권적이지만 인간은 그렇지 못하다. 그리고 바타유에게 있어 놀이는 이해관계에서 하는 행위의 반대로만 이해될 수 있기 때문에, 노동이 없는 곳에는 놀이 또한 존재하지 않는다.

바타유 본인은 동물의 놀이 가능성 문제에서 스스로 하위징아와는 다른 기준을 적용하고 있다는 것을 눈치채지 못한 것 같다. 하위징아는 놀이를 노동 또는 이해관계에서 하는 행위의 반대로 이해한 것이 아니라 지그문트 프로이트와 마찬가지로 현실[55]의 반대로 이해했기 때문에 바타유와는 다른 결론을 내렸다. "지금 이건 진짜가 아니야." 개가 꽉 깨물지 않는 것을 보면 개도 이런 생각을 할 줄 아는 것이 분명하기에, 하위징아는 개들도 신성한 진지함의 탐닉적 즐거움을 경험할 수 있다고 결론지었던 것이다.

11. 생사를 건 놀이

결국 바타유가 탐구한 것은 자신의 이론을 또 다른 놀이 기준에 연결시키는 것이었는데, 여기서 모티브가 되는 것이 주권이다. 동물들이 하는 것이 놀이라면 동물들도 놀이에 목숨을 걸 것이다. 하지만 사실은

* '난 개처럼 일했지'(I've been working like a dog)라는 가사가 나온다.

정반대다. 동물은 꽉 깨물지 않고, 자기 친구도 그렇게 하지 않을 것이라는 것을 믿고 있거나 알고 있는 것처럼 보인다. 이에 반해 바타유는 헤겔의 주권 이론에서처럼 사람이라면 자신의 소유물과 생명 등 그 모든 것을 놀이에 걸 것이라고 본다. 바타유는 이에 대한 증거로 하위징아가 인용했던 이른바 '목을 건 수수께끼'를 들었다.[56]

하지만 목을 건 수수께끼의 예는 오히려 바타유의 생각과 하위징아 이론이 지닌 결정적 차이점을 드러낸다. 바타유의 가정에 따르면, 죽을 수도 있는 놀이의 경우 쌍방은 주권에 있어 동일한 권한을 가지지 않는다. (계급투쟁의 역사에서도 양쪽이 똑같은 정도로 무장하고 대치했던 경우는 매우 드물다. 그랬더라면 양쪽이 똑같은 위험을 감수했다고 할 수 있었을 것이다. 이것이 마르크스주의자들이 헤겔의 우화를 근본적으로 "로빈슨 크루소식 모험소설처럼 비현실적으로 이상화된 이야기"라고 비판한 이유다.)[57] 목을 건 수수께끼는 오히려 사람들이 강제로 해야 하는 놀이였고, 특히 목숨이 이미 위태롭거나 적의 손에 내맡겨진 사람들에게 강요되었다. 하위징아가 언급했던 알렉산더 대왕과 그의 포로가 되어 위험에 처했던 인도의 알몸 고행자들 사이의 수수께끼 내기*가 바로 이런 경우에 해당한다.[58]

이런 '강요된 놀이'[59]는 오랜 문화사를 갖고 있다. 이때 권력자들은 사로잡은 적들을 그 즉시 모두 죽이는 것이 아니라, 예를 들어 1625년

* 하위징아의 인용에 따르면, 알렉산더가 던진 수수께끼는 "땅과 바다 중 어느 것이 더 큰가?" "낮과 밤 중 무엇이 먼저인가?" 같은 딜레마 문제였다고 한다. 마지막으로 "누가 가장 엉터리 대답을 했는가?"라는 질문에, "각자가 다른 사람보다 더 엉터리로 대답했다"는 답으로 모두 목숨을 구했다고 한다.

오스트리아 농민 전쟁 중에 있었던 악명 높은 '프랑켄부르크의 주사위 게임'처럼 이들에게 게임을 하도록 강요하곤 했다. 체포된 농민들은 두 사람이 한 쌍이 되어 생명을 담보로 주사위 게임을 해야 했다.* 신화에서 스핑크스가 낸 수수께끼를 풀고 목숨을 건진 오이디푸스가 그러하고, 라캉이 제시한 세 명의 전쟁포로[60]도 이미 죽은 목숨이라는 전제 하에 목숨을 걸고 게임을 하는 또 다른 예이다.** 그런데 바타유가 가정한 것과 달리[61] 죽음의 위험이 놀이를 통해 사회적 맥락 속으로 들어오는 것이 아니라면, 다시 말해서 놀이를 하기 전부터 그 위험은 주어져 있었던 것이고 그렇기에 놀이의 본질을 이루는 것이 아니라면, 대체 놀이의 본질은 무엇이고 나아가 놀이에서 문제가 되는 것은 무엇인가?

12. 강요된 놀이의 본질은 무엇인가?

코헨 형제의 영화 〈노인을 위한 나라는 없다〉에서도 사람들은 게임을 해야 한다. 어떤 목격자도 살려 두려고 하지 않는 킬러는 그들로 하여금 동전을 던지도록 강요한다. 운이 좋으면 그들은 살 수 있다. (하지만 그 사람들 모두가 이 게임에 목숨이 달려 있다는 것을 아는 건 아니다. 아마도 뭐가 뭔지 전혀 몰랐던 가게주인을 구한 것은 바로 이런 상황이었을 것이다.) 하지만 한 여자가 게임하기를 거부하고 킬러는 이제 문제에 봉착

* 이 봉기에서 36명의 농민이 주모자로 잡혔는데, 주사위 숫자가 적게 나온 18명 중 2명이 사면되고 16명이 교수형에 처해졌다고 한다.

** 이 게임은 간수가 포로 3명의 등에 3개는 흰색, 2개는 검은색인 원판 중 3개를 무작위로 붙인 다음, 자기 등에 붙인 원판의 색깔을 맞히는 포로를 살려주는 게임이다. 포로는 논리적 가능성(가령 다른 포로의 원판이 모두 검은색이면 내 것은 흰색이다)이나 내 색깔을 아는 다른 두 포로의 행동을 보고 색깔을 맞혀야 한다.

한다. 여기서 힘을 가진 사람이 게임을 시킬 때 그가 얻는 이점이 무엇인지가 드러난다. 상대에게 게임을 시키면 상대의 죽음이 마치 게임에서 진 상대 자신 때문인 것처럼 보일 수 있기 때문이다. 하지만 킬러는 이제 게임을 하지 않음으로써 스스로 죽음의 책임을 지지 않으려는 여자를 죽여야 한다. 그녀는 킬러로 하여금 그녀의 죽음이 킬러 자신이 아닌 다른 어떤 것 때문이라는 모양새를 취하지 못하게 만든다. 따라서 힘이 균등하지 않은 사람들 사이의 이러한 게임에서 실제로 내기에 걸린 판돈은 죽음이라는 현실적 위험이 아니라 가상의 어떤 것이다. 즉 힘 있는 자로 하여금 상대를 죽이는 것에 더해 그런 죽음이 마치 정당한 것인 양 착시적 정당화를 할 수 있게 해주는 '마치 ~인 것처럼'이야말로 내기의 대상이 되는 것이다.

13. 환상이라는 것을 아는 환상

물론 이런 형태의 내기는 아무도 속이지 못하는 환상이다. 왜냐하면 관련된 사람 모두가 그것이 환상이라는 것을 잘 알고 있기 때문이다. 하지만 하위징아가 지적했듯이, 그 환상이 놀라운 효과를 만들어낼 수 있는 것은 그것이 바로 지양된 환상, 즉 '주인 없는 상상'이기 때문이다. 결국 탐닉, 광란 상태, '신성한 진지함'에 대한 열광을 불러일으키는 것은 이런 환상이다. 놀이가 다만 놀이일 뿐이라는 것을 알지 못한다면, 환상인 줄 알면서도 즐기는 대립적 환상이 없다면, 놀이하는 사람이 느끼는 것과 같은 황홀경은 불가능할 것이다.

바로 이것이 하위징아의 첫 번째 테제로부터 나오는 가장 중요한 결론이다. 또한 이것은 하위징아가 '놀이'(*ludus*)라는 단어와 '환상'(illusion)이라는 단어의 어원적 유사성*에 주의를 환기시켰던 이유이기도 하다.[62] 이미 환상임을 아는 환상은 모순적이지만 동시에 놀라운 효력을 갖는다. 하위징아에게 있어 놀이의 가장 중요한 원리는 바로 여기에 있다. 바타유가 주장하듯 죽음의 위험이 그 원리는 아니라는 얘기다. 따라서 하위징아가 볼 때 턱을 꽉 다물지 않는 개는 놀이를 하고 있다. 개들은 그 순간 이것이 진짜 싸움이 아니라는 것을 안다. 이에 반해 바타유 입장에서 그 개들은 노는 것이 아니다. 왜냐하면 개들은 어떤 위험도 감수하고 있지 않기 때문이다.

14. 정말로 쓸모없는 것이란 어떤 것인가

바타유는 놀이에 있는 지양된 환상에 대한 하위징아의 테제를 잘 이해하고 동의했으며,[63] 그럼으로써 뛰어난 철학적 진전에 대한 그의 예리한 안목을 다시 한 번 보여주었지만, 그로부터 의미 있는 결과를 얻을 수는 없었다. 그가 입각해 있는 헤겔적 전제가 결국 그를 다른 방향으로 이끌었기 때문이다. 하지만 하위징아의 발견은 여전히 커다란 이론적 잠재력을 갖고 있다. 먼저 그것은 바타유 이론에서뿐만 아니라 칸트와 그 후학들의 미학에서도 핵심적 문제가 되었던 '무관심'(사심없음)이라는 개념—예컨대 바타유가 말한 '필요에 종속되지 않는 사고'[64] 또는 칸트의 '무관심적 쾌'—을 어떻게 이해해야 하는지에 대한 열쇠를 제공해준다. 바타유는 예를 들어 그가 말한 '순수한 소진'이 수익을 노린 투기 행위, 이데올로기적인 퍼주기 전략, 홍보 목적의 기부 등과 무

* illusion은 어원상 'at + *ludus*'로 이루어진 단어이며, 직역하면 '놀이 중'이라는 뜻이다.

엇이 다른지 설명해야 할 때 항상 이 문제에 부딪혔다.[65] 코제브와 마찬가지로 바타유의 시각에서는 한편에는 유용한 것, 목적 지향적인 것, 노예적인 것, 긍정적인 것이 있고 다른 한편에는 쓸모없는 것, 낭비, 주인적인 것, (죽음을 두려워하지 않는) 부정적인 것이 있는데, 둘 사이에는 건널 수 없는 심연이 존재하기 때문이다. 하지만 이런 시각에서는 낭비가 긍정적 역할을 함이 없이 그저 노예적인 것에 봉사하고 그것을 공고히 하기 위해 존재하기도 한다는 것을 설명하기 어렵다. 쓸모없고 부정적인 후자의 것들이 유용한 세계의 숨은 공범이 아니라 그 세계와 완전히 다른 편에 있는 때는 대체 언제인가? 그것이 순수한 부정으로 작용할 때는 언제이고, 단순한 상부구조로 작용할 때는 언제인가?

예를 들어 휴식이나 재충전 같은 노동력의 재생산에 단순히 이용되지 않는 놀이, 즉 도구적이고 노예적인 목적에 봉사하지 않는 놀이가 존재하기나 하는 걸까?[66] 놀이를 하는 대신 다른 사람에게 그냥 돈을 주는 것이 더 주권적인 행동 아닐까?[67] 다시 말해서 다른 사람의 인정이나 평가를 무시하는 것이 그것을 얻기 위해 투쟁하는 것보다 더 큰 주권과 '스프레차투라'*를 보여주는 것 아닐까? 도대체 순수한 탕진이란 것이 존재하기는 하는 걸까? 아니면 모든 탕진이 결국은 여러 수를 내다보는, 영리하면서 비루한 계산에 근거한 것일까? (니체에 따르면, 칸트의 미학도 이와 비슷한 문제를 안고 있다. 어떻게 할 때 만족이란 것이 의심의 여지 없이 '무관심적'이 되는가? 니체의 이런 조롱에 딴지를 걸 사람은 아무도 없을 테니 니체의 완승인 것 같다.)[68]

* sprezzatura. 힘들고 어려운 일이나 오랜 훈련을 요하는 일을 별것 아닌 듯 쉽게 해내는 것을 가리키는 이탈리아어.

하지만 우리는 하위징아에게서 이 문제에 대한 해답을 얻을 수 있다. 놀이의 환상 덕분에 놀이하는 사람의 관심이 일상적 현실이 아닌 다른 것에 모두 (게다가 열정적으로) 쏠려 있는 경우라면, '무관심성'이 의미를 가질 수 있다. 놀이하는 사람은 그 순간 현실이 아닌 놀이의 허구에 관심을 가진다. 그러면서 그들은 머리를 쥐어뜯기도 하고 서로를 껴안기도 한다. 그들은 놀이가 단지 놀이일 뿐이라는 사실을 잊지 않고 있기 때문에 다른 모든 것을 잊은 듯 행동하고, '이해관계를 가진' 현실에서는 절대로 하지 않을 행동을 거침없이 한다. 놀이도 하나의 현실인 것은 분명하지만 놀이 밖의 다른 현실과 너무나 뚜렷이 구분되기 때문에 놀이하는 사람은 자신이 있는 곳(하위징아가 말한 '놀이 영역')이 나머지 현실과는 완전히 다르다는 각성된 의식을 갖고 있으면서도 자신과 바깥의 현실을 완전히 잊을 수 있다. 바로 이런 의미에서 놀이하는 사람은 놀이하는 그 순간 다른 현실에 대해 무관심하고 주권적일 수 있는 것이다.

15. 탕진 아닌 놀이

아마도 바타유의 '반경제' 이론 전체는 실제 자원의 소진이 아니라 허구를 다루는 특정 방식과 그에 따라 요동치는 과도한 감정을 다룬 것이라고 보는 것이 옳을 것이다. 바타유가 든 예들 또한 진짜로 파괴적인 소비가 아니라 '마치' 탕진하는 듯 보이는 행동일 때가 많기 때문이다. 선물하는 사람은 조심조심 가격표를 떼어내서 포장된 선물이 마치 가격이 없는 것처럼 가장하고, 파티 호스트는 샴페인을 무제한 제공하겠다는 듯이 행동한다. 실제로는 전혀 그렇지 않고 그 상황에 관여하

는 사람 모두 그것을 알고 있더라도 말이다.[69]

이런 까닭에 바타유적 의미에서 위반은 함께 놀기의 한 형태로 이해될 수 있다. 우리가 놀이의 명령에 복종해서 놀이의 허구를 받아들인다는 것은 놀이 바깥의 현실과는 완전히 분리된 영역으로 들어간다는 의미이기도 하다. 그렇게 되면 우리의 모든 감각도 다르게 작동하기 시작한다. 가령 바깥 세계에서는 혐오의 대상인 술이나 담배나 심지어 체액 교환 같은 것들이 갑자기 세련되고 값진 것으로 느껴진다. 현실에서는 불가능했던 것들이 놀이라는 허구 속에서는, 그리고 다른 사람들과 함께라면 가능해진다. 이렇게 해서 혼자서는 끔찍하게 여겼던 것들도 같은 생각을 가진 사람들 사이에서는 매우 훌륭한 선물로 소비될 수 있다.[70] 우리는 각 대상물이 숭고하게 변모한 것을 축하하는 만큼이나 이러한 변화를 가능하게 한 집단과 이 집단이 만든 환상의 프레임을 축하한다. 예를 들어 사랑이라는 환상의 영역에서는 보통 때라면 혐오스럽게 느꼈을 남의 체액도 커다란 쾌감의 이유가 된다. 아침이라면 냄새 맡기도 싫고 입에 올리고 싶지도 않은 위스키가 저녁에 담배를 피우며 철학을 토론하는 친구들 사이에서는 우정의 징표가 되고, 더 나아가 사는 것이 가치 있다는 사실의 증거가 된다.

따라서 모스와 바타유가 선물과 놀이의 행위에서 찾았던 사회적 연대의 특수한 원칙도 여기서 발견된다. 예의상 취하는 행동들이 그러하듯이 속는 사람이 존재하지 않는 허구에서는[71] 그 허구를 유지하도록 도와주는 놀이 동반자를 갖는 것이 매우 중요하기 때문이다. 실제로 서로 그다지 호감이 없었던 동료들일지라도 잠시나마 서로 공감하고 감사하는 연극을 함께 연기하면 서로 뚜렷한 결속감을 느끼게 된다. 가령 그런 연극으로 경쟁사의 직원을 속이는 데 성공한다면, 그들은 다른 사람을 속였다는 데서 오는 저 기쁨을 더 생생하게 자각적으로 느낄 것이다.[72] 공적 공간에서 '공적 인간'의 면모가 나타날 수 있는 것도 이 연극적인 '마치 ~인 것처럼'의 태도가 작동하고 있기 때문이다. 따라서 우리의 가치와 광채는 목숨을 걸고 기꺼이 위험을 감수하겠다는 각오에서가 아니라 허구를 충실히 따르겠다는 우리 마음에서 나온다. 사회 구성원간의 연대 또한 이 허구에 대한 존중을 함께 공유함으로써, 즉 함께 놀고 있는 다른 사람들이 바보가 아니라는 존중 의식에서 나온다. 바보이기는커녕 이들은 삶을 가치 있게 해주는 것들을 누릴 수 있는 조건을 만드는 데 도움을 주는 속지 않은 사람들이다.

17
저급한 것들을 위한 철학

1. 모든 기쁨의 모범

어렸을 때 맛있게 먹었던 모든 것들은 사람들에게 깊은 인상을 주어 시간이 흘러도 많은 일과 경험에 그 흔적을 남기는 것 같다. 음식과 간접적으로만 관련이 있거나 전혀 상관없는 것들도 마찬가지다. 그래서 지그문트 프로이트는 말하기를, 인간의 성적 충동은 발달 초기에는 아직 힘이 약해서 대상 선택에서도 불안정하다고 했다. 그 때문에 성적 충동은 대상 선택과 관련해서 다른 충동, 곧 자기보존 충동을 뒤따라갈 수밖에 없다. 자기보존 충동은 조금의 망설임도 없이 예컨대 음식물과 같이 생명 유지에 필수적인 물자를 공급해주는 사람에게로 향한다. 즉 자기를 먹여주거나 보호해 주는 존재가 가장 먼저 사랑의 대상이 되는 것이다.[1] 이처럼 '의존 유형에 따른 대상 선택'에서 성적 충동은 더 중요하게 작용하는 자기보존 충동을 뒤따르고, 먹을 것을 주는 사람을 욕망의 대상으로 격상시킨다. 이런 사례는 잘 알려진 것처럼 어린아이들에게만 해당하는 것이 아니라, 더 정교한 형태이기는 하지만 어른들에게서도 관찰된다. '사랑은 맛있는 음식에서 나온다'는 속담이 그러하고, 더 나아가 남자를 '잡아먹을' 상이라거나 여자를 '따먹는다'는 말과 같이 식인을 연상케 하는 비속한 은유에서도 이런 사례를 찾을 수 있다.

비단 성적인 것뿐만 아니라 다른 형태의 만족도 음식에서 느끼는 즐거움으로부터 영향을 받는 것으로 보인다. 예를 들어 미적 판단력이나 미감(美感)이 그러하다. 여기서 만족감은 배신감이 들겠지만 '취미'(趣味)라는 이름으로 불린다. 따라서 철학자 에피쿠로스의 "모든 좋은 것의 기원과 뿌리는 배의 쾌감이며, 지혜롭고 고차원적인 것도 다만 이것에 관계한다"[2]는 저 과감한 테제도 타당성이 전혀 없지는 않은 듯하다.

2. 저급한 사람들, 그리고 그들을 멸시하는 교양인

이에 반해 다른 철학자들은 맛있는 음식이 그 유산을 미감에 남긴다는 말(또는 남긴다는 추측)에 대해 격렬하게 반발한다. 임마누엘 칸트는 항상 대상의 현존을 전제로 하는 '관심적 만족'과, 대상에 대한 단순한 반성적 표상만으로도 유발될 수 있는 '무관심적 만족'을 구분함으로써 식탁과 식탁 이미지 사이에 뚜렷한 경계선을 그었다. 소시지를 넣은 빵에서 즐거움을 느끼거나 편안한 의자에 앉는 즐거움을 느끼기 위해서는 반드시 그것을 먹거나 거기에 앉아야 한다. 이에 반해 어떤 궁전의 외관이 보여주는 아름다운 비례를 즐기기 위해서는 엽서에서 그것을 보거나 상상하는 것만으로도 충분하다. 칸트적 의미에서 아름다움은 대상의 현존이나 그것의 이용 가능성과 무관하게 기쁨을 일으킬 수 있다. 칸트에 따르면 아름다움이란 "어떠한 이해관계도 없이" 감각을 만

족시키는 것이다.[3]

칸트는 예를 들어 미술과 건축이 불러일으킬 수 있는 무관심적 만족에 대해 논하면서 "파리에서 식당 주방보다 더 마음에 드는 것이 없다"고 한 이로쿼이족 추장을 살짝 조롱한다.[4] 하지만 다른 부족 문화에서 사는 사람들이 유럽의 문화와 자신들의 문화를 비교하며 했던 말은 앞서의 웃음과 핀잔을 완전히 다른 방향으로 돌릴 수도 있다. "우리에게 무슨 특별한 예술이 있을 리가요. 다만 우리는 모든 것에 최선을 다할 뿐이지요."[5]

후대에 칸트의 입장에 동조한 사람으로는 테오도르 아도르노가 있다. 그는 칸트와 동일한 구분을 하면서 단호한 어조로 "음식 또는 포르노그래피로부터 예술의 해방은 불가역적"[6]이라고 말한다. 그러나 그는 즉시 다음과 같이 덧붙인다. "하지만 예술은 무관심성 안에만 안주하지는 않는다." 아도르노는 이 문제 내부에 자리 잡고 있는 긴장감을 예민하게 인지한 까닭에 다음과 같이 이어 나간다. "예술 작품을 구체적 형태로만 즐기는 사람은 문외한이라 할 수 있다. '달콤한 음악'과 같은 표현들이 그가 문외한이라는 것을 증명한다. 하지만 대상을 즐기는 만족감의 마지막 흔적까지 사라지고 나면 도대체 예술작품은 무엇을 위해 존재하는지 당혹스러울 것이다."[7]

물론 르네상스 이후 고상하고 '무관심적'이며 저급한 것을 꺼리는 입장만이 이 분야의 유일한 입장은 아니었다. 프리드리히 니체는 고대 문화에 대한 그의 깊은 지식 덕분에 이와는 반대의 입장에 설 수 있었고, 그런 입장을 명철함과 촌철살인의 비웃음으로 대했다.

"애당초 미학자들이 우리에게 제시한 미에 대한 정의에는 칸트가 내렸던 유명한 정의에서 볼 수 있듯이 자기 체험의 결핍이라는 근본적 오류가 살찐 벌레의 모습으로 들어 있다. 칸트는 말하기를 '미란 무관심적으로 만족을 주는 것'이라고 했다. 무관심적으로! 이 정의를 진정한 '관람자'이자 예술가인 스탕달이 내렸던 정의와 비교해 보자. 스탕달은 아름다움을 즐거움에 대한 약속(une promesse de bonheur)이라고 했다. 여기에는 칸트가 오로지 미적인 것만이 가질 수 있다고 강조한 바로 그것, 즉 무관심성(le désintéressement)이 거부되고 삭제되어 있다. 누가 맞을까? 칸트? 스탕달? 하지만 우리의 미학자들이 지칠 줄 모르고 칸트 편을 들다가 미의 마술에 걸려서 옷을 걸치지 않은 여자 조각상을 심지어 '무관심적으로' 바라보는 것이 가능하다고 주장한다면 그들을 웃음거리로 삼아도 좋을 것이다. 이 민감한 지점과 관련해 우리는 예술가들의 경험에 '더 관심이 가는' 것이 사실인데다가 피그말리온*을 '미감이 없는 사람'이라고 할 수 있는 사람은 또 누가 있겠느냐는 말이다."[8]

다시 말해 소위 '무관심적인 것'에 대한 더 정확한 이론적 표현을 찾아낼 수 없다면, 나아가 왜 이 즐거움과 저 즐거움 사이에 건널 수 없는 심연이 존재하는지, 왜 근본적인 장르의 차이가 존재하는지에 대한 더 나은 기준을 제시할 수 없다면, 지금까지 주장해온 무관심성 전부가 수

* 그리스 신화에서 자신이 조각한 아름다운 누드 여인상에 반해 사랑에 빠진 조각가.

포로 돌아가면서 베르톨트 브레히트가 발견한 것을 통해 해체될 위험에 처하게 된다.

> "지체 높으신 분들에게
> 먹는 것에 대해 이야기하는 것은 저급한 것으로 간주된다.
> 왜냐하면 그들은
> 이미 배불리 먹었기 때문이다."[9]

3. 고기완자 논법과 철학

미학의 문제가 아니더라도 음식은 철학자들에게 최소한 겉으로는 얼마간 경멸의 대상으로 취급된 게 사실이다. 예를 들어 프로이트는 상식에 지나치게 의존하고 명확한 것이나 분명해 보이는 것에만 집착하는 종류의 사고를 '수프 논리와 크뇌델* 논법'[10]이라고 폄하했다.

이렇게 음식 이름을 붙여 철학적 사고를 경멸적으로 표현하는 사례는 '실용주의'에 대한 루이 알튀세르의 날카로운 비판에서도 찾아볼 수 있다. 그에 따르면, '명증한 증거'에만 기대려는 실용주의의 태도는 더 자세히 규정되어야 할 '실천'(Praxis)을 쉽사리 그리고 매우 성급히 이론에 대한 판단 기준으로 격상시킨다고 한다.** 알튀세르는 다음과 같이 기술한다. "이것은 '실천'이라는 판단 기준을 가지고 부리는 잔재주다! 이 코스를 마친 후에도 배고픔이 채워지지 않으면 그들은 메뉴를 약간

* Knödel. 감자, 고기 등을 둥글게 빚어 익힌 독일식 완자 요리.

** 알튀세르는 실천 또는 실제를 이론의 우위에 두는 태도를 '실용주의' 또는 '경험주의'라 부르면서, 이론 역시 상대적 독립성을 지닌 실천적 행위('이론적 실천')로 보아야 한다고 주장했다.

바꾸거나, 아니면 충분한 포만감을 느낄 만큼의 식사를 다시 제공할 것이다. 그들은 우리에게 '실천이야말로 시금석이다, 과학적 실험 같은 실천이야말로!'라고 한다. 또는 이 주장의 '마르크스주의적' 성격을 부각시키기 위해 '사회적 실천!'이라고도 한다. […] 더 나아가서는 우리의 식탁에 엥겔스의 실패한 푸딩과 함께 아마도 맨체스터에서 가져온 듯 보이는 기름진 주장을 내놓기까지 한다.* 이 주장에 따르면, 그것이 푸딩인지 알기 위해서는 그것을 먹어봐야 한다!"[11]

하지만 철학자들이 이런 식의 기름진 주장에 거부감을 보인다고 해서, 반드시 수프, 크뇌델, 푸딩 같은 소박한 대상들이 철학이라는 섬세한 영역과는 전혀 어울리지 않는 것이라고 이해할 필요는 없다. 수프, 크뇌델, 푸딩은 완전히 다른 관점에서 볼 수도 있는데, 그것들은 단순성과 명증함에 기대고 있다고 여겨지는 철학적 주장보다 훨씬 더 복잡하고 정교한 실재이다. 따라서 철학에 어울리지 않는 것은 수프가 아니라, 수프가 근본적으로 단순하고, 명증하며, 더 이상 설명할 필요가 없는 것이라고 잘못 생각하는 저 '수프 논리'뿐이다. 이런 의미에서 정말로 미개한 것은 뭔가 다르기만 하면 미개하다고 보는 그런 이론들일 것이다.

4. 보이기에는 단순하지만

단순하고 자명해 보이는 음식을 경멸하는 것만큼이나 정당치 않은 일이 음식을 그린 정물화에 대한 경멸이다.[12] 정물화는 진부하고 사소

* 여기서 '푸딩'은 엥겔스가 강조한 과학적 사회주의, '맨체스터'와 '기름진'(nahrhaft, 영양가 높은)이라는 표현은 맨체스터의 부유한 공장주였던 엥겔스를 비꼬는 말로 보인다.

해 보이는 것이 사실은 겉보기에만 그렇다는 것을 보여주는 대표적 사례이다. '트롱프 뢰유'(Trompe l'oeil)라고 부르는 착시화의 세련된 기법은 원래 정물화에서 비롯된 것이었다. 그런데 이 환영 미술의 최초 형태 중 하나는 거의 실물처럼 그린 '바닥에 떨어진 음식물' 그림이었다. 고대에는 '리파로그래피'(Rhyparography)라 불렸던 종류의 그림이다.[13]

그렇다면 음식 자체에 대한 즐거움도 하급 장르로 여겨지는 정물화의 숨은 가치에 빗댈 수 있을까? 우리가 음식에 대해 느끼는 즐거움은 저급한 철학을 비방할 때 흔히 사용하는 음식의 은유보다는 훨씬 더 복잡한 어떤 것이 아닐까? 트롱프 뢰유 회화가 그렇듯이 먹는 즐거움은 날것의 현실과는 전혀 관련이 없고 오히려 어떤 눈속임 형태의 환상과 관련 있는 것 아닐까? 저급한 즐거움이 고급한 환상 예술을 전달하는 데 적합할까? 단순함의 상징 속에 어떻게 그렇게 복잡한 무엇이 숨어 있을 수 있을까? 오스카 와일드의 희곡 〈보잘것없는 여인〉에 나오는 "나는 단순한 즐거움을 찬양해요. 그것은 복잡한 사람들의 마지막 피난처이지요"[14]라는 대사가 특이한 방식으로 여기서 입증되고 있는 것일까?

5. '잘 알지만 그럼에도'

고대의 윤리학은 우리를 엄청나게 열광시키거나 깊은 절망에 빠지게 하는 것은 현실이 아니라 상상이라는 점을 잘 인식하고 있었다. 예를 들어 스토아 철학자 에픽테토스는 강조하기를, 사람들을 흥분에 빠뜨리는 것은 결코 사실이 아니라 항상 사실에 대한 상상이라고 했다.[15] 그렇다면 더 이상 설명이 필요치 않은, 혀의 미뢰를 자극하고 허기를 달래는 것에 불과한 단순한 미각의 즐거움에도 그것과는 다른 공기 같은 것, 손에 잡히지 않는 것, 상상적인 것이 작용하고 있는 것은 아닐까?

음식의 쾌감이라는 문제와 관련해 매우 역설적으로 보이는 (그리고 '크뇌델 논리'라는 비판에 대해서도 전혀 방어력이 없어 보이는) 이 논제를 설득력 있게 만들기 위해서는 한 가지 명확한 설명을 제시할 필요가 있다. 그것은 특정한 형태의 상상력에 관한 것이다. 정신분석학자 옥타브 마노니는 일상에서 즐거움을 주거나 심지어 작은 승리감을 맛보게 하는 많은 것에는 특정한 형태의 환상이 존재한다고 지적했다. 버라이어티 쇼에서 마술사의 마술을 보며 흥겨워할 때, 우리는 그것이 초자연적인 것이 아니라는 것을 잘 알고 있다. 하지만 우리는 그것에 환호한다. 왜냐하면 초자연적인 것과 유사한 환상이, 그것도 익명의 누군가에게 보이려고 만들어졌기 때문이다. "진짜라고 믿을 뻔했다"—이것이 불특정 타자를 수신자로 하는 소위 '익명의' 환상이 작동하는 원리이다. 이런 이유에서 마노니는 이 환상에서 우리가 쾌감을 얻는 구조를 "je sais bien, mais quand même…"로, 즉 "나는 [그것이 환상일 뿐이라는 것을] 잘 알지만 그럼에도 [그것은 대단하다]"[16]는 말로 요약했다.

우리가 착시화가 내는 효과에서 즐거움을 느끼는 것도 바로 이런 구조 때문이다. 우리는 바닥에 먹다 남은 음식물이나 그림 위에 깨진 유리조각이 놓여 있지 않다는 것을 이미 정확히 알고 있지만, 그럼에도 불구하고 그것을 대단하다고 생각한다. 왜냐하면 다른 누군가는 그것을 믿을 수도 있기 때문이다. 이 발견을 통해 마노니는 프로이트가 페티시즘에서 발견한 부정의 구조*가 결코 이 특별한 도착에만 국한된 것이 아니라, 모든 문화적 향유, 심지어 도착적이지 않은 향유의 기저에도 깔려 있다는 것을 보여준다. 이 구조는 연극과 영화는 물론 회화, 심지어 예의범절의 긍정적 효과에서도 발견할 수 있다. 요컨대 속이려는 대상이 특정되어 있지 않으면서 특정한 환상이 만들어지는 모든 곳에서 이 구조가 발견된다는 것이다. 나아가 놀이와, 놀이의 문화 형성 기능에 대한 요한 하위징아의 동일한 연구를 참고하면 다음과 같은 결론에 도달할 수도 있다. 즉 사실이 뭔지 알고 있고 그래서 정말이라고 믿지는 않는 환상, 따라서 지양된 익명의 환상은 문화의 일반적 쾌락 원칙이다.[17]

아무리 단순하고 감각적인 즐거움이라도 그 속에는 적어도 다른 사람이 속고 있다는 일종의 환상이 (때로는 눈에 띄지 않는 형태로) 수반되어 있다고 볼 수 있다. 예를 들어, 술과 음식이 넘쳐나던 과거의 큰 잔치를 후대의 많은 연회가 재현하는 것도 그러하고, 어떤 로마 정물화들은 단순히 음식물을 묘사하기 위한 것이 아니라 이전의 그리스 정물화에 대한 회상이라는 점에서도 그러하다.[18] 약간의 페티시스트가 되지 않고는 관능적 쾌락을 느낄 수 없다고 한 아나톨 프랑스의 언급[19]도 이 점을 통해 이해할 수 있을 것이다.

6. 고급 요리기술의 은밀한 매력

요즘 사회 부유층의 미식가들이 요리 기술을 대하는 방식을 관찰해

* 프로이트는 상대가 자기와는 다르다는 것(가령 자기에게는 남근이 있는데 상대 여성은 없다는 것)을 '부정'하고 상대의 또 다른 부분을 대신 숭배하는 상상적 태도에서 페티시즘이 비롯된다고 한다.

보면, 이 분야에서 몇 년 전부터 새로운 붐이 일고 있다는 것을 쉽게 알 수 있다. 즉 지금까지 건실하고 조용했던 이 직업이 문화적 존경심과 화제성 호기심이 쏠리는 예상치 못한 지위로 격상된 것이다. TV 요리 프로그램은 더 이상 지루한 초저녁 시간대에서만 볼 수 있는 프로그램이 아니다. 이제 그것은 예술 교양 프로그램이 주로 방영되던 야간이나 심야 시간대에 배정되며, 스타나 다름없는 독일의 유명 요리사 사라 비너(Sarah Wiener)나 영국 셰프 제이미 올리버가 출연해 화려하고 시각적으로 스타일리시한 장면을 연출하는 매우 차별적인 프로그램이 되었다.

이런 프로그램은 모자와 앞치마를 두른 셰프가 나와서 평범하게 세팅된 부엌에서 재료를 조심스럽게 다지며 언제 그것을 냄비에 넣는 것이 가장 좋은지 차분하게 설명하는 식으로 진행되지 않는다. 그 대신 베스파*나 폭스바겐 비틀 컨버터블처럼 눈길을 사로잡는, 클래식하지만 희귀한 교통수단을 타고 먼 지역으로 이동해 해당 요리의 문화인류학적 배경을 보여주거나 현지 분위기를 전해주는 식으로 진행된다. 그런 후에 나이가 좀 있고 지혜로운 엄선된 요리사와 엄선된 요리 도구 및 재료를 투입해 현지의 더할 나위 없이 그림처럼 아름다운 부엌에서 요리를 하며, 수백 년간 전해 내려오는 독특한 특선 요리에 대한 귀중한 지식을 수백만 시청자에게 공개한다. 손가락으로 재료를 집어 마치 쓰레기인 양 되는대로 냄비에 투척하는 등의 별난 행동 방식도 호의적인 반응을 얻는다. 이러한 오만하고 펑크적인 허세는 미디어의 인지도

* 영화 〈로마의 휴일〉에서 오드리 헵번이 타서 유명해진 이탈리아의 스쿠터 모델.

와 컬트적 가치를 창출하는 결과로 이어지고, 악마가 성수를 두려워하고 드라큘라가 마늘을 두려워하듯 세련된 보보스족* 시청자들이 두려워하는 고루하고 따분한 스타일로부터 그들을 보호한다.

7. 향유의 신화

음식은 이미 이 차원에서도 한낱 구강의 감각기관만을 겨냥한 단순한 즐거움의 수단으로 기능하는 것이 아니라 허구의 메신저로, 즉 롤랑 바르트가 비프스테이크와 감자튀김의 예를 들어 분석했던 것과 같은 바로 그 기호학적 의미의 '신화'로 기능한다는 것을 알 수 있다.[20] 트롱프 뢰유 회화와 마찬가지로 산해진미 또한 익명의 관찰자로 하여금 우리가 그 요리가 기원한 문화적 장소 한가운데에 있다고 생각하게끔 만든다. 우리가 요리에서 정말로 즐기는 것은 바로 이러한 환상이다. 나아가 아마도 우리는 그것을 먹을 필요조차 없을 것이다. 요리하거나 먹는다는 상상만으로도 우리는 익명의 환상이 주는 효과를 누릴 수 있기 때문이다. 그러니까 이러한 '신화적' 즐거움에는 단순히 생각하는 것만으로도 이미 만족감을 주는 어떤 것이 있는 것이 확실하고, 이 때문에 이 즐거움은 무관심한 만족의 범주에 속하는 후보일 수도 있다. 현재 디자인이나 응용예술의 오브제가 과거에 예술이 독점적으로 수행하던 기능을 점점 더 많이 대신하는 것도 이러한 이유에서일 것이다. 스타일리시한 요리책이 정물화를 대체하고, 장인의 솜씨로 만든 요리가 트롱

* 부르주아(Bourgeois)와 보헤미안(Bohemian)의 앞 글자를 따서 만든 조어로, 1990년대 디지털 신경제와 함께 등장한 젊은 엘리트층을 이르는 말이다. 격식을 멀리하고 창의적이고 자유로운 저항적 스타일로 자신을 연출하는 경향이 있다.

프 뢰유를, 멋진 오프로드 자동차가 풍경화를 대체하는 것이 그 예다.

로저 뷔르겔(Roger Buergel)이 총감독을 맡은 2007년의 '도큐멘타 12'* 에 분자요리로 유명한 스페인 셰프 페란 아드리아(Ferran Adrià)가 포함된 것은 현대 문화의 관찰에서 얻은 이러한 결론을 입증하는 예이면서, 동시에 위에서 인용한 칸트와 아도르노의 주장을 반박하는 예이다. 요리책이라는 장르도 사회학적으로 단기간에 비약적인 발전을 이루었는데, 이 또한 위의 관찰 결과와 부합한다. 요리책은 더 이상 가족 내에서 다음 세대에 은밀하게 전수되는 소박한 비밀이 아니라 사진과 그래픽으로 화려하게 꾸며진 볼거리가 풍부한 새로운 장르가 되었고, 동갑내기들 사이에서도 자주 선물 되는 멋진 아이템이자 (최근의 더 자유분방한 에로틱한 취향의 도구들처럼) 자랑스럽게 보여주기까지 하는 물건이 되었다.[21] 얼마 전부터는 이 새로운 사치품의 판매를 전문으로 하는 특별한 서점까지 생겨났다.

이 모든 현상은 음식에 대해 잘 알고, 그 지식을 바탕으로 식재료를 조달하고, 그것을 가지고 여유롭게 조리하는 데서 오는 행복을 느끼고 싶은 현대인의 갈망을 증명한다. 그러한 음식에는 물질적 풍미뿐만 아니라 이국적 문화 또는 자기 문화의 먼 과거가 (또는 페란 아드리아의 경우에는 미래의 비전이) 아스라이 축적되어 있다. 이런 점에서 요리와 요리 기술의 물질성에 상상이 탑재되는 이런 경향은 '문화 자본주의'라고 불리는 현재의 일반적 경향과 공통점을 지닌다. 미국 작가 마크 슬로카가 통찰력 있게 관찰한 것처럼, 문화 자본주의의 특징은 상품과 함께

* 흔히 '카셀 도큐멘타'로 부르는 세계적인 현대 미술 전시회. 독일 카셀에서 5년마다 열리며 이름에 각 회차를 붙인다.

삶의 일부를 구매한다는 데 있다.[22] 현재 물질적 대상은 점점 더 특정 라이프스타일이나 신념을 공유하기 위한 경험의 소품으로 사용되고 있다. 특정 종류의 사과는 단순한 과일이 아니라 건강한 생활습관 또는 심지어 생태 저항운동에 대한 약속이다. 특정한 운동화는 스포츠용품으로만이 아니라 패션 소품으로 간주되며, 또는 중국의 아동 노동에 대한 반대의 표시가 되기도 한다. 심지어 특정 로고의 운동화는 로고 광풍을 극복하는 데 중요한 역할을 하기도 한다.[23]

8. 즐거움의 회피

그러나 물질을 전유함으로써 상상에 가담하려는 이러한 노력에는 어떤 양가적 측면이 존재한다. 과연 사람들은 이러한 노력을 통해 대상이 지시하는 것과 더 깊이 관계하기 시작한 것일까? 이러한 '신화적' 향유의 대상물은 우리 문화에서 쾌락주의가 강화되고 있다는 증거로 해석되어야 할까? 아니면 혹시 그것은 새로운 난관, 다시 말해 현대 문화가 향유와 관련해서 가지고 있는 뿌리 깊은 문제를 가리키는 것은 아닐까?

예를 들어 도심에서 점점 더 많이 눈에 띄는 사륜구동형 외관의 오프로드 차량은 정말로 주말을 자연에서 보내기 위한 것인가? 그것은 소풍을 좋아하던 19세기 시민들이 지루한 평일을 보내는 동안 소풍 갔던 자연을 기억하고 다음번 소풍의 동기 부여를 위해 거실에 걸어두던 풍경화와 같은 기능을 하는가? 아니면 이 SUV 차량들은 정반대의 목적, 즉 그곳에 전혀 가지 않고도 자연 및 '오프로드'의 경험을 맛보기 위한 것인가? 그런데 사실에 있어서는 이러한 차량 중 상당수가 이륜

구동이고, 따라서 외관상으로는 사륜구동처럼 보일지라도 사실은 비포장도로를 달리는 데 전혀 적합지 않다는 점에서 후자의 경우라고 보는 게 맞을 것이다.

이는 고전적인 부르주아 정물화의 현대적 상속자라고 할 수 있는 화려하게 꾸며진 요리책에도 해당될 수 있다. 그러한 요리책을 구입한다는 것이 정말로 새로운 여가 활동을 가지게 되었고 앞으로 주방에서 더 많은 시간을 보내겠다는 의미일까? 아니면 그와는 정반대로 요리책은 영구히 잃어버린 경험, 즉 점점 더 정신없이 바쁜 직업 활동으로 인해 집에서 급하게 차가운 음식 또는 인스턴트 음식을 먹거나 아니면 늘 식당에서 사먹느라 놓친 경험을 그리워하는 상징적 대체물일까? 요컨대 문화 자본주의적 상품과 행동방식은 '상호수동성'* 의 차원을 가지고 있어서 즐거움을 '제공하는' 것이 아니라 각각의 상징적 대체물을 통해 즐거움을 '대체'하는 역할을 한다.[24] 철학자 귄터 안더스가 지적했듯이 이러한 사물들은 재화가 아니라 아예 '욕구'가 희소해진 문화에서 특징적으로 나타난다.[25]

9. 향유로 인한 고통

그럼에도 실제로는 즐기기를 멀리하면서 즐기기를 권장하는 척하는 이러한 교묘한 상호수동적 방법들 중에는 그 안에 매우 중요한 포인트가 들어있는 방법도 있다. 즉 즐거움을 느낄 시간이 충분하지 않다는

* Interpassivität. 저자가 착안한 개념으로, 주체가 직접 즐거움을 느끼는 대신 대체물 또는 타자로 하여금 자신을 위해 즐거움을 느끼도록 하는 심리적 태도를 말한다. 이런 즐거움은 주체와 타자 모두가 수동화된 조건에서 나오는 것이므로 '상호수동적'이다.

이유로 즐거움을 상징적 대체물로 대신하는 것만은 아니라는 것이다. 그보다는 종종 즐거움 자체와 관련된 더 근본적인 이유 때문에 이러한 대체가 일어나는 경우도 많다. 예전에는 술고래였다가 이제는 술을 끊은 사람들이 자주 손님을 초대하여 잔이 빌 새라 끊임없이 술을 따라주는 경우가 있는데, 그는 이런 방법으로 예전의 열정을 간직하는 동시에 그것을 억제한다. 이러한 현상은 성적인 쾌감과 관련해서도 나타나는데, 적어도 문학에서는 그러하다. 피에르 클로소프스키의 소설 『환대의 법칙』에 나오는 주인공은 이렇게 언급한다. "나의 삼촌 옥타브는 결혼 생활의 행복으로 인해 괴로워했다. 그것은 질병으로 인한 괴로움과 비슷했는데, 삼촌은 그 병을 다른 사람한테 옮기면 병이 나을 것이라고 믿는 것 같았다."[26]

요컨대 상징적 대체는 무언가를 향유하는 것 자체가 고통일 때 일어난다. 그런데 이러한 대체가 가능하려면 대체되는 그 무엇이 등가적인 것이어야 한다. 이런 등가적 대체는 어떻게 가능할까? 그것은 고통스런 향유가 보상이자 처벌이라는 데서 가능하며, 따라서 다른 사람에게 향유를 위임함으로써 향유를 피하면서도 가까이 두는 것이 합리적 해결책으로 보이기 때문에 가능하다. 그러나 아마도 이보다 더 어려운 질문은 향유가 대체 얼마나 고통스러운 것일 수 있는가 하는 물음일 것이다. 이 질문에 답을 찾을 수 있다면, 오늘날 향유와 관련하여 발생하는 문제가 단순한 시간 부족보다 더 심각하고 더 깊은 원인을 가지고 있는 이유도 알 수 있을 것이다.

10. 불건전한 것들의 기쁨

저 세상 느낌인 것 같은 강렬한 즐거움을 느낄 수 있는 대상의 특징을 간단히 살펴보면 한 가지가 바로 눈에 들어온다. 즉 그것은 이브닝 드레스나 샴페인처럼 비싸거나, 기름진 음식 또는 술처럼 건강에 해롭거나, 고추, 고추냉이 또는 베트남 국물음식처럼 쏘듯이 얼얼해서 눈물을 쏙 뽑게 만들거나, 때로는 선지소시지, 내장요리, 달팽이요리처럼 그 자체로 식욕을 떨어뜨리는 그런 것들이다.

스스로 쾌락주의자를 자처하는 포스트모던 문화에서 조심스럽게 제거되고 있는 것이 바로 이런 부정적 특성들이다. 슬라보이 지제크가 지적했듯이 무알코올 맥주, 무지방 휘핑크림, 저타르-저니코틴 담배, 그것에 더해 욕설을 내뱉지 않는 축구, 담배 못 피우는 술집, 신체 접촉 없는 가상섹스도 있다.[27] 하지만 문제는 이것이다. 그래서 우리는 더 행복한가? 지금 우리는 제약 없는 즐거움을 누리고 있는가?

즐거움은 축하에 달려 있다는 사실을 기억하면 답은 명확해진다. 축하의 순간이란 예를 들어 동료의 생일을 축하해야 한다는 명령에 따라 사람들이 평범한 일상을 잠시 중단하는 순간을 말한다. 그런 다음 샴페인 병을 따고 그날의 주인공과 건배를 해야 한다. 심지어 의사가 술을 금한 사람도 건배를 해야 하는데, 물론 그런 사람에게는 상징적인 양만 '건배용'으로 따라주면 된다. 앞서 말했듯이, 종합 비타민 주스로 성인의 생일을 축하할 수는 없는 노릇이다. 평범한 일상을 효과적으로 중단시키고 축제의 순간을 만들기 위해서는 늘 마시지는 않는 무언가가 필요하다. 그것은 언제나 같은 즐거움만을 주지는 않는데, 예를 들어 여피족 방탕아라면 도미나*가 섬세하게 뿌려주는 '오줌 샴페인'이나 그

녀가 갈겨주는 소중한 따귀에 많은 돈을 지불하겠지만, 다음 길모퉁이에서 그 비슷한 것을 무료로 해준다면 그는 질색을 하고 구역질난다며 거부할 것이다.

11. 축제 중임을 표시하기

우리는 뭔가 불건전하고 오래도록 참아내기는 어려운 특징을 가진 물건들로만 축하를 할 수 있으며, 그렇게 축하를 할 때만 확실한 즐거움을 느낄 수 있다. 하지만 자칭 쾌락주의라고 하는 문화는 건전한 것들만 앞에 놓고 그것들로만 즐거움을 느끼라고 끊임없이 요구한다. 이렇게 우리를 어린아이처럼 대하는 문화에서는 즐거움도 소실될 수밖에 없다. 즐거움을 느끼기 위해서는 그것과 대조되는 불쾌가 필요해서가 아니다. 오히려 건강한 식습관, 절제된 생활, 검소한 살림, 거부감과 혐오감 등 평소의 원칙을 잠시 내려놓고 승리감에 고양된 위반 행위를 저지르는 데서 최고의 즐거움이 나오기 때문이다. 결국 어른스럽다는 것은 바로 그렇게 할 수 있는 것, 즉 잠시 동안이라도 자신이 어른이라는 사실을 무시할 수 있는 것을 말한다. 바로 이것이 어른스러운 방식으로 어른스러울 수 있는 능력, 즉 이중화 덕분에 가능한 능력이다. 앞서 말했듯이, 일면적으로만 어른스러운 것은 그냥 잘난척장이 어린아이일 뿐이다.

이제야말로 우리가 느끼는 최고의 즐거움, 가장 강렬한 감각적 쾌락이 '잘 알지만 그럼에도'라는 마노니의 공식에 얼마나 의존하고 있는지

* 남성 마조히스트에게 사디즘 행위를 해주는 성매매 여성.

가 분명히 드러난다. 축하를 위해서는 일상적인 현실의 규칙을 중단하고 놀이를 시작하는 것이야말로 어른다움의 공식이다. 이 놀이에는 익명의 환상이 포함되어 있으며,[28] 다음과 같은 요구가 포함되어 있다. 즉 알고 있는 것을 무시하고 '잘 알지만 그럼에도'를 따르라는 요구, 어떤 다른 사람도 믿고 있을 수 있는 그 환상을 따르라는 요구가 그것이다. 그것은 다른 말로 하자면 이렇게 표현할 수 있다. 놀이를 망치는 사람이 되지 말라! 놀이 바깥의 삶에서는 스스로도 용인하지 않았을 바로 그것을 지금 하라!

12. 금지된 것을 하라고 명령할 때

앞에서도 살펴보았듯이, 지그문트 프로이트와 조르주 바타유는 종교에는 원래 종교 스스로 엄격하게 금지한 바로 그것을 하라고 명령하는 순간이 있다고 지적했다. 토템식(食)이 그 예로, 이때는 부족이 신화적으로 친족이라 생각하는 동물, 따라서 보통 때는 죽이거나 먹어서는 안 되는 동물을 축제를 벌여 함께 먹어야 한다.[29] 그런데 이 예외적인 순간에는 그 토템 동물을 먹는 것이 엄격히 금지되었던 만큼이나 먹지 않는 것도 엄격히 금지된다.

보통 때는 금지된 일을 이때만큼은 즐기라고 요구하는 이 문화적 명령은 대상의 불건전한 특성을 승리의 즐거움으로 바꾸어 놓는다. 이러한 이유로 그런 대상 즉 모든 문화의 신성한 것에는 항상 이중적인 의미가 부여된다. 신성한 것은 항상 '숭고'하면서 동시에 '불순'하다.[30] 그러한 대상은 축제의 순간에만 변형될 수 있다. 축하하는 집단은 축제를 통해 불쾌하고 '불순한' 것을 지극히 즐거운 쾌감을 주는 것, 숭고한 것으로 변화시킨다. 문화적, 사회적 명령에 따라 진행되는 이 과정은 정신분석학적 의미에서 '승화'라고 부를 수 있을 것이다.[31]

13. 재미있는 것들, 슬픈 사람들

이로써 우리는 현재 우리 문화가 즐거움을 거의 절박하게 갈망함에도 즐거움을 느끼는 데 문제가 있고 즐거움을 느끼는 능력을 왜 그토록 많이 상실했는지의 이유를 이해할 수 있게 되었다. 모든 사람들이 즐거움을 느끼기 위해 필요로 하는 바로 그 불건전한 것으로부터 각자의 방식으로 도망치고 있기 때문이다. 이것은 시간이 너무 부족한 사람들, 또는 직접 요리하는 대신 요리책을 구입하거나 선물로 주는 식으로 즐거움을 회피하는 사람들에게만 해당되는 얘기가 아니다. 직접 요리를 하는 사람이더라도 건강을 더 잘 챙기기 위해 요리를 한다면 이런 경우도 여기에 해당한다. 이들은 혹시 어디 밖에서 좋지 않은 것, 건강에 안 좋은 음식을 먹을까 걱정이 되어 스스로 요리를 하기 때문이다. 이렇게 해서 건강 의식은 좋은 삶에 대한 해결책이 아니라 문제의 일부가 된다. 건강 의식은 불순한 것을 회피함과 동시에 이로써 불순한 것을 숭고한 것으로 변형시키는 데 필요한 사회의 역할도 자발적으로 거부한다. 하지만 그러한 변형은 축하 의식을 벌이는 집단을 통해서만 해낼 수 있는 것이다. 개인들에게 놀이를 망치지 말라는 강력한 명령을 내릴 수 있는 것은 집단뿐이기 때문이다. 반면에 개인이 혼자가 되어 각자가 가진 쾌락의 자원에만 의지할 수밖에 없게 되면, 그들은 최근까지도 매력적으로 느꼈던 것 앞에서 그만 뱀 앞의 토끼처럼 얼어붙게 된다. 그러고는 그런 것에 혐오감을 느끼며 술, 섹스 또는 흡연을 금지하라고 큰 소리로 요구하기 시작한다. 이것이 서구의 많은 인구가 에로틱한 분야뿐만 아니라 여러 분야에서 '넘쳐나는 섹스 속에 빈곤한 성생활'을 지속적으로 겪는 이유이다. 미디어가 맹렬한 기세로 우리에게 들이미는 쾌락의 사치품들은 막스 셸러가 적절히 언급했듯이 "매우 재미난 물건들이지만, 그것을 구경하는 사람들은 그 물건들로 무엇을 해야 할지 모르는 슬프디 슬픈 사람들"이다.[32]

14. '포도주는 있을 것이고 우리는 없을 것이다'*

이 노래가사의 이미지는 죽음이 곧잘 모티브로 등장하는 정물화**와도 잘 어울리는 것 같다. 노먼 브라이슨은 그런 정물화를 너무 성급히 삶의 덧없음에 관한 바로크적 주제를 표현한 것으로만 이해해서는 안 된다고 적절하게 지적한다. 회화 장르 중 "물질적 존재가 최대 엔트로피 수준에 이르렀음"[33]을 보여주는 회화, 인물은 거의 등장하지 않고 그렇기에 유물론적 원칙에 맞게 "어떤 서사도 없는"[34] 이들 회화가 무엇 때문에 덧없음을 상기시키려고 하겠는가? 모든 즐거움에는 끝이 있기 때문에? 오히려 이런 태도는 에피쿠로스가 내린 다음 판단에 해당되는 태도가 아닐까? "'무엇을 하든지 그 끝을 생각하라'는 말은 과거의 좋았던 일에 대해 감사할 줄 모르는 태도이다."[35]

* 〈포도주는 있을 것이다〉(Es wird a Wein sein)라는 노래가사의 일부로, 오스트리아의 싱어송라이터 볼프강 암브로스가 불렀다.

** 바니타스 정물화를 가리킨다. '바니타스'(*Vanitas*)란 '헛됨'을 뜻하는 라틴어로, 이 회화들은 시들어가는 꽃 옆에 두개골, 썩은 과일, 모래시계 따위를 배치하여 죽음을 기억(메멘토 모리, *memento mori*)하고 그럼으로써 세속의 가치에 현혹되지 말라는 메시지를 담은 것으로 흔히 해석된다.

게다가 여기서 무언가가 끝이 있다면, 그것은 즐거움을 일어나게 하는 사물이 아니라 우리 자신이다. 정물화에는 두개골 옆에 음식, 담배 파이프, 그릇, 책, 악기가 산뜻하고 온전한 상태로 놓여 있다. 이런 그림을 보면 어떤 나이든 부인이 일전에 나에게 해주었던 말이 들리는 것 같다. 그 부인도 그 말을 예전에 어떤 현명한 노파에게서 들었다고 하는데, 노파는 집안에서 그릇이 깨질 때마다 "저 고물도 우리보다는 오래 살 거야"라는 말로 위안을 삼았다고 한다.

그러나 죽음을 모티브로 삼는 데 결정적 요인이 되었을 역사적 이유와 상관없이, 이런 정물화에는 현재 우리 문화가 즐거움에 대해 가진 문제와 관련된 중요한 메시지가 담겨 있는 것 같다. 마르코 페레리의 영화 〈그랑 부프〉가 전하는 메시지도 같은 맥락으로 이해할 수 있는데, 즉 무슨 짓을 해서라도 삶을 유지하려는 태도를 버리고 죽음을 두려워하지 않을 때에만 즐거움을 누릴 수 있다는 것이다. 죽음 앞에서도 평온함을 유지하는 것은 삶을 살아가기 위한 중요한 전제 조건이다. 반면에 현재 생명을 보호한다는 구실로 모든 즐거움을 건강에 해로운 것으로 악마화하고 금지하는 생명정치는 이 삶 자체를 이미 죽어 있는 것으로, 일종의 조기 사후경직 상태로 만든다.

즐거움을 느낄 것인가, 아니면 일말의 즐거움도 없이 죽음보다 앞서 죽어 있을 것인가. 위에서 말한 정물화는 바로 지금 우리 시대에 주어진 이 두 선택지를 보여주고 있는 듯하다. 모든 즐거움에서 불건전한 요소를 제거해 버리고 담배연기 없는 카페, 대대적 몸수색을 거쳐야만 하는 항공기 탑승을 순순히 받아들인다면, 우리는 이미 죽음에 대한 공포로 인해 삶을 포기해버린 것이다. 고대의 유베날리스는 풍자시 제

8편에서 바로 이에 반대하는 메시지를 던졌다. "부끄러워하기보다 살아남는 것을 더 중요하게 여기는 것, 사는 데 급급하여 살아갈 이유를 잃어버리는 것, 그것을 가장 큰 부끄러움으로 생각하라."[36]

삶을 기뻐하는 이 고대 유물론의 정치적 함의를 20세기의 베르톨트 브레히트만큼 잘 이해했던 사람은 드문 듯하다. 그는 「코뮌 동지들의 결의문」를 통해 이렇게 말했던 것이다.

> "그때에 당신들이 우리를
> 총과 대포로 위협할 것이라는 점을 고려하여
> 우리는 결의한다, 이제는 죽음보다
> 나쁜 삶을 더 두려워하겠다고."[37]

삶을 사랑하고 즐거움을 지킨다는 것은 (헤겔이 '인정 변증법'에서 가정한 것처럼,[38] 또는 '너희는 삶을 사랑하고 우리는 죽음을 사랑한다!'고 읊어대는 종교 광신도처럼) 죽음을 두려워하고 투쟁을 회피하는 것을 의미하지 않는다. 그와는 정반대로, 정물화가 표현하는 즐거움에 대한 찬사를 이해하고, 죽기도 전에 벌써부터 좋은 삶을 포기하지 않는 것을 의미한다.

주(註)

1. 사는 것이 가치 있는 이유

1 Marx [1857]: 637 참조.

2 슬라보이 지제크는 사랑에서 '조명 전환'이 일어나는 메커니즘을 다음과 같이 표현했다. "사랑은 결점투성이의 어리석고 추한 면을 가진 사람을 그냥 받아들이는 것이다. (…) 그럼에도 불구하고 그 사람은 당신에게 절대적이다. (…) 삶을 살아갈 가치가 있게 만드는 것 (…) 당신은 불완전함에서 완전함을 본다." http://www.youtube.com/watch?v=U3x5X67OWj8 (2010. 3. 4 접속) 참조.

3 "*Summum crede nefas animam praeferre pudori / et propter vitam vivendi perdere causas.*" (Juvenal 2009: 164; *Satura* VIII: 83~84, 저자 번역) 독일어판(Juvenal 2007: 91)에서는 '*causas*'가 'Sinn'(의미)으로 번역되었는데, 삶의 이유는 삶의 의미와는 다르다.

4 Benveniste, Émile: *Le vocabulaire des institutions indo-européennes*, Paris: Éds. de Minuit, 1969, Bd. II: 188ff.; Assmann, Jan: *Religion und kulturelles Gedächtnis*, München: Beck, 2000: 154; Lipowatz, Thanos: *Der 'Fortschritt in der Geistigkeit' und der 'Tod Gottes'*, Würzburg: Könighausen & Neumann, 2005: 21ff. 참조.

5 이 책 16장 바타유와 하위징아에 대한 부분 참조.

6 Durkheim 1994: 457 참조. "근본적으로 신성함을 손상시키지 않는 긍정적인 의식(儀式)은 없다. 인간은 평상시 신성한 존재로부터 그를 분리해놓는 장벽을 넘지 않는 한 신성한 존재와 교통할 수 없기 때문이다."

7 Pfaller 2009 참조.

8 Alain 1982: 201 및 같은 책 187 참조. "하지만 혼자 있을 때 만족하는 사람도 쉽게 그 만족을 잊어버린다는 것을 유념해야 한다."

9 Mannoni 2006: 19 참조.

10 Kant [1798]: 442 참조. "다른 모든 사람들이 그것이 진심으로 그런 뜻이 아니라는 데 합의하고 있으면서도."

11 관대함의 윤리에 관해서는 이 책 5부와 6부 참조.

12 아넬리에 티체(Annelie Titze)는 이 주제에 대해 뛰어난 분석을 보여주었다.(베를린-바이센제 미술대학 수업과제, 1999.)

13 Sontag [1964] 참조.

14 향유에서 비롯된 상징적 질서의 외설적 이면에 대해서는 Žižek 1995: 134 및 1998: 276 참조.

15 Evans 1997: 148, 202 참조. 이중화의 필수불가결함에 대해서는 이 책 10장 참조.

2. 사는 것이 가치 있다는 사실을 잊게 만드는 것들

1 그 대표적인 예로는 이른바 대학의 '볼로냐 개혁'을 들 수 있다. 이 개혁은 모든 학과를 경제적 이익에 직접 복무하는 하급 기능 교육으로 격하시키고 소수의 배타적인 학생들만 연구에 접근할 수 있도록 하는 내용을 담고 있다. 우파의 '경제화 승자들'의 이러한 이해관계는 자칭 좌파의 '[계층간] 구별짓기 패자들'의 적극적인 도움 없이는 시행될 수 없었을 것이다. 후자는 그 대부분이 학계 경력상 원하는 성공을 거두지 못하고 이제는 행정직을 맡아 일하면서, 그들이 증오하는 대학 내에서의 자유와 그들이 주장하는 교수의 오만함(그런데 이건 실제로 그럴 수 있다)에 맞서 치열한 싸움을 벌인다. 이러한 '개혁위원회 위원들'은 대학을 초중고와 같은 반지성적 의무 기관으로 변모시키는 가운데 이것이 '교육을 박탈당한 계층'에 이익이 된다는 보호 명분을 내세우고 있다.(Nitsch 2004, Pfaller 2010 참조)

2 뻔뻔한 꼰대라는 유형에 관해서는 다음을 참조. Freud [1912-13]: 426ff.; [1921c]: 119; Žižek 1998a: 72; 2000: 23f.; 2001: 369.

3 '타자의 상상'/'자기의 상상' 및 '미신'(croyance)/'신조'(foi) 간의 차이에 관해서는 Mannoni 1985: 9ff. 및 Pfaller 2002: 2장과 이 책 9장 참조.

4 이 개념에 관해서는 Pfaller 2008: 30ff. 참조.

5 Rancière 2006: 26 참조.

6 Heine [1853]: 163 및 Freud [1919h]: 259 참조.

7 Freud [1930a]: 252 참조.

8 Sloterdijk 2007: 19 참조.

9 Arendt 1964: 6 참조.

10 유머의 영역으로서의 초자아에 관해서는 Freud [1927d] 참조.

11 Anders 1988 Bd. 2: 16ff. 참조.

12 http://www.leonardo-energy.org/there-enough-every-bodys-need-not-enough-anybodys-greed (2010. 9. 28 접속) 참조.

13 Epikur, in: Hossenfelder 177 참조.

14 Epikur 1995: 87f. 및 Hossenfelder 177, 188 참조.

15 Epikur 1995: 68.

16 Epikur, Hossenfelder 1996: 272에서 재인용.

17 Epikur 1995: 86: "지혜가 인생 전체의 행복을 위해 기여할 수 있는 것 중 가장 큰 것은 우정을 얻게 하는 것이다."

18 Epikur, in: Hossenfelder 1996: 190ff. 참조.

19 이 책 15장 참조.

20 Epikur 1995: 54 및 87와 De Crescenzo 1988: 167f. 참조.

21 이 지점에서 예를 들어 생태 운동과 유물론의 길이 갈라진다. 오스트리아 녹색당은 최근

흡연금지 문제를 정치화할 능력이 없음을 드러내며 그 자신 오히려 흡연금지 강화를 촉구했다. 그들은 이런 행동이 사회보장과 친목 교제를 파괴하는 데 일조했다는 사실을 인식하지 못했거나 아니면 그것에 무관심했다. 이런 이유에서 에피쿠로스는 '정원의 철학자'[에피쿠로스는 그의 제자들과 정원에서 철학을 논했다—옮긴이]임에도 녹색주의자가 아닌 것이다.

22 Kant [1788]: 140; Lacan 1963: 152ff. 및 이 책 15장 참조.

23 라신의 드라마에 나오는 예에 대해서는 Žižek 1991: 17 참조.

24 Epikur 1995: 113f. 및 Spinoza 1976: 43f. 참조.

25 Epiktet 2004: 65 참조.

26 Brecht 1984: 260 참조.

3. 빈약함과 화려함

1 이 메커니즘에 대한 정신분석학 이론에 관해서는 Signer 1997 참조.

2 Freud [1942a]: 163 참조.

3 이와 관련해 흥미로운 인터뷰 질문을 해준 베를린의 그레고르 톨(Gregor Tholl)에게 감사드린다.

4. 보이는 것의 질서

1 이는 이중화 문제와 관련된 것으로 이 책 10장에서 다룰 것이다.

2 Epikurs의 다음 언급과 비교하라. "인간의 어떤 격정도 치료하지 못하는 철학자의 말은 공허하다."(Hossenfelder 1996: 179에서 재인용)

3 이러한 방점의 이동 그 자체로 유물론적 접근법의 전형적인 특징이다. 이런 의미에서 니체는 모든 이론은 그것이 다룬다고 주장하는 대상이 어떤 것이든 먼저 윤리적 입장을 '합리화'하는 것으로 이해해야 한다고 가르쳤다. 그는 철학자들에 대해 언급하기를 "추상화와 여과를 거친 그들의 깊숙한 소망은 대부분의 경우 추후에 그 소망에 대한 근거를 찾아다 붙임으로써 정당한 것이 된다." 또한 "모든 철학에서 도덕적 (또는 비도덕적) 의도야말로 본래의 생명의 싹, 그로부터 매번 식물 전체가 자라나는 싹이다. 사실은 철학자의 저 멀리 유리되어 있는 형이상학적 주장이 실제로 어떻게 생겨났는지 설명하기 위해서는 항상 먼저 스스로에게 다음의 질문을 던지는 것이 좋은 (그리고 영리한) 방법이다. 즉 그것은(그 철학자는) 어떤 도덕을 지향하는가?"(Nietzsche [1886]: 16f.)

4 Gottsched [1730]: 45 참조. "오직 하나의 정말로 중요한 속임수를 써야 한다. 그것을 위해서는 많은 준비가 필요하고 숱한 난관에도 성공할 수 있어야 한다."

5 Schlegel [1794]: 96 참조. "그리스인들은 기쁨을 생명력과 같이 신성한 것으로 여겼고,

그들의 믿음에 따르면 신들도 농담을 매우 좋아했다. 신들의 희극은 환희의 도취인 동시에 거룩한 열정의 토로로, 원래는 공공의 종교 행위에 다름 아니었다(…)."

6 특히 유물론적 관점에서 볼 때 이것은 세계관의 결정적인 기능으로 간주되어야 한다. 왜냐하면 세계관에서는 실천적 기능이 이론적 기능보다 우위에 있기 때문이다.(Althusser 1969: 140 참조)

7 헤겔의 유명하고도 악명 높은 인정 변증법, 즉 주인과 노예의 싸움의 근저에 있는 것이 이 가정이다.(Hegel 1984: 145-155 및 Kojève 1975 참조) 반면에 기독교 철학자 파스칼은 이 하나의 삶을 걸고 여러 개의 삶을 얻는 그의 유명한 '내기'(신이 존재한다는 증거가 없어도 신을 믿는 것이 사후에 잃을 것이 없다는 내기—옮긴이)에서 이교도에 더 가까운 모습을 보였다. 그가 이 내기에서 위험을 감수한 이유는 이 삶 너머에 있는 것 때문이 전혀 아니었다. 다른 것, 더 나은 것을 얻기 위해서가 아니라 오직 더 많은 현생을 얻기 위한 것이었다.(Pascal 2004: 1208-1214)

8 테르툴리아누스는 깊은 통찰력으로 이 변증법을 인지했다. 그는 "즐거움을 느끼는 것을 경멸하는 것보다 더 큰 즐거움은 무엇인가(…)"라고 했기 때문이다.(Tertullian 2008: 83) 그러나 그는 이 원리를 숨겨진 동기에 대한 통찰 아니라 기독교 금욕주의를 옹호하는 논리로 간주한다. 그 무엇으로도 능가할 수 없는 이 격렬한 '모든 쾌를 넘어서는 쾌'야말로 자크 라캉이 프로이트의 '쾌락원칙의 저편'에 있는 것을 지칭하며 '주이상스'(향유)라고 했던 바로 그것이다.(Lacan 1996: 201 참조) 주이상스는 나르시시즘적이기 때문에(Evans 1997: 91-92 참조) 테르툴리아누스는 여기서 다름 아닌 기독교의 근본적인 나르시시즘적 특성과 부딪히게 되는데 이는 최근 정신분석 이론에 의해 상세히 연구되어 있다.(Grunberger/Dessuant 2000 참조)

9 Lange 1902: 3ff. 및 Mehring 1960: 61ff. 참조.

10 Brecht 1971: 5 참조. "우리 연극은 인식의 쾌를 불러일으키고, 현실을 변화시키는 재미를 느끼도록 만들어야 한다." 이에 더해 Profitlich (Hg.) 1998: 216과 비교해볼 것.

11 이상한 것과 섬뜩한 것의 장르상 구조적 동일성에 대해서는 Pfaller 2008: 251-272 참조.

12 진리가 슬픈 것이라는 명제의 또 다른 곁가지는 행복이 사람을 어리석게 만든다는 생각이다. 이 잘 알려진 모티브는 예를 들어 행복은 의식되지 않는 형태로만 있을 수 있을 뿐, 행복을 의식하면 이미 그것은 행복의 손실을 의미한다는 아도르노의 생각에서도 나타난다.(Adorno 2001: §72 참조) 희극은 이런 생각 또한 거부한다. 영화 〈이혼 소동〉의 아이린 던과 캐리 그랜트, 영화 〈라이벨리드 레이디〉, 〈아이 러브 유 어게인〉, 〈그림자 없는 남자〉의 머나 로이와 윌리엄 파월, 〈만지기엔 너무 뜨거운〉, 〈헉스터〉의 클라크 게이블, 〈멋진 세상〉의 클로데트 콜베르와 제임스 스튜어트 같은 주인공들은 행복한 성공을 거두었을 때 행복을 의식하면서 너무나도 영리하게 행동한다.

13 Vattimo 2003 참조.

14 Lukrez 1991: 52, 55, 57 참조. Epikur 1995: 89 "비존재로부터는 아무것도 생성되지 않는다. 그렇게 된다면 모든 것이 모든 것에서 생성될 것이기 때문이다." 및 Lange 1902: 12f. 참조.

15 에피쿠로스는 (끊어지지 않고 서로 병렬적 거리를 유지하며—옮긴이) 낙하하는 원자들이 경로를 이탈해 사선 방향으로 움직이는 현상에 관한 '클리나멘'(Clinamen) 설을 주장했는데,(Lukrez 1991 : 98 참조) 이 주장은 이탈의 원인을 설명할 수 없다는 이유로 비판과 조롱을 받았다.(Lange 109 참조) 그럼에도 추돌사고에서처럼 낙하하는 원자는 서로 다른 낙하속도 때문에 뒤의 원자가 앞의 원자를 들이받을 가능성이 있다는 점은 인정되었다.(de Crescenzo 1990, Bd. 2: 171 참조) 오늘날에는 자동차 경주만 봐도 뒤에서 충격이 가해졌을 때 어떻게 측면 방향으로의 이탈이 발생할 수 있는지 이해할 수 있다. 속도가 더 느린 차체를 정확히 중앙부분을 조절해 타격한 게 아니라면 충격은 진행 방향으로 작용하지 않는다. 추돌된 차는 오히려 옆으로 튕겨나가면서 흔히 바로 옆에서 질주하고 있던 차를 들이받는다. 즉 포뮬러 원 경주의 스타트랩(트랙의 처음 한 바퀴—옮긴이) 주행 충돌사고는 세계 창조에 대한 에피쿠로스의 주장을 시각적으로 보여주는 것이라고 할 수 있겠다. 에피쿠로스의 비판가들이 포뮬러 원이나 당구 게임을 관람할 수 있었다면 더 이상 그런 비판을 제기할 수는 없었을 것이다.

16 Marx [1841], Althusser [1982] 참조.

17 이런 점에서 원자에 관한 이 명제는 '주인기표'로 기능한다고 볼 수 있다. 주인기표는 ('의미'라는 환상에 의해 발생하는 것과 같은) 성급한 또 다른 총체화를 무효화하는 역할을 한다. 다시 말해 원자는 라신(Racine)의 '신에 대한 두려움'과 동일한 기능을 한다.(Žižek 1991: 16 참조) 두 개념 모두 그 밖의 두려움과 불안을 덜어주는 역할을 한다. 말하자면 에피쿠로스학파는 이를 아래로, 작고 무의미한 것의 방향으로, 스토아학파는 위쪽으로, 큰 것, 더 높은 의미를 가진 방향으로 완화시킨다. 이런 이유에서 마르쿠스 아우렐리우스에게는 다음의 두 가지 선택이 성립한다. "누구를 탓할 것인가? 원자를 탓할 것인가, 신을 탓할 것인가? 둘 다 미친 짓이다."(Marc Aurel 1948: 107)

18 독일어 번역(Althusser 2010)에서 이 제목은 "마주침의 유물론"이다. 이 용어가 가지고 있는 기독교적 의미(가령 소위 '만남의 집'과 같은 이름에서와 같이)를 고려할 때 다른 표현이 더 적합했을 수도 있다. 기독교적 맥락에서 '만남'은 대개 의도적이고 의미 있는 만남을 의미하기 때문이다. 이에 반해 알튀세르의 '마주침'(rencontre)은 극도로 외부적인 것과의 맞닥뜨림을 의미한다. 이는 생산과정에서 주재료와 그 가공의 맞닥뜨림에 비교될 수 있다.(Althusser 1974: 124ff. 참조) 주재료 중 어떤 부분도 자기의 변형을 '기다리지' 않는다. 불에 단련되는 것은 철의 본성에는 완전히 외부적인 것이다.(Alain 1982: 79 참조) 또는 랭보가 말했듯이 "구리가 잠에서 깨어났는데 트럼펫이 되어 있다면, 그것은 구리의 잘못이 아니다."(Rimbaud 2004: 371)

19 다양한 장치에 의해 예측할 수 없이 구슬을 이리저리 튕기는 핀볼 기계의 이미지에서 따온 '스크루볼 코미디'(Screwball comedy, 1900년대 초에 번성했던 희극영화로 부자와 빈자, 남녀와 같은 대립들이 재치 있는 대사와 빠른 템포로 전개되고 결말에서 갈등이 해소되는 것이 아니라 평화로운 공존에 이르는 것이 특징—옮긴이)라는 이름은 희극이 가진 에피쿠로스적이고 원자론적인 정신을 아주 잘 포착하고 있는 듯하다.

20 이 개념에 대해서는 Lacan [1954-55]: 16 및 Althusser [1976]: 104 참조.

21 그러나 이것은 성격 비극(주인공의 성격이 비극의 원인이 되는 비극—옮긴이)이라는 르

네상스 이후 형태의 비극에만 적용된다. 반면 고대의 운명 비극에는 비극적 과오("주관적으로 책임을 물을 수 없지만 객관적으로는 존재하는", http://www.klassikerforum.de/Bo- dies/gattungen/tragoedie.php 참조)라는 개념만 존재하는데, 이는 주관화의 원칙에 근거하지 않는다.

22 Epikur 1995: 69 참조. "모든 것이 필연적으로 일어난다고 말하는 사람은 모든 것이 필연적으로 일어나는 것은 아니라고 말하는 사람을 비난할 수 없다. 그는 후자 또한 필연적으로 일어난다는 것을 인정해야 하기 때문이다."

23 Freud [1905c]: 170 참조.

24 Pfaller (Hg.) 2005: 1-22 참조.

25 이런 점에서 희극은 옥타브 마노니의 용어로 '믿음'(croyance)이라는 형태의 상상(타인의 상상, 미신)에 속하는 반면, 비극은 '신앙'(foi)이라는 형태에 속한다. 이에 대해서는 Pfaller 2002: 194 참조. '믿음'에 들어있는 강박의 계기에 대해서는 같은 책: 131ff. 참조.

26 이 부분에 대한 자세한 분석은 Pfaller (Hg.) 2005: 127ff. 및 Žižek 2009: 2ff. 참조.

5. 실패자는 항상 실패자인가?

1 이러한 경제 상황에 대한 개괄적 조망은 Spindler 2007: 14 참조.

2 이 개념에 관해서는 Freud [1921c]: 132 참조.

3 '비극의 패러다임'에 관해서는 Critchley 1999, Pfaller (Hg.): 2005 참조.

4 이에 대한 명철한 분석은 Sloterdijk 1983, Bd. 1: 22 참조.

5 예를 들어 '도큐멘타 11'은 선정된 아티스트에 대해 다음과 같이 설명했다. "[그 여성 작가는] 자신이 태어난 나라에서 거주하고 작업한다는 것 때문에 국제적인 인정을 받은 새로운 예술가세대에 속한다."(Kunstforum international, Bd. 161, 2002. 8~10, '도큐멘타 11': 137 참조)

6 Moebius 2006: 239ff. 참조.

7 요즘에 전형적으로 볼 수 있는 예를 들자면, 드레스덴에 있는 독일 위생박물관의 홈페이지에 명시되어 있는 '행복의 역설' 같은 것이 있을 것이다. "21세기 초 행복은 우리의 일상을 말 그대로 범람시키고 있다. 그러나 미디어를 중심으로 선전되고 있는 이 관념, 즉 행복한 사람만이 성공적이고 섹시하다는 생각은 그 반대의 재앙적 결과를 가져오기도 한다."(http://www.id3d-berlin.de/) 부유하고 아름다운(rich and beautiful) 사람들에 대한 끊임없는 선전을 접하며 사람들은 그에 대해 역겨움을 느끼고 행복에 대한 바람을 쉽게 접게 될 수 있기 때문이다. 그러나 행복을 위한 투쟁은 감정 차원에서의 정치적 투쟁으로 이해되어야 한다. 행복에 대한 폄하라는 미혹에 빠지거나 반항적 의도에서 자신의 불행을 시인하는 것으로서는 행복을 얻을 수 없다. 아도르노도 이 점에서는 혜안을 가지고 있었는데, '행복에 대한 원한'을 비판적으로 언급한 데서 그것을 알 수 있다.(Adorno 1973, Bd. 1: 171 참조)

8 Hartmann 1976: 81 참조. "그것[쾌락]은 항상 불쾌에 상대적이며, 쾌/불쾌의 대조 법칙의 지배를 받는다는 것, 쾌를 직접적으로 추구할 수 없다는 것, (…) 모든 쾌락은 불쾌로 대가를 치른다는 것, 가령 맛좋음은 배고픔으로, 휴식은 노동으로, 심지어 예술의 즐거움은 감각의 고통스러운 자극으로."

9 예를 들면 Birnbacher의 온라인 에세이 참조. "이러한 형식의 진술은 자고로 '행복의 철학' 명제의 핵심, 즉 행복을 직접 잡으려고 노력하는 것으로는 행복에 이를 수 없다는 일명 '행복 역설'의 하나다. 행복을 위해 직접 노력하는 것으로는 행복해지기 매우 힘들다. 행복은 직접적인 의도로부터 비껴간다. 목표점을 맞추기 위해서는 그 목표점을 노려서는 안 되고 그 목표와 무관한 목표들을 성취함으로써 행복을 얻는다는 것을 믿어야 한다. 어떤 의미에서 행복은 항상 사전이 아닌 사후에만 존재하며, 그나마도 결코 성취는 보장할 수 없다."(Birnbacher, http://www.information-philosophie.de/?a=1&t=218&n=2&y=1&c=1#)

10 2008년 3월 6일, 「팽팽함에 대한 유리기술자의 두려움: '실패의 행복 협회' 창립기념 초대강연」, B. Brock, V. Demuth, J. Maeder, R. Pfaller 공동강연.

11 Wittgenstein 1980: 185 참조. "나는 이 색이 빨간색이라는 것을 어떻게 아는가?—가능한 한 가지 대답은 '독일어를 배웠으니까'일 것이다."

12 이는 프로이트가 지적한 '쾌'(Lust)라는 단어의 이중적 의미(독일어 Lust는 쾌감 또는 쾌락이라는 뜻 외에 무언가를 하려는 의욕이라는 뜻도 있다—옮긴이)에 해당하는데, 쾌는 "욕구의 느낌이면서 동시에 만족의 느낌"을 뜻한다. Freud [1905d]: 47, 주 2 및 같은 책 117, 주 1 참조.

13 Pascal 1997: 96 및 이 책 13장 참조.

14 이 책 11장 참조.

15 Hossenfelder 1996: 289 참조.

16 이는 브레히트의 아름다운 시구 "모든 사람이 행복을 좇아 달려갈 때/ 행복은 그들의 등 뒤에서 그들을 쫓아간다"의 의미이기도 하다.(Brecht 1984: 1118)

17 Sextus Empiricus, *Grundriß der pyrrhonischen Skepsis*(피론 회의 개요): 28, in: Hossenfelder 1996: 309 참조. 또한 Hossenfelder 같은 책, 291 참조.

6. 바꿀 수 있는 것과 없는 것

1 Seneca 2004, Bd. 4: 288, 편지 116 참조. "열정은 근절되어야 하는 것이지 절제해야 하는 것이 아니다." 또한 Marc Aurel(마르쿠스 아우렐리우스) 1948: 66 참조. "죽음은 삶에 속하는 과정 중 하나이기 때문이다. 따라서 이것에서도 자신의 의무를 다하는 것으로 충분하다." 아울러 Marcuse 1981: 57 참조.

2 Alain 1982: 160 참조. "에픽테토스는 그 선박여행자에게 이렇게 말했다. '당신은 폭풍을 두려워하고 있다. 마치 당신이 바닷물 전체를 삼키기라도 해야 하는 것처럼. 하지만 당

신을 익사시키기 위해서는 2리터의 물이면 충분하다.'"

3 Kant [1795]: 405 참조. "크리시포스는 스토아적인 강렬한 표현을 사용해 '자연은 돼지에게 썩지 않도록 소금 대신 영혼을 주었다'고 했다."—세네카에게서 이런 문장을 상상할 수 있을까? 또 스토아학파의 귀족들이 술 취한 당나귀를 보고 크리시포스가 웃었던 것처럼 죽도록 웃었다는 일화도 상상하기 어려울 것이다.(Diogenes Laertios 1990, VII: 185 및 De Crescenzo 1988: 186 참조)

4 레닌이 창안한 '구부러진 막대' 이미지. 철학에서 그 막대를 펴기 위해 다른 쪽으로 구부려야 한다는 것에 관한 알튀세르의 언급은 Althusser 1977 : 56 참조. 응축된 예술 형식에 의해 가능한, 힘에 대한 이와 동일한 생각은 몽테뉴에게서도 발견된다. "[스토아학파의 한 명인] 클레안테스는 좁은 트럼펫 관을 통해 소리가 압박될 때 더 밝고 강하게 울려 퍼지는 것처럼, 시에서 일정하게 맞춘 운각을 통해 형식이 강제되는 경구(警句)도 그만큼 더 큰 충격을 줄 수 있기에 내부 깊숙한 곳까지 와닿는 것 같다고 했다."(Montaigne 1998: 78)

5 세네카에 대해 자기 자신의 이상에 부합하지 못했다고 비판하지만, 유물론적 관점에서 볼 때 오히려 그가 비난을 받아야 하는 지점은 스토아철학을 이상의 문제로 바꾸어 놓았다는 데 있다.

6 이 차이는 앞서 인용한 에픽테토스가 두려움에 떨고 있는 선박여행자들에게 한 말에서 분명히 알 수 있다. 즉 관념론적 스토아학파는 안분지족의 의미에서 적은 것만으로도 충분히 살 수 있다고 주장하는 반면, 에픽테토스는 객관적 의미에서 적은 것만으로도 충분히 죽을 수 있음을 상기시킨다.

7 들뢰즈의 이러한 구분에 관해서는 이 책 3부 시기심에 관한 내용 참조. 정신분석학적으로 이는 다음과 같이 말할 수 있다. 관념론적 스토아주의자들은 이상적 모습과의 동일화라는 목표를 추구한다. 이에 반해 유물론적 스토아주의자들은 '카타르시스적' 탈동일화(Desidentifizierung, 이 개념에 대해서는 Mannoni 1985a 참조)의 목표를 추구한다.

8 언급된 철학 학파들에 대해서는 Hossenfelder 1996 및 Luck 1997 참조.

9 그러나 이러한 구분에서 특히 기억해야 할 것은 각 저자의 이름들이 결코 이론의 일관성을 뜻하는 것은 아니라는 점이다. 스토아적 글쓰기는 흔히 고전에 나온 문장을 반복하고 되새기는 식으로 이루어지기 때문에(이와 관련해 아테네의 아폴로도로스는 다음과 같이 비웃은 적이 있다. "크리시포스의 책에서 그가 다른 책에서 가져와 첨부한 것을 모두 떼어 버리면 결국에는 빈 종이만 남게 될 것이다", Diogenes Laertios VII : 181 참조), 이들의 관념론적 저작에서도 유물론적 파편이 때때로 나타날 수 있으며 그 반대의 경우도 마찬가지다. 다음 알튀세르의 발언 참조. "완전히 순수한 관념론 철학이나 유물론 철학은 존재하지 않는다. 각각의 철학은 자신의 이론의 계급적 입장을 가지기 위해서 상대쪽 이론의 계급적 입장을 점령해야 하기 때문이다."(Althusser 1973: 60, 주 20) 여기서 주목할 것은 그러한 파편이 나타나는 상이한 방식이다. 유물론적 철학 내에서 그 파편은 오해의 소지가 있는(관념론적으로 읽을 수 있는) 요소의 형태로 나타난다. 관념론적 철학 내에서 유물론적 요소는 통합될 수 없는, 즉 관념론의 철학의 틀 안에서는 이해될 수 없는 요소로 나타난다.

10 Spinoza 1976: 108f. 참조.

11 Seneca 2004, Bd. 4: 229-232, 편지 106. "만물의 물체성에 대한 스토아적 교리" 및 Lange 1902, Bd. 1: 72 참조. "언뜻 보기에 스토아학파보다 더 일관된 유물론은 없다고 생각할 수도 있다. 왜냐하면 그들은 모든 실재적인 것을 물체적인 몸(Körper)이라고 설명하기 때문이다. 신과 인간의 영혼, 미덕과 감정은 육체적인 것이다. 이보다 더 뚜렷하게 플라톤과 스토아철학자 사이를 가르는 대비점은 없을 것이다. 전자는 정의의 이데아를 분유(分有)하고 있으면 정의롭다고 가르친다. 이에 반해 스토아학파에 따르면 몸에 정의의 성분을 가지고 있어야 한다." 또한 Aubenque 1973: 182 참조. "그들은 어떤 형이상학적 실재도 부정했고 물체의 존재만 인정했다."

12 Alain 1982: 26 참조. "일차적으로 상상은 항상 물질적인 것이다." 상상의 이러한 '일차적 물질성'은 상상이 외형적인 것이며 따라서 상상의 의미가 외관에서 나온다는 사실, 즉 상상하는 사람이 믿는 것이 아니라 '믿었을 수도 있는 것'에서 나온다는 사실에서 비롯된다. 자기가 그렇게 믿는 것 또는 아는 것에 비해 이러한 상상의 '물질성'이 갖는 확고함과 지속성은 자아 분열에서 나온다. 이때 자아 분열은 병리적 맥락에서뿐만 아니라 예의범절과 같은 가장 관습적인 문화적 관행에서도 나타난다.(Pfaller 2002 참조) 시기심에서의 자아 분열에 대해서는 이 책 8장 '시기심의 교훈'에서 다뤄진다.

13 Bachelard 1978a: 46 및 Althusser 1975: 76, 1977: 137 참조.

7. 시기심에 관하여

1 Bacon 1985: 25 참조. "가까운 친척과 동료들, 그리고 함께 자란 사람들". Aristoteles 2007: 106ff. "질투는 똑같은 위치에 있거나 있는 것처럼 보이는 사람들이 느낀다. (…) '도공(陶工) 대 도공'."

2 Freud [1919h] 263, Lacan 1980: 121 및 Bacon 1985: 28 참조.

3 상대방이 어느 쪽으로 행동해도 시기심을 일으키지 않는 방식으로 행동하기 어렵다는 이런 딜레마만 보아도, 시기심은 불가능한 것에 관한 것임을 알 수 있다.

4 Žižek 1991a: 19 및 1993: 203 참조. 불가능을 단순히 도둑맞은 것으로 표현하는 것은 최근 정신분석학에서 오이디푸스 콤플렉스를 특징짓는 방식과 유사하다. 오이디푸스 콤플렉스에서도 불가능은 단지 금지된 것으로 표현된다. "아이는 발기부전(수치심)보다 금지를 선택하고, (…) 자신의 명예(자기의 나르시시즘)를 지키기 위해 오이디푸스적 장애물을 발명한다."(Grunberger/Dessuant 2000: 56f.)

5 자크 라캉은 일차적 나르시시즘에서 리비도가 차지했던 위치가 불가능해진 데서 야기되는 불쾌감을 '향유'(주이상스)라고 부른다. Lacan 1996: 201, Evans 1997: 91f. 및 Dolar 2000 참조.

6 베르하게는 이러한 사랑의 응답에 대한 공포의 원인을 (히스테리적) 욕망이 근본적으로 불만족을 갈망하는 데서 찾는다.(Verhaeghe 2009: 33ff.) 그러나 이 일반적인 원인 설명

은 때때로 발생하는 행복한 사례에 대해서는 무력하다. 따라서 우리는 또 다른 해결방안을 제안하고자 한다. 사랑의 위협은 사랑이 나르시시즘적 방식으로 추구될 때, 즉 향유에 관계할 때에만 발생한다는 것이다. 여기에는 두 가지 가능성이 있다. 상대방의 욕망이 향유로 인식되거나 자신의 욕망이 향유로 추구되는 것이다. 이것은 아마도 신경증 각각의 '악습'과 관련해 왜 신경증 간에 차이가 있는지 밝혀줄 수 있을 것이다. 즉 히스테리는 상대방의 욕망을 향유로 인식하고, 강박 신경증은 자신의 욕망을 향유로 추구한다. 때문에 히스테리는 시기심, 강박 신경증은 탐욕적 경향이 있다.

7 Reik 1974, Bunke 2005 참조.

8 (상대방이 느끼는) 향유에 대한 상상은 항상 그 자체로 이미 향유다. 그러나 그것은 그 상상 속에 숨겨져 있는 바로 저 특성, 즉 향유는 고통스럽다는 특성을 띤다.(Evans 1997: 92 참조)

9 Spinoza 1976: 121 및 Deleuze 1988: 36 참조.

10 라캉의 '향유'(주이상스) 개념은 프로이트의 '신경증적 불쾌감'에 상응하는 것으로 이 개념은 후자의 개념에 나오는 '질병이 주는 근원적 이득'이라는 역설에 초점을 두고 있다. 즉 겉으로 보기에 고통스러운 증상은 동시에 신경증 환자가 계속 가지고 있으려고 하는 성적 운용이라는 것이다.(Freud [1905d]: 72; Evans 1997: 92 참조)

8. 시기심의 교훈

1 Yablonsky 1978: 86 및 Alain 1982: 160 참조. "에픽테토스에 관한 한 이런 종류의 강력한 임팩트 사례는 차고 넘친다. 에픽테토스는 호의가 넘치는 친구처럼 우리의 어깨에 손을 얹고 이렇게 말한다. '서커스에서 네가 원했고 또 서커스측이 너에게 주리라 믿었던 자리를 차지하지 못해서 속상하지. 이리 와 봐, 지금 서커스에는 아무도 없어. 그걸, 그 멋진 돌을 만져봐, 심지어 거기에 앉을 수도 있어.'"

2 Žižek 1986b: 158 참조. "그[부르주아 개인]는 이론에서는 계몽된 유명론자이면서 실천에서는 사변적 신비주의자다. (…) 환상이 일어나는 곳은 현실의 사회적 과정에서다. 결과적으로 현실을 지배하는 환상을 오인까지 하기에 환상은 배가 된다."

3 Sade 1979: 212-215, Lacan [1963], Žižek 1991 참조.

4 Freud [1914c], Grunberger/Dessuant 2000 참조.

5 루이 알튀세르는 루트비히 포이어바흐(Ludwig Feuerbach)의 철학에 대한 연구에서 '절대 지평'에 대한 나르시시즘적 논리를 정확하게 설명했다.(Althusser 1995: 169-251 참조) 이에 따르면 포이어바흐는 거울 이미지와의 관계에 있어서뿐만 아니라(Althusser [1969-70]: 120, 주 22 참조) 편집증에 대해서도 의도치 않은 '이론가'였다고 할 수 있다.

6 예를 들어, 시기하는 사람이 다른 사람의 고통 없음이나 건강을 부러워할 때, 그는 피에르 클로소프스키의 소설 『환대의 법칙』의 주인공과 똑같이 행동하는 것이다. 이 소설의 화자는 이야기의 주인공에 대해 다음과 같이 설명한다. "나의 삼촌 옥타브는 결혼 생

활의 행복으로 인해 괴로워했다. 그것은 질병으로 인한 괴로움과 비슷했는데, 삼촌은 그 병을 다른 사람한테 옮기면 병이 나을 것이라고 믿는 것 같았다."(Klossowski, 1966: 123) 시기하는 사람이 고통이 없는 상태나 건강하다는 느낌을 갖기 위해서는 다른 사람이 무고통 상태가 아니게 되거나 건강을 잃는 것만으로 충분하다. 이와 똑같은 잘못된 추론이 형이상학적 세계관에서도 나타난다. 이 세계관에 따르면 이 나쁜 세상에서 진정으로 멋진 모든 것은 필연적으로 실패해야 한다. 또한 이런 식으로 설명되는 우주 안에서는 나쁜 세계와 진정으로 멋진 세계 이외에 제3의 세계는 존재하지 않는다. 따라서 이 세상에서 실패하는 것은 모두 필연적으로 대단한 것일 거라는 역논리가 도출된다.(이 책 5장 '실패자는 항상 실패자인가?' 참조)

7 문학에 등장하는 모든 도플갱어에 특징적인 것은 이들이 항상 정확히 그의 불쌍한 다른 한쪽에게 거부된 것, 그 다른 한쪽이 도플갱어를 부러워할 수밖에 없는 이유가 되는 그것을 한다는 점이다.(Rank 1993 참조) 그는 주체가 가장 자기 자신답다고 간주하는 것을 주체의 자리에서 주체를 희생시킴으로써 즐긴다.

8 라캉의 견해에 따르면 페티시 또한 얼마간의 나르시시즘이다. 그것은 어머니의 '상상의 남근', 즉 어린아이(소년 또는 소녀)가 자신과 동일시하는 대상을 재현한다.(Evans 1997: 129 참조)

9 시기하는 사람은 항상 부러움을 받는 사람과 부러워하는 대상이 나르시시즘적이라고 가정한다. 프로이트에 따르면 이러한 가정에 시기심의 본질이 있다. 그것은 "마치 우리가 그들이 행복한 심리적 상태, 우리 자신은 지금까지 포기하고 있는 난공불락의 리비도 위치를 경험했다고 생각하며 그들을 부러워하는 것과 비슷하다."(Freud [1914c]: 55)

10 프로이트 [1911c] 및 [1922b] 참조. 편집증적인 시기심의 구조에 대해서는 Schoeck 1987: 76을 볼 것. 그는 시기하는 사람은 "항상 상상 속에서 또는 심지어 지각 행위에서 현실을 자기에 맞게 왜곡하기 때문에 그에게는 늘 시기할 이유가 남아있게 된다"고 한다.

11 이는 라캉의 테제와도 일치한다. 라캉에 따르면 욕망은 거세의 조건, 즉 나르시시즘 및 향유의 극복 하에서만 개시될 수 있다. 그것은 욕망의 '전도된 사다리'(échelle renversée)이다.(Lacan [1960]: 204 참조)

12 지제크는 이러한 폐쇄적이고 편집증적인 가정에 대한 구체적 예를 제시하고 있다.(Žižek 1989: 49) "1930년대 후반 독일의 한 전형적인 개인의 경우를 (…) 예로 들어 보자. 그는 반유대주의 선전에 시달리는 중이다(…). 그러나 집으로 돌아오면 그는 이웃인 스턴 씨(유대인에게 흔한 성—옮긴이)를 만나곤 한다. 스턴 씨는 저녁에 담소를 나누기 좋은 사람인데다 양쪽 집 아이들끼리 함께 어울려 논다. (…) 그런데 이 불쌍한 독일인이 진짜 반유대주의자라면 이 불일치에 대해 어떻게 반응할 것인가? (…) 그의 대답은 이 차이, 이 불일치 자체를 반유대주의를 위한 논리로 전환시키는 것이다. '나까지 이럴 정도이니 그들이 정말 얼마나 위험한지 알겠지?'라고 하는. (…) 이데올로기가 정말로 성공을 거두는 때는 일견 그 이데올로기에 모순되는 것으로 보이는 사실조차도 그 이데올로기에 유리한 논거로 작용하기 시작할 때다." 이데올로기의 '닫힌 원'과 학문의 '열린 원'의 차이에 대해서는 Althusser, in: *Althusser / Balibar* 1972: 69f. 참조.

9. 미신, 신조, 편집증

1 그런데 이러한 현상은 우선순위 문제에만 국한되지 않는다. 그보다 결정적으로 중요한 것은 오히려 계급 문제야말로 개인의 행동 차원에서는 통제할 수 없는 유일한 문제라는 사실이다. 계급 문제는 '도덕성'을 허용하지 않는다. 이에 반해 포스트모던한 '단일 이슈' 정치는 인기를 구가하고 있다. 그 이유는 무엇보다 이러한 정치가 개인의 활동 기회(예를 들어 쓰레기 분리, 정치적으로 올바른 언어 사용 등)를 제공함으로써 개인의 나르시시즘을 충족시키기 때문이다. 하지만 이런 정치는 (모든 정치 이론의 기초이기도 한) 맨더빌의 저 준엄한 통찰, 즉 개인의 바른 품행과 공동선의 관계는 가변적이라는 통찰은 도외시한다.(Mandeville 1980 참조)

2 이 분석과 관련된 글은 Pfaller 2000, 2000a, 2003, 2009 참조.

3 Mannoni 1985: 9ff. 및 Pfaller 2002, 2장 참조.

4 Wittgenstein 1989 및 Pfaller 2002: 75ff. 참조.

5 Weber [1905]: 94 참조.

6 Huizinga 1956: 51 및 이 책 16장 참조.

7 Berkel (Hg.): 2009 참조.

8 Pfaller 2002: 253ff. 참조.

9 Brunkhorst 2006 참조.

10 이런 점에서 앞서 언급한 편집증의 한 형태를 표현하는 관용구, '시기심이 나를 삼켰다'가 이론적으로 매우 잘 부합한다.

11 Freud [1914c]: 61 참조. "그가 자신의 이상으로 자기 앞에 투사하는 것은 잃어버린 어린 시절의 나르시시즘을 대신하는 대체물로서 어린 시절에 그의 이상은 그 자신이었다."

12 Freud [1921c]: 122 참조.

13 꾸준히 나타나는 이 편집증의 고통은 두 가지 결론을 가능하게 한다. 즉 편집증이 이미 어느 정도 나르시시즘 이상으로 커져버려 결핍의 특징을 나타내거나 또는 행복한 나르시시즘이란 전혀 없다는 것이다. "어린 시절은 그러한 행복하고 평화로운 풍경이 아니다"라는 프로이트의 발언 참조.(Freud [1910c]: 148)

14 라캉의 견해에 따르면 페티시 자체는 나르시시즘적 자아의 대변자다. 나르시시즘은 어머니의 상상의 남근과의 동일시에서 성립하는 것이기 때문이다.(Evans 1997: 129 참조)

15 Pfaller 2008: 61ff. 참조.

10. 이성을 이성적으로 다루기

1 이 점과 관련해 나는 상징적 거세의 '완벽한 불완전성'에 관한 고찰에 대해서는 게오르크 그뢸러(Georg Gröller)에게, 어린이의 어른스러움에 대한 세밀한 관찰에 대해서는 카를 슈토크라이터(Karl Stockreiter)에게 특별한 감사를 전한다.(정신분석 연구모임 '스투

치카덴티' 회원 간 대화에서)

2 헤겔 [1812]: 149 참조. "그러나 후자는 유한화된 무한성이며, 무한성과 유한성을 떨어뜨려 놓고 무한성만을 순수하게 보존하는 것으로는 무한성은 유한하게 될 뿐이라는 결과만 나올 것이다."

3 Spinoza 1993: 29 참조.

4 Lessing, *Emilia Galotti*, IV막, 7장. Freud [1942a]: 167 참조.

5 이 사례와 비슷한 반유대주의 이데올로기의 폐쇄성에 대해서는 슬라보이 지제크의 명쾌한 예를 참조.(Žižek 1989: 49 및 이 책 8장 참조)

6 이런 '이중화'(double bind) 개념에 대해서는 Bateson 1969: 16f. 참조.

7 회의의 문제에 대한 헤겔의 입장도 함께 참조할 것. "그렇게 철저히 모든 것에 회의하라는 회의주의의 요구는 학문을 하기에 앞서 모든 것에 대해 회의하라는, 즉 모든 것에서 전제되는 것이 조금도 있어서는 안 된다고 하는 학문의 요구와 같다."(Hegel [1830]: 168)

8 "생활의 검소함에도 적당히가 있다. 이것에 주의하지 않는 사람은 무절제에 빠지는 사람과 비슷한 것을 겪게 된다."(Epikur 1995: 71) 이 책 1부도 참조 바람.

9 Tertullian 2008: 83 참조. "즐거움을 경시하는 것보다 더 큰 즐거움은 무엇이겠는가."

10 철학의 필수적 이중화에 대한 파스칼의 발언도 이와 맥을 같이 한다. "철학을 조롱하는 것이야말로 진정으로 철학하는 것이다."(Pascal 1997: 327)

11 Lacan 1975: 10. "초자아, 이것은 향유의 명령이다—향유하라!" 및 Evans 1997: 201 참조.

12 이 구분은 이따금 반대되는 용어 사용으로 나타난다. 벨라 그룬베르거 학파에서는 자아이상이 폭압적인 것으로, 반면에 초자아는 완화시키는 것으로 이해된다.(Grunberger/Dessuant 2000: 103, 107 참조) 이에 반해 라캉 전통에서는 정반대로 자아이상이 완화시키는 것으로, 초자아는 폭압적인 것으로 이해된다.(Žižek 2001a: 429 참조)

13 Evans 1997: 91 참조. "쾌락 원칙은 향유를 제한하는 기능을 한다."

11. 이상과 역할을 합치시키려면

1 Epiktet 2004: 25 참조. "당신이 할 일은 자신에게 주어진 역할을 잘 수행하는 것일 뿐, 그 역할을 고르는 것은 다른 사람의 소관이다."

2 이와 관련하여 수작업을 통한 물건 제작과 연습을 강조하는 세넷(Sennett 2008a)과 슬로터다이크(Sloterdijk 2009)의 최근 글들을 언급할 만하다. 이에 더해 단순한 수작업의 행복, 수작업에 내재된 미적 규범 및 사고력을 일깨우는 수작업의 힘에 관한 크로퍼드(Crawford 2009)의 훌륭한 책도 주목할 가치가 있다. 현재 이러한 책들이 요구된다는 사실은 세넷이 일찍이 지적했듯 경향적으로 "자아의 욕구에 몰입하라고 부추기는 동시에 그 충족을 차단하는" 문화의 나르시시즘적 상태에 대해 많은 것을 말해준다.(Sennett [1974]: 22)

3 기꺼이 구성을 바꾸려는 자세가 구성주의적으로 보일 수도 있다. 하지만 사실은 정반대

다. 그러한 태도는 대상이 구성을 좌우하게 함으로써 결국 경험주의로 귀착되기 때문이다. 구성주의적 태도는 어떤 대상이라도 모두 구성된 것으로 생각할 수 있다는 열의를 (비록 이를 위한 노력은 각기 다른 형태로 나타날지라도) 가져야 한다. 지제크의 훌륭한 예가 이를 잘 보여준다. 만약 세계 나이가 5,000년 이하라는 사고의 구성을 옹호한다면, 신이 처음부터 화석을 화석으로 창조했다는 테제도 설계해야 한다.(Žižek 2001c: 131 참조) 확실히 이론의 똑똑함은 똑똑한 구성을 갖는 것만으로는 충분하지 않다. 그것만큼이나 중요한 것은 그것을 똑똑한 방식으로 다루는 것이다.

4 Spinoza 1976: 192, Bachelard 1978a: 46 및 Althusser 1974: 124ff. 참조.

5 Epikur, in: Hossenfelder 1996: 188 참조.

6 Mannoni 2006 참조.

13. 예술과 사랑의 유사성

1 Heinrich 1997: 55 참조. "수집가는 자기 수집품에 관심이 없다. 예술 후원을 위해 수집품을 대중에게 전시하든 아니면 지하 금고에 처박아두든 그는 어떻게든 수집품을 치워버려야 한다. 마찬가지로 실내 인테리어 소품 구매자들도 되도록 빨리 그것을 다시 치워버리려 하고 기호품 구매자는 그것을 빨리 소비해버리려고 한다. '내다 버리는 사회'라는 말은 중독자의 욕망 구조, 은밀한 제거욕망을 돌아보게 만든다."

2 여기에 바로 선물을 주는 관행과 상호수동적 행위 사이의 연관성이 드러난다.(Pfaller 2008a 참조). 예를 들어 키치적이거나 수준이 낮은 어떤 대상물이 나르시시즘을 극복한 측면을 포함하고 있어서 양가적으로 간주될 수 있는 경우, 선물을 주는 행위는 상호수동적 해결책으로 작용한다. 그런 경우 선물을 주는 사람 자신의 향유는 불가능하다. 반면에 선물을 받는 상대방의 입장에서는 시기심의 경우처럼(이 책 8장 참조) 나르시시즘이 견딜 수 있는 것으로 나타난다. 이것이 상호수동적 위임의 기본 동력이다. 타자는 나를 대신해 불가능해져버린 나르시시즘을 향유해야 하는 것이다.

3 블레즈 파스칼은 이 차이에 대해 우리의 논지와 모순되지는 않지만 차별적인 시각을 제시한다. "절뚝거리는 사람을 보고는 화가 나지 않지만 절뚝거리는 정신을 보면 화가 나는 이유는 무엇인가? 절뚝거리는 사람은 우리가 똑바로 걷고 있다는 것을 알지만 절뚝거리는 정신은 절뚝거리는 것이 우리라고 말하기 때문이다. 그렇지 않다면 우리는 그에 대해 분노가 아니라 동정을 느낄 것이다."(Pascal 1997: 74)

14. 과잉을 소모하기

1 아방가르드 예술에서 리볼버와 리볼버 은유의 사용에 대해서는 http://www.physiologus.de/revolv.htm을 참조.

2 이와 유사하게 바타유는 '세 종류의 낭비'를 지목한다. '상호 포식, 죽음, 성적 생식'이다.(Bataille 2001: 59) 최근 군나르 하인존은 바타유의 생각을 따라, 특정 인구나 문화의 호전성은 젊은 남성 인구의 과잉 때문이라고 주장했다.(Heinsohn 2006 참조)

3 이 생각은 바타유가 자신의 글 「La part maudite」에서 키워드로 인용한 윌리엄 블레이크의 '과잉은 아름답다'에서도 드러난다.(Bataille 2001: 34 및 같은 책: 15 참조. "시란 상실을 통한 창조 그 이상도 이하도 아니다.")

4 바디우는 니체가 했던 것과 같은 '반철학적' 비판에 편승한다. 일례로 니체는 철학자들에 대해 다음과 같이 말했다. "그들은 모두 하나같이 자기들의 원래 생각은 차갑고 순수하며 구름 위에 있는 듯 모든 것에 초연한 변증법이 스스로 발전해 나옴으로써 발견되고 도달된 그런 것인 것처럼 군다. (…) 하지만 사실에 있어서 그것들은 그들이 언젠가 했던 말, 아이디어, '영감', 추상화되고 여과된 그들 마음 속 욕구에 추후 근거를 갖다 붙여 정당한 것에 지나지 않는다."(Nietzsche [1886]: 16)

5 예를 들어 Albrecht 1993, Thomas 1996 및 Jochum 2000 참조.

6 바타유(Bataille 1986: 201f.)는 보통 근친상간 금지로 이해되는 것조차도 명령으로, 즉 소진의 명령으로 본다. "아버지가 딸과 결혼한다면, 오빠가 여동생과 결혼한다면, 그런 아버지와 오빠는 친구도 초대하지 않고 '스위스식으로' 지하실에 혼자 들어가 자기 샴페인을 따서 마시는 사람에 비유할 수 있다. 아버지는 딸이라는 재산을, 오빠는 누이라는 재산을 의식(儀式)을 통해 이루어지는 교환 관계에 편입시켜야 한다. 즉 아버지 또는 오빠는 딸 또는 누이를 선물로 주어야 하되 그것의 유통은 게임 규칙과 유사한 일련의 (…) 규칙을 전제로 한다." - 2008년 봄 암슈테텐에서 밝혀진 저 범죄사건(오스트리아 암슈테텐에서 한 아버지가 1984년에서 2008년까지 자기 집 지하실에 딸을 감금하고 학대, 성폭력한 사건—옮긴이) 이후부터는 '스위스식'을 '오스트리아식'이라고 바꿔 불러도 좋을 것 같다.

7 이러한 문화적 쾌감을 강조하는 명령을 자크 라캉이 초자아의 명령으로 인식한 '향유하라!'(Jouis!)와 혼동해서는 안 된다.(Lacan [1972-73]: 10 참조) 라캉이 말하는 향유는 쾌감과는 정반대다. 향유는 쾌감에 대한 문화적 명령이 참을 수 없는 타율로 인식되는 경우, 예를 들어 요즘 일부 사람들이 술집에서의 흡연을 어불성설이라 생각하는 경우에서 발견된다. 이들은 향유라는 명목으로 "놀이를 망치는 사람이 되지 말라(여기는 사교적인 장소이고 그런 곳에서는 흡연도 그 일부이다)"라는 문화적 명령을 거스른다.

8 바타유는 이러한 태도를 "침울함 없이 죽음을 향해 날리는 도전장"이라고 부른다.(Bataille 2001: 326)

9 니체의 『차라투스트라는 이렇게 말했다』에 나오는 이와 유사한 선물 이론에 대한 분석은 Hitz 1999를 참조.

10 Bataille 2001: 298 참조. 여기서 이전에 세운 (윌리엄 블레이크에서 인용된 문구에 비견되는) 등식 "아름다움 = 소진"의 역은 성립할 수 없다는 것이 드러난다. 모든 소진이 아름다운 것은 아니다.

11 이 점에 관해서는 Pfaller 2002: 40 참조.

15. 식인은 숭고하다

1 Bataille 1993: 74 참조. 아울러 Freud [1921c]: 122 및 Žižek 1991: 98 참조.

2 Adorno 2003: 31 및 Lyotard 1987: 26-31 참조. 이와 함께 자크 랑시에르의 '미학적 체제'(Aesthetic Regime) 개념(Rancière 2006: 60f.)도 참조.

3 http://derstandard.at/?url=/?id=3 302 771(최종 접속일 2008. 4. 22) 참조.

4 http://www.csulb.edu/~karenk/20thcwebsite/439final/ah439fin-Full.00025.html(최종 접속일 2007. 10. 7) 참조.

5 Juvenal 2007: 91 참조 및 이 책 1장 참조.

16. 일인가, 놀이인가?

1 Kiesow, Schmidgen (Hg.) 2005에 수록된 기록 참조. Heinrichs 1999: 34 및 153, Anm. 91 참조.

2 Bataille 1999 및 Descombes 1981 참조.

3 Bataille, Georges: *Spiel und Ernst*, in: ders. 2001: 3030338(이하 'SE') 참조. 프랑스어판은 *Sommes-nous là pour jouer ou pour être sérieux?*, in: Ders., *Œuvres complètes* XII, Paris: Gallimard, 1988: 100-125(이하 JX).

4 SE 337 및 JX 125 참조.

5 Huizinga 1956: 10 및 SE 306 참조.

6 Pfaller 2002, 3장 참조.

7 SE 306 및 JX 102('fièvre') 참조.

8 Huizinga 1956: 27ff. 참조.

9 Huizinga 1956: 131, 159, 187 참조.

10 Weber [1905]: 94.

11 Huizinga 1956: 183.

12 Weber [1905]: 94 참조. 베버와 마찬가지로 바타유 또한 이슬람교와 같은 급진적 일신교의 부상에서 변화의 원인을 찾는다. "부족의 최고의 미덕인 극도의 관대함이 갑자기 혐오의 대상이 되었고 개인의 자존심은 배척당했다."(Bataille 2001: 119)

13 Huizinga 1956: 8 참조.

14 Leiris [1938].

15 Moebius 2006: 136 참조.

16 SE 309f. 참조.

17 Mauss 1989.

18 Mauss 1989: 17 참조.

19 SE 311 참조.

20 SE 314 참조. "승자는 게임으로 이득을 본 사람이 아니기 때문이다. 게임에서 딴 돈은 그를 초조하게 만든다. 그에게 그 돈은 새로운 판돈일 뿐이거나 아니면 과도한 지출을 할 수 있는 기회다."

21 Bataile 1986: 202 참조.

22 SE 328 참조.

23 Sennett [1974] 참조.

24 SE 326 및 Juvenal 2007: 91 참조.

25 SE 324 참조. "예속은 항상 자유로운 선택이라고 한 헤겔의 말은 옳다. 결국에 가서는 말 그대로 일하도록 강요받는 사람은 없는 것이다. 강제되는 것은 오히려 그것에 굴복하는 자의 추락이다."

26 Moebius 2006: 135ff. 참조.

27 Caillois 1988: 210 참조. "전능의 원천인 신성한 존재는 신자를 압도한다. 이 존재 앞에서 그는 자신을 무방비 상태로 느끼며 전적으로 그의 뜻에 따른다. 놀이의 경우는 정반대다. (…) 놀이를 할 때 인간은 현실로부터 멀어진다. 그는 자유로운 활동을 추구하고 처음부터 그가 원하는 한에서만 이 활동에 몰두한다. (…) 놀이는 (…) 일종의 항구로 그곳에서 인간은 자기 운명의 주인이다."

28 SE 308f.

29 예를 들어 Albrecht 1993, Thomas 1996 및 Jochum 2000 참조.

30 SE 328.

31 Adorno 2003: 471 참조.

32 하위징아에 대한 아도르노의 비판은 헤르베르트 마르쿠제와의 은밀한 논리적 대립일 수도 있다. 마르쿠제는 그의 저서 『충동구조와 사회』에서 유토피아적 "쾌락원칙과 현실원칙 사이의 화해"를 위해 프리드리히 실러로부터 파생된 놀이 개념을 강조했다.(Marcuse 1980: 171-194, 현재 논지와 관련해서는 192 참조) 특히 마르쿠제의 "일(노동)의 놀이로의 전환"(같은 책, 191)이라는 아이디어는 아도르노의 비판이 설득력을 얻는 지점으로 보인다. 이러한 실마리를 지적해준 빈의 에른스트 스트로훌(Ernst Strouhal)에게 감사를 표한다.

33 Descombes 1981: 17ff. 참조.

34 Heinrichs 1999: 140, Anm. 12 참조.

35 Hegel 1984: 145-155 및 Kojève 1975: 20-47 참조.

36 Kojève 1975: 43 참조.

37 SE 328 참조. "놀이와 주권은 불가분의 관계다."

38 SE 314 참조. "돈을 걸고 게임을 하는 사람은 재산을 버릴 용의가 있는 사람이라는 점에서 빛나는[훌륭한] 사람이다."

39 SE 324 참조. "(…) 노동 또한 좋다. (…) 죽음을 진지하게 받아들이는 자는 그렇게 한다 (…)."

40 SE 329 참조. 이 지점에서 주권의 변증법에 대해 말할 수 있을 것이다. 진정한 주권은 이 중화를 겪기 때문에 스스로를 부정하기에 이른다. 다시 말해 주권은 모든 것, 심지어 주권 자체를 잃을 위험을 감수하는 데서 성립한다.

41 SE 334 참조.

42 Huizinga 1956: 187 및 SE 315 참조.

43 SE 321.

44 SE 337.

45 SE 321.

46 SE 322.

47 SE 322.

48 Colletti 1977 참조.

49 SE 317.

50 SE 316 및 이와 더불어 Bataille 1986: 202 참조. 정신분석 이론에 대한 하위징아와 바타유의 이 테제가 가지는 의미에 대해서는 Pfaller 2009 참조.

51 SE 304.

52 SE 323.

53 SE 323.

54 SE 323.

55 Freud [1908e]: 171 참조.

56 SE 336 참조.

57 편집자 이링 페처(Iring Fetscher)가 인용한 입장 참조. Kojève 1975: 299, Anm. 4.

58 Huizinga 1956: 112 참조.

59 Pfaller 2002, 9장 참조.

60 Lacan 1986: 103 참조.

61 SE 336.

62 Huizinga 1956: 19 참조.

63 SE 309 참조.

64 SE 309.

65 페터 슬로터다이크는 이 점에 있어서 바타유에 대한 재치 있지만 잘못된 해석을 제시한다. 그는 통 크게 기부하는 자본가들을 자존심을 세우는 반경제적인 낭비가로 이해하려고 한다.(Sloterdijk 2006: 50 참조) 루이 알튀세르와 피에르 부르디외가 인식했듯, 그러한 소진으로 인해 얻게 되는 명성은 항상 실제적인, 즉 최종적으로 경제적인 크기로 나타난다. 그 명성은 그것이 만들어진 세계와 반대되는 반경제의 세계를 형성하는 것은 아

니라는 것이다.

66 SE 327 참조. "노동을 더 좋아하는 침울한 인류"에게 "본질상 쓸모없는 것인" 놀이는 "휴식이라는 약한 기능에 국한되어야 한다. 이 휴식은 쓸모 있는 활동에 기여하는 것으로서 이러한 특성을 가지고 있기 때문에 유용하다고 여겨진다."

67 SE 312 참조.

68 Nietzsche [1887]: 291f. 참조.

69 Bataille 1986: 201 참조. 마르셀 모스 또한 똑같이 엄격한 의무이면서 동시에 '마치' 자발적인 것으로 보이는 선물의 성격에 주목했다.(Mauss 1989: 16 참조) "이러한 선물과 그것에 대한 보답은 기본적으로 엄격하게 의무적인 것이지만 자발적인 형식을 띠고 이루어진다."

70 이에 관해 게오르크 그뢸러(Gröller 2007)의 훌륭한 연구서 *Andouillette AAA!*(항문 독트린에 대한 요강 및 예술과 똥의 상관관계에 대한 해설) 참조. ('앙두예트'는 길이가 짧은 프랑스식 소시지를 말하며, AAA는 품질 등급—옮긴이.)

71 Kant [1798]: 442 참조. "(…) 다른 모든 사람이 진심으로 그러는 건 아니라는 데 동의하기 때문이다."

72 주인 없는 상상의 구조와 사회적 쾌감의 원천으로서의 상상의 기능에 대해서는 Mannoni 2006 참조. 이밖에 Pfaller 2002 참조.

17. 저급한 것들을 위한 철학

1 Freud [1914c].

2 Epikur, Hossenfelder 1996: 192에서 재인용.

3 Kant [1790]: 193.

4 Kant [1790]: 116.

5 McLuhan 1994: 111 참조.

6 Adorno 2003: 26.

7 Adorno 2003: 26f.

8 Nietzsche [1887]: 291f.

9 Brecht 1984: 633.

10 Freud [1915a]: 226.

11 Althusser 1972a: 74.

12 Bryson 1990: 60.

13 Mauriès (Hg.) 1998: 13.

14 "I adore simple pleasures. They are the last refuge of the complex." Wilde 1997: 549.

15 Epiktet 2004: 11.

16 Mannoni 1985: 11.

17 Pfaller 2002 참조.

18 Bryson 1990: 53.

19 Anatole France, Apter/Pietz (Hg.) 1993: 6에서 재인용.

20 Barthes 1964: 36-38 참조.

21 2009년 TV에서 드레스덴에 소재한 '채소 모양의 실리콘 딜도'를 생산하는 회사를 소개하는 다큐멘터리가 방영되었다. 이 방송에서 성 연구자인 한 여성은 자기 집 거실의 유리장에 자신이 가장 좋아하는 바이브레이터를 전시해 두었다고 했다. 이에 대해 좀 더 설명해달라고 하자 그녀는 거리낌 없이 "남편도 숨기지 않는 건 마찬가지"라고 답했다. 숨기는 것에서 보여주는 것으로의 이러한 역사적 변화는 섹스 토이만큼이나 요리책에도 영향을 미쳤다. 이는 '안 하는 척'에서 '하는 척'으로의 변화라고 할 수 있다.

22 Slouka 1995: 75. Rifkin 2002: 228f. 및 Žižek 2002: 118 참조.

23 Ullrich 2003: 128 참조.

24 Pfaller 2008a 참조.

25 Anders 1988, Bd. 2: 16 참조.

26 Klossowski 1966: 123.

27 Žižek 1992: 8 참조.

28 하위징아와 마노니는 '*ludus*'(놀이)와 '*illusio*'(직역하면 '놀이 중')라는 용어 사이의 연관성을 지적한 바 있다. Huizinga 1956: 19 및 Mannoni, 1985: 162 참조.

29 Bataille 1993: 74 참조. 이와 함께 Freud [1921c]: 122 및 Žižek 1991: 98 참조.

30 Freud [1912-13]: 311 참조.

31 Pfaller 2008a 참조.

32 Scheler 1955: 129f.

33 Bryson 1990: 13.

34 루이 알튀세르는 "자기에게 옛날 이야기를 해주지 말라"(ne pas se raconter d'histoire)를 "유물론의 유일한 정의"라고 했다.(Althusser 1994: 247)

35 Epikur 1995: 72.

36 "*Summum crede nefas animam praeferre pudori / et propter vitam vivendi perdere causas.*" Juvenal 2009: 164, dt.: 2007: 91.

37 Brecht 1984: 653f.

38 Hegel 1984: 145-155.

참고문헌

Adorno, Theodor W.

1973 *Philosophische Terminologie: Zur Einleitung*, 2 Bde. Frankfurt a.M.: Suhrkamp

2001 *Minima Moralia: Reflexionen aus dem beschädigten Leben*. Frankfurt a.M.: Suhrkamp

2003 *Ästhetische Theorie, Gesammelte Schriften*, Bd. 7. 1.Aufl. Frankfurt a.M.: Suhrkamp

Agamben, Giorgio

2005 *Profanierungen*. Frankfurt a.M.: Suhrkamp

Alain

1982 *Die Pflicht glücklich zu sein (Propos sur le bonheur)*. Frankfurt a.M.: Suhrkamp

Albrecht, Horst

1993 *Die Religion der Massenmedien*. Stuttgart/Berlin/Köln: Kohlhammer

Althusser, Louis

[1969] *Ideologie und ideologische Staatsapparate* (Anmerkungen für eine Untersuchung), in: Ders., *Ideologie und ideologische Staatsapparate*. Hamburg/Westberlin: VSA, 1977: 108-153

[1969-70] *Idéologie et appareils idéologiques de l'état*. (Notes pour une recherche). In: Ders., *Positions*. Paris: Editions sociales, 1976: 67-125

1972 Der Gegenstand des "Kapital", in: *L. Althusser, E. Balibar, Das Kapital lesen*. Reinbek: Rowohlt 1972, Bd. I: 94-Bd. II: 267

1972 a Vom Kapital zur Philosophie von Marx, in: *L. Althusser, E. Balibar, Das Kapital lesen*. Reinbek: Rowohlt 1972, Bd. I: 11-93

1973 Antwort an John Lewis, in: H. Arenz, J. Bischoff, U. Jaeggi (Hrsg.), *Was ist revolutionärer Marxismus?: Kontroverse über Grundfragen marxistischer Theorie zwischen Louis Althusser und John Lewis*. Westberlin: VSA, 1973: 35-76

1974 *Für Marx*. Frankfurt a.M.: Suhrkamp

1975 *Elemente der Selbstkritik*. Westberlin: VSA

[1975] Ist es einfach, in der Philosophie Marxist zu sein? In: Ders., *Ideologie und ideologische Staatsapparate*. Hamburg/Westberlin: VSA, 1977: 51-88

[1976] Über Marx und Freud, in: Ders., *Ideologie und ideologische Staatsapparate*. Hamburg/Westberlin: VSA, 1977: 89-107

1977 *Ideologie und ideologische Staatsapparate*. Hamburg/Westberlin: VSA

[1982] Le courant souterrain du matérialisme de la rencontre. In: Ders., *Écrits philosophiques et politiques*, Tome I. Paris: Stock/Imec, 1994: 539-580 (deutsch siehe: http://www.episteme.de/htmls/Althusser-Materialismus-Begegnung.html, 2010/07/14 접속)

[1986] Portrait du philosophe matérialiste. In: Ders., *Écrits philosophiques et politiques*, Tome I. Paris: Stock/Imec, 1994: 581-2

1994 *Écrits philosophiques et politiques*, Tome I. Paris: Stock /Imec

1995 *Écrits philosophiques et politiques*, Tome II. Paris: Stock /Imec

2010 *Materialismus der Begegnung*, Hrsg. und übers. von Franziska Schottmann. Zürich: Diaphanes (Subjektile)

Althusser, Louis / Balibar, Etienne

1972 *Das Kapital lesen*. 2 Bde., Reinbek: Rowohlt

Anders, Günther
1988 *Die Antiquiertheit des Menschen*. 2 Bde., 4.Aufl. München: Beck

Apter, E., Pietz,W. (Hg.)
1993 *Fetishism as Cultural Discourse*. Ithaca and London: Cornell Univ. Press

Arendt, Hannah
1964 Gespräch mit Joachim Fest. Hg. v. Ursula Ludz und Thomas Wild http://www.hannaharendt.de/download/fest_interview.pdf (2010/4/23 접속)

Aristoteles
1982 *Die Poetik*. Stuttgart: Reclam
2007 *Rhetorik*. Übers. u. hg. v. Gernot Krapinger, Stuttgart: Reclam

Assmann, Jan
2000 *Religion und kulturelles Gedächtnis*. München: Beck

Aubenque, Pierre
1973 Die hellenistischen Philosophien: Stoizismus, Epikureismus, Skeptizismus. In: F. Châtelet (Hg.), *Geschichte der Philosophie, Bd. 1: Die heidnische Philosophie*. Frankfurt a.M./Berlin/Wien: Ullstein, 1973: 177-209

Bacon, Francis
1985 Of Envy. in: Ders., *Essays*. Introduced by M. J. Hawkins. 5.Aufl. London und Melbourne: Dent

Badiou, Alain
2008 *Wittgensteins Antiphilosophie*. Berlin/Zürich: Diaphanes

Barthes, Roland
1964 *Mythen des Alltags*. Frankfurt a.M.: Suhrkamp
1988 Der Baum des Verbrechens. In: *Das Denken des Marquis de Sade*. Frankfurt a.M.: S. Fischer

Bataille, Georges
1986 *Der heilige Eros (L'Érotisme)*. Frankfurt a.M./Berlin: Ullstein
1993 *Die Tränen des Eros*. München: Matthes & Seitz
1999 *Wiedergutmachung an Nietzsche: Das Nietzsche-Memorandum und andere Texte*. München: Matthes & Seitz
2001 *Die Aufhebung der Ökonomie*. 3., erweiterte Aufl. München: Matthes & Seitz

Bateson, Gregory
1969 *Schizophrenie und Familie*. Frankfurt a.M.: Suhrkamp

Benasayag, Miguel / Charlton, Edith
1989 *Critique du Bonheur*. Paris: La Découverte

Benjamin, Walter
[1940] *Über den Begriff der Geschichte*. In: Ders., *Gesammelte Schriften*, Frankfurt a.M.: Suhrkamp, 1980, Bd. I.2 (WA Bd. 2): 691-704

Benveniste, Émile

1969 *Le vocabulaire des institutions indo-européennes*. 2 Bde., Paris: Éds. de Minuit

Berkel, Irene

2006 *Missbrauch als Phantasma: Zur Krise der Genealogie*. München: Fink

2009 (Hg.): *Postsexualität: Zur Transformation des Begehrens*. Gießen: Psychosozial-Verlag

Birnbacher, Dieter

Philosophie des Glücks. In: 'Information Philosophie' http://www.information-philosophie.de/?a=1&t=218&n=2&y=1&c=1# (2008/03/27 접속)

2003 *Analytische Einführung in die Ethik*. Berlin: De Gruyter

Bourriaud, Nicolas

2007 Über Altermodernität. Interview von Rita Vitorelli. In: *spike art quarterly* No. 11 2007: 32-38

Brecht, Bertolt

1971 *Über Politik auf dem Theater*. Hg. v. W. Hecht, Frankfurt a.M.: Suhrkamp

1984 *Die Gedichte von Bertolt Brecht in einem Band*. 3.Aufl. Frankfurt a.M.: Suhrkamp

Breton, André

[1930] Zweites Manifest des Surrealismus. In: Ders., *Die Manifeste des Surrealismus*. Reinbek: Rowohlt, 1977: 49-99

[1932] Der weisshaarige Revolver. In: Ders., *Der weisshaarige Revolver*. Berlin: Sirene, 1984: 79-128

Brunkhorst, Hauke

2006 So wird Sachzwang gebaut. In: *taz*, 2006/08/12. http://www.taz.de/index.php?id=archivseite&dig=2006/08/12/a0147 (2006/10/27 접속)

Bryson, Norman

1990 *Looking at the overlooked: Four Essays on Still Life Painting*. London: Reaktion Books

Bunke, Simon

2005 Erotomanie. In: von Jagow, Bettina, Steger Florian (Hg.), *Literatur und Medizin im europäischen Kontext: Ein Lexikon*. Göttingen: Vandenhoek & Ruprecht, 2005: Sp. 204-208

Burger, Rudolf

1991 *Abstriche: vom Guten, und Schönen, im Grünen*. Wien: Sonderzahl

Caillois, Roger

[1958] *Die Spiele und die Menschen: Maske und Rausch*. München/Wien: Langen-Müller, o. J.

1988 *Der Mensch und das Heilige*. München/Wien: Hanser

Colletti, Lucio

1977 Marxismus und Dialektik. In: Ders., *Marxismus und Dialektik*. Frankfurt a.M./Berlin/Wien: Ullstein, 1977: 5-41

Crawford, Matthew B.

2010 *Ich schraube, also bin ich: Vom Glück, etwas mit den eigenen Händen zu schaffen*. [orig.: *Shop Class for Soulcraft.*] Berlin: Ullstein

Critchley, Simon

1999 Comedy and Finitude: Displacing the Tragic-Heroic Paradigm in Philosophy and Psychoanalysis. In: Ders. (Hg.), *Ethics–Politics–Subjectivity: Essays on Derrida, Levinas and Contemporary French Thought.* London/New York: Verso, 1999: 217-238

De Andrade, Oswaldo

1928 Cannibal Manifesto. http://feastofhateandfear.com/archives/andrade.html

De Crescenzo, Luciano

1988 *Geschichte der griechischen Philosophie: Von Sokrates bis Plotin.* Zürich: Diogenes

Deleuze, Gilles

1988 *Spinoza: Praktische Philosophie.* Berlin: Merve

Deleuze, Gilles / Guattari, Félix

1977 *Anti-Ödipus: Kapitalismus und Schizophrenie* I. Frankfurt a.M.: Suhrkamp

Descombes, Vincent

1981 *Das Selbe und das Andere: Fünfundvierzig Jahre Philosophie in Frankreich 1933-1978.* Frankfurt a.M.: Suhrkamp

DiBattista, Maria

2001 *Fast Talking Dames.* New Haven/London: Yale University Press

Diogenes Laertios

1990 *Leben und Meinungen berühmter Philosophen.* 3.Aufl. Hamburg: Meiner

Dolar, Mladen

1991 The Aesthetics of the Uncanny. In: *Mesotes: Zeitschrift für philosophischen Ost-West-Dialog,* Nr. 3 / 1991: 51-66.

2000 Die Maschine des Genießens. In: Pfaller (Hg.), *Interpassivität: Studien über delegiertes Genießen.* Wien /New York: Springer, 2000: 85-106

Durkheim, Émile

1994 *Die elementaren Formen des religiösen Lebens.* Frankfurt a.M.: Suhrkamp

Epiktet (Epictetus)

2004 *Handbüchlein der Moral* (Griechisch/Deutsch). Übers. u. hg. v. Kurt Steinmann, Stuttgart: Reclam

Epikur (Epikouros)

1949 *Von der Überwindung der Furcht: Katechismus, Lehrbriefe, Spruchsammlung, Fragmente.* Zürich: Artemis

1995 *Über das Glück.* Zürich: Diogenes

2005 *Briefe, Sprüche, Werkfragmente: Griechisch/Deutsch.* Übers. u. hg. v. Hans-Wolfgang Krautz, Stuttgart: Reclam

Ernst, Heiko
2006 *Wie uns der Teufel reitet: Von der Aktualität der 7 Todsünden.* Berlin: Ullstein

Evans, Dylan
1997 *An Introductory Dictionary of Lacanian Psychoanalysis* [Reprint]. London/New York: Routledge

Fink, Bruce
1997 *A Clinical Introduction to Lacanian Psychoanalysis: Theory and Technique.* Cambridge/London: Harvard Univ. Press

Foucault, Michel
[1976] *Der Wille zum Wissen: Sexualität und Wahrheit.* Bd. I. Frankfurt a.M.: Suhrkamp, 1983

Freud, Sigmund
[1895d] *Studien über Hysterie.* In: Ders., *Gesammelte Werke.* Bd. 1. Frankfurt a.M.: S. Fischer, 1999: 75-312
[1905c] *Der Witz und seine Beziehung zum Unbewußten.* In: Ders., *Studienausgabe.* Bd. IV. Frankfurt a.M.: S. Fischer 1989: 9-219
[1908e] Der Dichter und das Phantasieren. In: Ders., *Studienausgabe.* Bd. X. 11.Aufl. Frankfurt a.M.: S. Fischer, 1997: 169-180
[1910c] Eine Kindheitserinnerung des Leonardo da Vinci. In: Ders., *Studienausgabe.* Bd. X. Frankfurt a.M.: S. Fischer 1994: 87-160
[1911c] *Psychoanalytische Bemerkungen über einen autobiographisch beschriebenen Fall von Paranoia (Dementia paranoides).* In: Ders., *Studienausgabe.* Bd. 7. Frankfurt a.M.: S. Fischer, 1989: 133-204
[1912-13] *Totem und Tabu.* In: Ders., *Studienausgabe.* Bd. IX. Frankfurt a.M.: S. Fischer, 1993: 287-444
[1914c] Zur Einführung des Narzißmus. In: Ders., *Studienausgabe.* Bd. III. Frankfurt a.M.: S. Fischer, 1989: 37-68
[1915a] Bemerkungen über die Übertragungsliebe. In: Ders., *Studienausgabe.* Erg.-Bd. 4.Aufl. Frankfurt a.M.: S. Fischer, 1994: 217-230
[1919h] Das Unheimliche. In: Ders., *Studienausgabe.* Bd. IV. Frankfurt a.M.: S. Fischer, 1989: 241-274
[1920g] Jenseits des Lustprinzips. In: Ders., *Studienausgabe.* Bd. III. Frankfurt a.M.: S. Fischer, 1989: 213-272
[1921c] Massenpsychologie und Ich-Analyse. In: Ders., *Studienausgabe.* Bd. IX. Frankfurt a.M.: S. Fischer, 1993: 61-134
[1922b] Über einige neurotische Mechanismen bei Eifersucht, Paranoia und Homosexualität. In: Ders., *Studienausgabe.* Bd. 7. Frankfurt a.M.: S. Fischer, 1989: 217-228
[1925h] Die Verneinung. In: Ders., *Studienausgabe.* Bd. III. Frankfurt a.M.: S. Fischer, 1989: 371-378
[1927d] Der Humor. In: Ders., *Studienausgabe.* Bd. IV. 7.Aufl. Frankfurt a.M.: S. Fischer, 1989: 275-282
[1930a] *Das Unbehagen in der Kultur.* In: Ders., *Studienausgabe.* Bd. IX. Frankfurt a.M.: S. Fischer, 1993: 191-270
[1933a] *Neue Folge der Vorlesungen zur Einführung in die Psychoanalyse.* In: Ders., *Studienausgabe.* Bd. I. Frankfurt a.M.: S. Fischer, 1989: 448-608
[1940e] Die Ichspaltung im Abwehrvorgang. In: Ders., *Studienausgabe.* Bd. III. Frankfurt a.M.: S. Fischer, 1989: 388-394
[1942a] Psychopathische Personen auf der Bühne. In: Ders., *Studienausgabe.* Bd. X. Frankfurt a.M.: S. Fischer, 1997: 161-168

Gottsched, Johann Christoph

[1730] Versuch einer Critischen Dichtkunst vor die Deutschen. In: Profitlich (Hg.) 1998: 42-48

Greenblatt, Stephen

1995 Schmutzige Riten. In: Ders., *Schmutzige Riten. Betrachtungen zwischen den Weltbildern.* Frankfurt a.M.: S. Fischer, 1995: 31-54

Griffin, Victoria

1999 *The Mistress: Histories, Myths and Interpretations of the 'Other Woman'.* New York/London: Bloomsbury

Gröller, Georg

2007 Andouillette AAA! A digest of the doctrine of the anal – and an account of the relationship between art and shit. In: *The Hamsterwheel*, Wien: Schlebrügge editors, 2007: 18f.

Grunberger, Béla / Dessuant, Pierre

2000 *Narzißmus, Christentum, Antisemitismus: Eine psychoanalytische Untersuchung.* Stuttgart: Klett-Cotta

Hanske, Paul-Philipp

2009 Alles viel zu prüde hier. In: *Süddeutsche Zeitung.* 2009/01/08: 12; siehe auch: http://sz-shop.sueddeutsche.de/mediathek/shop/Produktdetails/Buch+Das_schmutzige_Heilige_und_die_reine_Vernunft+Robert_Pfaller/4 436 948.do;jsessionid=FBBDE-4BB514FDCD545 856 078 826ADD39.kafka:9009?extraInformationShortModus=false (2010/10/09 접속)

Hartmann, Nicolai

1976 *Ethik.* Berlin: De Gruyter

Hegel, Georg Wilhelm Friedrich

[1812] *Wissenschaft der Logik I.* Erster Teil. Die objektive Logik. Erstes Buch. *Werke.* Bd. 5. Frankfurt a.M.: Suhrkamp, 1986

[1820] Vorlesungen über die Ästhetik (Ausz.). In: Profitlich (Hg.) 1998: 124-128

[1830] *Enzyklopädie der philosophischen Wissenschaften.* Bd. I. *Werke.* Bd. 8. Frankfurt a.M.: Suhrkamp, 1986

1984 *Phänomenologie des Geistes, Werke.* Bd. 3. Frankfurt a.M.: Suhrkamp

Heine, Heinrich

[1853] *Die Götter im Exil.* In: Ders., *Sämtliche Werke, Bd. I: Vermischte Schriften.* Amsterdam: Binger & Söhne, 1854: 161-196

Heinrich, Klaus

1995 *Floß derMedusa: 3 Studien zur Faszinationsgeschichte mit mehreren Beilagen und einem Anhang,* Basel/Frankfurt a.M.: Stroemfeld

1997 *Anfangen mit freud.* Basel/Frankfurt a.M.: Stroemfeld/Roter Stern

Heinrichs, Hans-Jürgen

1999 *Der Wunsch nach einer souveränen Existenz. Georges Bataille: Philosoph. Dichter. Kunsttheoretiker. Anthropologe.* Graz: Droschl

Heinsohn, Gunnar

2006 *Söhne und Weltmacht: Terror im Aufstieg und Fall der Nationen*. Zürich: Orell Füssli

Hitz, Torsten

1999 Gift, Gaben, Geschenke. In: Hetzel, Andreas / Wiechens, Peter (Hg.): *Vorreden zur Überschreitung*. Würzburg: Königshausen & Neumann, 1999: 133-156

Hossenfelder, Malte

1996 *Antike Glückslehren. Kynismus und Kyrenaismus, Stoa, Epikureismus und Skepsis: Quellen in deutscher Übersetzung mit Einführungen*. Stuttgart: Kröner

Hughes, Robert

1994 *Nachrichten aus dem Jammertal: Wie sich die Amerikaner in 'political correctness' verstrickt haben*. [Orig.: *The Culture of complaint*] München: Kindler

Huizinga, Johan

1956 *Homo Ludens: Vom Ursprung der Kultur im Spiel*. Reinbek: Rowohlt

Jochum, Christian

2000 *Fernsehen als Religion*. Innsbruck (kath.-theolog. Dipl.-Arb.)

Juvenal (Juvenalis)

2007 *Satiren*. Übers., Einf. u. Anhang v. Harry C. Schnur. Stuttgart: Reclam

[Juvenal] *Iuvenalis, Decimus Iunius / Persius Flaccus, Aulus*

2009 *Juvenal and Persius*. With an engl. transl. by G. G. Ramsay. London: Heinemann

Kant, Immanuel

[1788] 1974 *Kritik der praktischen Vernunft*. In: Ders., *Werkausgabe*. Bd. VII. Frankfurt a.M.: Suhrkamp, 1974: 103-302

[1790] 1977 *Kritik der Urteilskraft*. In: Ders., *Werkausgabe*. Bd. X. Frankfurt a.M.: Suhrkamp

[1795] 1977 *Verkündigung des nahen Abschlusses eines Traktats zum ewigen Frieden in der Philosophie*. In: Ders., *Werkausgabe*. Bd. VI. Frankfurt a.M.: Suhrkamp, 1977: 403-416

[1798] *Anthropologie in pragmatischer Hinsicht*. In: Ders., *Werkausgabe*. Bd. XII. 2.Aufl. Frankfurt a.M.: Suhrkamp, 1978: 399-690

Kiesow, Rainer M. / Schmidgen, Henning

2005 *Kritisches Wörterbuch: Beiträge von Georges Bataille, Carl Einstein, Marcel Griaule, Michel Leiris u. a.* Berlin: Merve

Klein, Richard

1995 *Schöner blauer Dunst: Ein Lob der Zigarette*. München/Wien: Hanser

Klossowski, Pierre

1966 *Die Gesetze der Gastfreundschaft*. Reinbek: Rowohlt

Kojève, Alexandre

1975 *Hegel: Eine Vergegenwärtigung seines Denkens*. Frankfurt a.M.: Suhrkamp

Krafft-Ebing, Richard von
1997 *Psychopathia sexualis.* München: Matthes & Seitz

Lacan, Jacques
[1954-1955] *Das Seminar, Buch II: Das Ich in der Theorie Freuds und in der Technik der Psychoanalyse.* 2.Aufl. Weinheim/Berlin: Quadriga
[1958c] *Die Bedeutung des Phallus.* In: Ders., *Schriften.* Bd. II. 3.Aufl., Weinheim/Berlin: Quadriga, 1991: 119-132.
[1959-60] *Das Seminar, Buch VII: Die Ethik der Psychoanalyse.* Weinheim/Berlin: Quadriga, 1996
[1962-63] *Le Séminaire, Livre X: L'angoisse, 1962-63.* Ed. Jacques-Alain Miller, Paris: Seuil, 2004
[1963] Kant mit Sade. In: Ders., *Schriften.* Bd. II. 3.Aufl. Weinheim/Berlin: Quadriga, 1991: 133-164
[1972-73] *Le Séminaire, Livre XX: Encore, 1972-73.* Ed. Jacques-Alain Miller, Paris: Seuil, 1975
1980 *Das Seminar, Buch XI: Die vier Grundbegriffe der Psychoanalyse.* 2.Aufl. Olten: Quadriga
1986 *Schriften.* Bd. III. 2.Aufl. Weinheim/Berlin: Quadriga
1996 *Das Seminar, Buch VII (1959-60): Die Ethik der Psychoanalyse.* Weinheim/Berlin: Quadriga

Lange, Friedrich Albert
1902 *Geschichte des Materialismus: Und Kritik seiner Bedeutung in der Gegenwart.* 2 Bde. 7.Aufl. Leipzig: Baedeker

Leiris, Michel
[1938] Das Heilige im Alltagsleben. In: Ders.: *Die eigene und die fremde Kultur.* 2.Aufl. Frankfurt a.M.: Syndikat, 1979: 228-238

Lipowatz, Thanos
2005 *Der 'Fortschritt in der Geistigkeit' und der 'Tod Gottes'.* Würzburg: Könighausen & Neumann

Löwith, Karl
[1948] Der christliche Gentleman: Über die Schizophrenie eines gesellschaftlichen Ideals. In: Ders., *Sämtliche Schriften Bd. 3: Wissen, Glaube und Skepsis.* Stuttgart: Metzler, 1985: 163-170

Luck, Georg
1997 *Die Weisheit der Hunde: Texte der antiken Kyniker in deutscher Übersetzung mit Erläuterungen.* Stuttgart: Kröner

Lukrez (Lucretius)
1991 *Von der Natur.* Übers. v. H. Diels, München u. a.: dtv /Artemis

Lyotard, Jean-François
1987 Beantwortung der Frage: Was ist postmodern? In: Ders., *Postmoderne für Kinder: Briefe aus den Jahren 1982-1985.* Wien: Passagen, 1987: 11-31

Mandeville, Bernard
1980 *Die Bienenfabel oder Private Laster, öffentliche Vorteile.* Frankfurt a.M.: Suhrkamp

Mannoni, Octave
1985 *Clefs pour l'Imaginaire ou l'Autre Scène.* Mayenne: Seuil
1985 a La désidentification. In: J. Dor (éd.), *Le Moi et l'Autre.* Paris: Denoel, 1985: 61-79

2006 Das Spiel der Illusionen oder das Theater aus der Sicht des Imaginären. In: *Maske und Kothurn: Internationale Beiträge zur Theater-, Film- und Medienwissenschaft.* 52. Jg. 2006, Heft 1: Mit Freud, Wien: Böhlau, 2006: 17-36

Marc Aurel (Marcus Aurelius)

1948 *Selbstbetrachtungen.* Übertr. u. m. Einl. v. W. Capelle. Stuttgart: Kröner

Marcuse, Herbert

1980 *Triebstruktur und Gesellschaft: Ein philosophischer Beitrag zu Sigmund Freud.* Frankfurt a.M.: Suhrkamp

Marcuse, Ludwig

1972 *Philosophie des Glücks: Von Hiob bis Freud.* Zürich: Diogenes

[1964] *Meine Geschichte der Philosophie: Aus den Papieren eines bejahrten Philosophiestudenten.* Zürich: Diogenes, 1981

Marx, Karl

[1841] Doktordissertation: Differenz der demokritischen und epikureischen Naturphilosophie nebst einem Anhange. In: *Karl Marx / Friedrich Engels, Werke (MEW)*, Ergänzungsband. Berlin: Dietz, 1974: 257-373

[1844] *Zur Kritik der Hegelschen Rechtsphilosophie*, Einleitung. In: *Karl Marx / Friedrich Engels, Werke (MEW).* Bd. 1. Berlin: Dietz, 1970: 378-391

[1852] *Der achtzehnte Brumaire des Louis Bonaparte.* In: *Karl Marx / Friedrich Engels, Werke (MEW)*, Bd. 8. Berlin: Dietz, 1978: 111-207

[1857] *Einleitung [zur Kritik der politischen Ökonomie].* In: *Karl Marx / Friedrich Engels, Werke (MEW)*, Bd. 13. Berlin: Dietz, 1985: 615-642

[1867] *Das Kapital: Kritik der politischen Ökonomie*, Band 1. Buch I: Der Produktionsprozeß des Kapitals. In: *Karl Marx / Friedrich Engels, Werke (MEW)*, Bd. 23. Berlin: Dietz, 1984

Mauriès, Patrick (Hg.)

1998 *Trompe-l'oeil: Das getäuschte Auge.* Köln: DuMont

Mauss, Marcel

[1925] *Die Gabe: Form und Funktion des Austauschs in archaischen Gesellschaften.* In: Ders., *Soziologie und Anthropologie.* Bd. 2. Frankfurt a.M.: Fischer, 1989: 11-144

McLuhan, Marshall

1994 *Die magischen Kanäle.* Dresden: Verlag der Kunst

Mehring, Franz

1960 *Aufsätze zur Geschichte der Philosophie.* Leipzig: Reclam

Meinhold, Philip

2010 Die Rache der Spanier. In: *taz*, 2010/08/24, siehe: http://www.taz.de/1/wahrheit/artikel/1/die-rache-der-spanier/ (2010/10/09 접속)

Moebius, Stefan

2006 *Die Zauberlehrlinge: Soziologiegeschichte des Collège de Sociologie (1937-1939).* Konstanz: UVK

Montaigne, Michel de

1996 *Um recht zu leben: Eine Auswahl aus den Essais.* Zürich: Diogenes

1998 *Essais: Erste moderne Gesamtübersetzung.* von Hans Stilett. Frankfurt a.M.: Eichborn

2006 *Von der Freundschaft.* 4.Aufl. München: Beck

Neiman, Susan / Kross, Matthias (Hg.:)

2004 *Zum Glück.* Berlin: Akademie Verlag

Nietzsche, Friedrich

[1886] *Jenseits von Gut und Böse.* In: Ders., *Werke,* Bd. III. Hg. v. K. Schlechta, Frankfurt a.M./Berlin /Wien: Ullstein, 1984: 9-206

[1887] *Zur Genealogie der Moral: Eine Streitschrift.* In: Ders., *Werke,* Bd. III. Frankfurt a.M./Berlin/ Wien: Ullstein, 1984: 207-346

Kritische Studienausgabe [KSA]. Hg. v. Giorgio Colli u. Mazzino Montinari. München: dtv, 1980ff.

Nitsch, Wolfgang

2004 Die Hochschulen im Bologna-Prozess – zwischen neuartiger Ökonomisierung und Politisierung. http://www.arbeitsstelle-neonazismus.de/reader/neinzu/14_nitsch.html

Nusser, K.-H.

Neid. In: *Historisches Wörterbuch der Philosophie.* Hg. v. Joachim Ritter u. Karlfried Gründer. Bd. 6: Mo-O. Basel/Stuttgart: Schwabe & Co, 1984: 695-706

Opitz, Martin

[1624] Buch von der Deutschen Poeterey (Ausz.). In: Profitlich (Hg.) 1998: 22

Pascal, Blaise

1997 *Gedanken über die Religion und einige andere Themen.* Stuttgart: Reclam

2004 *Les Provinciales, Pensées et opuscules divers.* Paris: livre de poche

Pfaller, Robert

2000 "Hurrah, die Butter ist alle!" – Das Paradoxon der opferbereiten Massen. In: S. Stoller/E. Nemeth/G.Unterthurner (Hg.): *Philosophie in Aktion: Demokratie – Rassismus – Österreich.* Wien: Turia & Kant, 2000: 41-52

2000a Geliebte Askese und Babykultur. Interview. In: *Texte zur Wirtschaft,* siehe: http://web.archive.org/web/20041016022927/ http://www.tzw.biz/www/home/article.php?p_id=516 (2010/10/13 접속)

2002 *Die Illusionen der anderen: Über das Lustprinzip in der Kultur.* Frankfurt a.M.: Suhrkamp

2003 From Sexual Liberation to Sexual Harassment: An Analysis of Discourse / Von der sexuellen Befreiung zur sexuellen Belästigung: eine Analyse der Diskurse. In: *Madam, I'm Adam: The Organization of Private Life.* Hg. v. Piet Zwart Institute u. Kunstuniversität Linz, Bereich Experimentelle Gestaltung. Rotterdam/Linz, 2003: 23-31

2005 (Hg.:) *Schluß mit der Komödie! Über die schleichende Vorherrschaft des Tragischen in unserer Kultur / Stop that Comedy! On the Subtle Hegemony of the Tragic in Our Culture.* Hg. v. R. Pfaller. Wien: Sonderzahl (Linzer Augen, Bd. 1)

2008 *Das schmutzige Heilige und die reine Vernunft: Symptome der Gegenwartskultur.* Frankfurt a.M.: S. Fischer

2008a *Ästhetik der Interpassivität.* Hamburg: Philo Fine Arts (Fundus)

2009 Die Sublimierung und die Schweinerei: Theoretischer Ort und kulturkritische Funktion eines psychoanalytischen Begriffs. In: *Psyche: Zeitschrift für Psychoanalyse und ihre Anwendungen*. Hg. v. W. Bohlerer, 63. Jg., Heft 7, Juli 2009: 621-650

2009a Strategien des Beuteverzichts. Die narzisstischen Grundlagen aktueller Sexualunlust und Politohnmacht. In: Irene Berkel (Hg.): *Postsexualität: Zur Transformation des Begehrens*. Gießen: Psychosozial-Verlag, 2009: 31-48

2010 Der Kampf gegen die Fortentwicklung der Universität zur repressiven Attrappe. In: Unbedingte Universitäten (Hg.): *Was passiert? Stellungnahmen zur Lage der Universität*. Zürich: diaphanes, 2010: 41-54

Profitlich, Ulrich (Hg.)

1998 *Komödientheorie: Texte und Kommentare: Vom Barock bis zur Gegenwart*. Reinbek: Rowohlt

Power, Michael

1994 *The Audit Explosion*. London: Demos

1997 *The Audit Society: Rituals of Verification*. Oxford: Oxford Univ. Press

Radisch, Iris

2007 Das ewige Rein-Raus: Die Anti-Porno-Kampagne der 'Emma' ist dringend nötig – und hoffnungslos altmodisch. In: *Die Zeit*, 2007/09/06: 37, siehe auch: http://www.zeit.de/2007/37/Anti-Porno-Kampagne (2010/08/13 접속)

Rancière, Jacques

2006 *Die Aufteilung des Sinnlichen: Die Politik der Kunst und ihre Paradoxien*. Berlin: b_books / Reihe PoLYpeN

Rank, Otto

1993 *Der Doppelgänger: Eine psychoanalytische Studie*. Wien: Turia & Kant

Rawls, John

1975 *Eine Theorie der Gerechtigkeit*. Frankfurt a.M.: Suhrkamp

Reik, Theodor

1974 *Das Verlangen, geliebt zu werden*. München: Kindler

Rhonheimer, Martin

2001 *Die Perspektive der Moral: Philosophische Grundlagen der Tugendethik*. Berlin: Akademie Verlag

Rifkin, Jeremy

2002 *Access: Das Verschwinden des Eigentums. Warum wir weniger besitzen und mehr ausgeben werden*. Frankfurt a.M./New York: Campus

Rimbaud, Arthur

2004 *Sämtliche Dichtungen: Zweisprachige Ausgabe*. 3.Aufl. München: dtv

Russell, Bertrand

1956 *Logic and knowledge: Essays 1901-1950*. Ed. by Robert Charles Marsh. London: Allen & Unwin

Sade, D. A. F. de

1979 *Die hundertzwanzig Tage von Sodom oder Die Schule der Ausschweifung.* Dortmund: Die bibliophilen Taschenbücher

Scheler, Max

1955 *Vom Umsturz der Werte: Abhandlungen und Aufsätze.* Bern u. a.

Schlegel, August Wilhelm

[1798] Vorlesungen über philosophische Kunstlehre (Ausz.). In: Profitlich (Hg.) 1998: 109-111

[1802/03] Vorlesungen über schöne Literatur und Kunst, Zweiter Teil: Vorlesungen über schöne Literatur (Ausz.). In: Profitlich (Hg.) 1998: 112-114

Schlegel, Friedrich

[1794] Vom ästhetischen Werte der griechischen Komödie (Ausz.). In: Profitlich (Hg.) 1998: 96-104

Schoeck, Helmut

1987 *Der Neid und die Gesellschaft.* Ungek. Ausg. nach der 5.Aufl. Frankfurt a.M./Berlin: Ullstein

Schulze, Gerhard

2006 *Die Sünde: Das schöne Leben und seine Feinde.* München/Wien: Hanser

Schummer, Joachim

2004 Über das Streben nach Lust. In: Friesen, Hans (Hg.): *Angewandte Ethik im Spannungsfeld von Begründung und Anwendung.* Frankfurt a.M. u. a.: Lang, 2004: 417-432 (siehe auch http://64.233.183.104/search?q=cache:S-Alhi5J0sMJ:www.joachimschummer.net/papers/2004_Lust_Friesen-Berr.pdf+epikur+lust+direkt+erstreben&hl=de&ct=clnk&cd=2&gl=at&client=firefox-a (2008/04/03 접속)

Schwarz, Christine

2006 *Evaluation als modernes Ritual: Zur Ambivalenz gesellschaftlicher Rationalisierung am Beispiel virtueller Universitätsprojekte.* Hamburg: LIT

Sennett, Richard

[1974] *Verfall und Ende des öffentlichen Lebens: Die Tyrannei der Intimität.* 12.Aufl. Frankfurt a.M.: S. Fischer, 2001

2008 *Autorität.* Berlin: Berlin Taschenbuch Verlag, 2008a Handwerk. Berlin: Berlin-Verlag

Signer, David

1997 *Fernsteuerung: Kulturrassismus und unbewußte Abhängigkeiten.* Wien: Passagen

2004 *Die Ökonomie der Hexerei: Oder warum es in Afrika keine Wolkenkratzer gibt.* Wuppertal: Peter Hammer Verlag

Sloterdijk, Peter

1983 *Kritik der zynischen Vernunft.* 2 Bde. Frankfurt a.M.: Suhrkamp

2006 *Zorn und Zeit: Politisch-psychologischer Versuch.* Frankfurt a.M.: Suhrkamp

2007 'Religion ist nie cool.' Streitgespräch mit Walter Kardinal Kasper. In: *Die Zeit*, Nr. 7, 8. Februar 2007: 15-19

2009 *Du mußt dein Leben ändern: Über Anthropotechnik.* Frankfurt a.M.: Suhrkamp

Slouka, Mark

1995 *War of the Worlds: Cyberspace and the High-Tech Assault on Reality*. New York: Basic Books

Smith, William Robertson

1899 *Die Religion der Semiten*. Freiburg u. a.: Mohr

Sontag, Susan

[1964] Anmerkungen zu Camp. In: Dies., *Geist als Leidenschaft: Ausgewählte Essays zur modernen Kunst und Kultur*. Leipzig/Weimar: Kiepenheuer, 1990: 41-59

1968 *Kunst und Antikunst: 24 literarische Analysen*. Reinbek: Rowohlt

Spindler, Gabriele

2007 Scheitern, Sprache und Bilder. In: Dies. (Hg.): *Scheitern: Ausstellungskatalog Landesgalerie Linz*. Weitra: Bibliothek der Provinz

Spinoza, Benedict de (Baruch)

1967 *Der Theologisch-politische Traktat*. Leipzig: Reclam

1976 *Die Ethik: Nach geometrischer Methode dargestellt*. Hamburg: Meiner

1993 *Abhandlung über die Verbesserung des Verstandes: Lateinisch–Deutsch*. Hamburg: Meiner

Stavrokakis, Yannis

2003 The Lure of Antigone: Aporias of an Ethics of the Political. In: *Umbra: A Journal of the Unconscious*, no. 1, 2003: Ignorance of the Law: 117-130

Strathern, Marilyn

2000 (ed.:) *Audit Cultures: Anthropological studies in accountability, ethics and the academy* [EASA series in Social Anthropology]. London: Routledge

Tertullian (Tertullianus, Quintus Septimus)

2008 *De spectaculis: Über die Spiele*. Stuttgart: Reclam

Thomas, Günter

1996 *Medien – Ritual – Religion: Zur religiösen Funktion des Fernsehens*. Frankfurt a.M.: Suhrkamp

Ullrich, Wolfgang

2003 *Tiefer hängen!: Über den Umgang mit der Kunst*. 2.Aufl. Berlin: Wagenbach

2005 *Was war Kunst?: Biographien eines Begriffs*. Frankfurt a.M.: S. Fischer

Vattimo, Gianni

2003 The Metaphysics of Suffering. In: *Journal of European Psychoanalysis*, Number 16, Winter–Spring 2003: 17-24

Verhaeghe, Paul

2009 *Liebe in Zeiten der Einsamkeit: Drei Essays über Begehren und Trieb*. 2.Aufl. Wien: Turia & Kant

Weber, Max

[1905] *Die protestantische Ethik und der Geist des Kapitalismus*. In: Ders., *Gesammelte Aufsätze zur Religionssoziologie*, Band I. Tübingen: Mohr, 1988: 1-206

Wilde, Oscar

1997 *A Woman of No Importance.* In: *Collected Works of Oscar Wilde: The Plays, the Poems, the Stories and the Essays including De Profundis.* Hertfordshire: Wordsworth Editions, 1997: 533-588

Wittgenstein, Ludwig

1980 *Philosophische Untersuchungen.* 2.Aufl. Frankfurt a.M.: Suhrkamp

1982 *Über Gewißheit.* Frankfurt a.M.: Suhrkamp

1989 Bemerkungen über Frazers Golden Bough. In: *L. Wittgenstein: Vortrag über Ethik und andere kleine Schriften.* Hg. u. übers. v. J. Schulte. Frankfurt a.M.: Suhrkamp, 1989: 29-46

Wüllenweber, Walter

2007 Voll Porno! In: *Stern,* 2007/02/05, siehe auch: http://www.stern.de/politik/deutschland/sexuelle-verwahrlosung-voll-porno-581936.html (2010/10/09 접속)

Zaunschirm, Thomas

1983 *Bereites Mädchen Ready-Made.* Klagenfurt: Ritter

Žižek, Slavoj

1986b "... der Automat, der den Geist, ohne daß er es merkt, mit sich zieht." In: *Wo Es war 2* / 1986: 147-165

1989 *The Sublime Object of Ideology.* 6.Aufl. London/New York: Verso 1997

1991 Sade – die Wahrheit Kants? In: *Gestalten der Autorität: Seminar der Laibacher Lacan-Schule.* Wien: Hora-Verlag, 1991: 87-103

1991a *For they know not what they do: Enjoyment as a Political Factor.* London/New York: Verso

1992 Psychoanalyse und deutscher Idealismus. In: *Mesotes. Zeitschrift für philosophischen Ost-West-Dialog,* 1 / 1992: 5-14

1993 *Tarrying with the Negative.* Durham: Duke Univ. Press

1995 Ideologie zwischen Fiktion und Phantasma. In: *RISS,* 10. Jg., Nr. 29/30, Feb. 1995: 131-149

1997 *Die Pest der Phantasmen: Die Effizienz des Phantasmatischen in den neuen Medien.* Wien: Passagen

1998 Gibt es ein perverses Genießen in der Politik? In: *Jahrbuch für klinische Psychoanalyse* 1: Perversion. Hg. v. A. Michels u. a. Tübingen: Ed. diskord: 268-283

1998a Plädoyer für die ehrliche Lüge. In: *Die Zeit,* Nr. 42, 1998/10/08: 72

2000 Die Substitution zwischen Interaktivität und Interpassivität. In: Robert Pfaller (Hg.): *Interpassivität. Studien über delegiertes Genießen.* Wien/New York: Springer, 2000: 13-32

2001 *Die gnadenlose Liebe.* Frankfurt a.M.: Suhrkamp

2001a *Die Tücke des Subjekts.* Frankfurt a.M.: Suhrkamp

2001c *Enjoy your Symptom!: Jacques Lacan in Hollywood and out.* London/New York: Routledge

2002 *Die Revolution steht bevor: Dreizehn Versuche über Lenin.* Frankfurt a.M.: Suhrkamp

2003 "What Some Would Call...": A Response to Yannis Stavrokakis. In: *Umbra: A Journal of the Unconscious,* no. 1, 2003: Ignorance of the Law: 131-135

2004 Leidenschaft in Zeiten der Political Correctness. In: *Der Standard,* 2004/04/13, Album A4

2004a "I am a Fighting Atheist: Interview with Slavoj Žižek." Interview by Doug Henwood. Intro by Charlie Bertsch. In: *Bad Subjects,* Issue 59, February 2002 (http://eserver.org/bs/59/zizek.html)

[2004] Passion In The Era of Decaffeinated Belief: http://www.lacan.com/passion.htm (2008/08/13 접속)

[2004a] A Cup of Decaf Reality. Online-document: http://www.lacan.com/zizek decaf.htm (2006/09/08 접속)

2006 Bluttrübe Zeiten: Die Antinomien der toleranten Vernunft und die Würde des Atheismus. In: *Lettre International* 73, Sommer 2006: 10-14 (vgl. http://www.lettre.de/archiv/73_zizek.html)

2007 Knight of the Living Dead. In: *The New York Times*, March 24,

2007 http://www.nytimes.com/2007/03/24/opinion/24zizek.html?

2009 *First as Tragedy, then as Farce*. London/New York: Verso

Zupančič, Alenka

2003 On Love as Comedy. In: Dies., *The Shortest Shadow: Nietzsche's Philosophy of the Two*. Cambridge/London: MIT press, 2003: 164-182

2008 The Odd One. In: *On Comedy*. Cambridge/London: MIT press

옮긴이의 말

저자 로베르트 팔러는 현재 린츠 예술산업조형대학교 철학과 교수로 재직 중이다. 대중적으로는 많이 알려진 편이 아니지만 학계 및 지식인들에게는 뛰어난 지성인으로 인정받으며 왕성한 저술 활동을 펼치고 있다. 팔러가 국제적 명성을 얻게 된 것은 '상호수동성'(Interpassivität)이라는 개념으로 학계에 여러 반향을 불러일으키면서이다. 하지만 그는 여기에 그치지 않고 여러 대중서를 통해 학문적 성과를 사회에 돌려주고 있다.

내가 그의 이름을 처음 알게 된 것은 지제크 책의 각주에서이다. 차츰 그의 이론에 흥미를 느껴 저작들을 탐색하던 중 이 책을 만나게 되었다. 현재성을 담은 입체적 예들이 주는 재미, 사회문화적 현상을 분석하는 독창성과 예리함에 매료되어 이 책에 금방 빠져들었다. 고대 그리스 철학자에서 현대 사상가와 예술가에 이르기까지 풍부한 레퍼런스, 명료하게 농축된 문장들도 지적인 자극을 더했다. 식인, 배설물 먹기와 같은 잘 다뤄지지 않는 현상들에 대한 분석이나 과감한 사고 실험도 흥미를 끄는 부분이었다. 나는 소중한 것을 발견해 고향에 가져가고 싶은 마음으로 여러 출판사에 번역 기획서를 넣었다. 하지만 내심 요즘 어느 출판사가 국내에 거의 알려지지 않은 저자의 대중철학서, 내용도 만만치 않은 책에 흥미를 보일지 의심도 있었다. 연거푸 거절의 메일을 받던 중에 사월의책 안희곤 대표가 회신을 주셨다. 그런데 뜻밖에도 안 대표는 이미 이 책을 잘 알고 있는 것 아닌가. 심지어 오래전에 이 책을 번역 출판하려다 여러 사정으로 서랍 속에 넣어두고 있었다고 하며 선뜻 출판을 결정했다. 그렇게 이 번역 프로젝트가 시작되었다.

"사는 것이 가치 있는 이유는 무엇인가?" 팔러는 이 책에서 이 고전적이지만 잊힌 물음을 제기한다. 이 질문은 답을 구하기 위해서만 제기하는 질문은 아니다. 이 질문은 그보다 일종의 '생각도구'로서 "환상에 자동적으로 굴복하거나, 필연이라는 허상에 속거나, 시각의 편집증적 협소화로 인해 맹목적 행동에 빠지는 것"을 피할 수 있도록 도와주는 질문이다. 하지만 안전, 효율성, 건강 등을 삶의 최우선 순위로 두는 지금 시대에서 이런 질문은 더 이상 제기되지 않는다. 이미 답이 정해져 있기 때문이다. 이런 사회는 점점 더 일상의 삶에서나 정치적으로 바른 생활 시민들의 사회가 된다. 상상력을 잃은 미적 기준, 사회적 관계의 회피, 해로운 것이라면 모두 끊어내는 금욕주의적 태도가 칭송되고 정치적으로는 정체성 정치와 정치적 올바름(political correctness, PC)이 교조적 이데올로기로 작용한다. 이는 사람들이 잘못된 환상에 지배되기 때문이라는 것이 팔러의 분석이다.

그가 이런 태도에 대해 비판의 목소리를 높이는 이유는 이런 태도가 바로 사람들을 불행하게 만들기 때문이다. 이런 태도는 자기가 아닌 것은 아무것도 수용하지 못하는 나르시시즘을 더욱 강화하는데, 나르시시트들은 이런 점에서 외부로부터 어떤 진정한 쾌감도 느낄 수 없기에 삶의 행복도 느낄 수 없다.

하지만 사는 것을 가치 있게 만드는 것은 삶에서 느끼는 쾌감이다. 이 쾌감은 망상에서 벗어난 유물론적인 쾌감이라 할 수 있는 것으로 자신의 안녕과 자아감의 강화에서 느끼는 쾌감과는 다른 문화적 쾌감이다. 이 쾌감이 느껴지는 때는 우리가 파티를 하며 친구들과 함께 시간을 보낼 때이고, 사람들과 맥주 한 잔을 마실 때이고, 담배 한 대를 피울 때이다. 그럴 때 우리는 나르시시즘적 향유의 탐닉에서 벗어나 진정한 행복감을 느낄 수 있다.

이런 쾌감을 위해 반드시 타자가 우리 앞에 현존해야 할 필요는 없다. 신문에서 오늘의 운세를 보는 것은 어리석은 행동이라는 것을 알지만 그럼에도 운세를 읽을 때 우리는 쾌감을 느낀다. 이때 우리는 비록 스스로 알아채지는 못하더라도 어떤 가상의 존재를 의식하며 그 앞에서 오늘의 운세를 믿는 사람인 듯 연기한다. 그 가상의 존재는 그렇게 하면 내가 오늘의 운세를 믿는 사람이라고 생각할 것이기 때문이다. 이때 내가 쾌감을 느낄 수 있는 것은 잠시나마 내 것이 아닌 타인의 환상을 믿을 수 있었기 때문이다.

팔러는 이러한 사회문화적 현상이 가지는 정치적 의미를 지적하는 것 또한 잊지 않는다. 예를 들어 '실패'란 "전 세계적으로 상위 중산층에 해당하는 현상"으로 "어찌되었든 전망이라는 특권"을 가지고 있는 사람들이라야 실패라도 할 수 있기 때문이다. 그보다 더 주변으로 밀려 있는 사람들에게는 실패할 기회조차 주어지지 않는다고 지적한다. 또 '사는 것이 가치 있는 이유'를 묻지 않는 사람들은 시민을 점점 더 미성년자처럼 취급하는 정치권력에 대해 순종적이 되어 권력에 주지 말아야 할 것을 내주게 된다고 비판의 날을 세운다.

오해하지 말아야 할 것은 저자가 안전이나 건강 등 삶에서 필수적인 것이 중요하지 않다고 말하려는 것이 아니라는 점이다. 아무리 중요한 가치라도 적절함을 잃으면 해가 되어 돌아온다는 것을 강조하며 절제를 절제하라고 충고하는 것이 요점이다.

마지막으로 부족한 번역을 출판할 수 있는 수준으로 올려주신 안희곤 대표께 감사의 말을 전한다. 옮긴이 주의 다수는 그의 보충이 있어서 가능했고 본문 중 여러 곳에서 내용의 이해와 어휘 선택에서 결정적 도움을 받았다. 이 책의 원제는 '*Wofür es sich zu leben lohnt*', 부제는 '*Elemente materialistischer Philosophie*'로 '사는 것이 가치 있는 이유—유물론적 철학의 요소들'이라 번역할 수 있는데, 아무래도 모호하게 느껴지는 이 제목을 출판사와의 협의 끝에 『나쁜 삶의 기술—즐거움을 잃어버린 시대의 행복 되찾기』라는 제목으로 바꾸게 되었다. 여기서 '나쁘다'는 말이 정말로 나쁜 삶을 말하는 것이 아니라, 이 바른생활 세계에서 '나쁘다'는 비난을 무릅쓰고 진정으로 좋은 삶을 되찾으려는 태도를 가리킨다는 것은 눈 밝은 독자라면 금세 알아차릴 것이다.

이 멋진 책을 번역할 수 있어서 영광이었고, 내가 그랬던 것처럼 독자들도 이 책에서 지적인 욕구를 채우는 것을 넘어 삶에 작은 변화를 일으키게 하는 에피쿠로스를 만나기를 기원해 본다.

베를린에서

나유신

찾아보기